21世纪特殊教育创新教材

主编单位
华东师范大学学前与特殊教育学院
南京特殊教育师范学院
华中师范大学教育科学学院
陕西师范大学教育学院
总主编：方俊明
副主编：杜晓新　雷江华　周念丽

学术委员会
主　任：方俊明
副主任：杨广学　孟万金
委　员：方俊明　杨广学　孟万金　邓　猛　杜晓新　赵　微
　　　　刘春玲

编辑委员会
主　任：方俊明
副主任：丁　勇　汪海萍　邓　猛　赵　微
委　员：方俊明　张　婷　赵汤琪　雷江华　邓　猛　朱宗顺
　　　　杜晓新　任颂羔　蒋建荣　胡世红　贺荟中　刘春玲
　　　　赵　微　周念丽　李闻戈　苏雪云　张　旭　李　芳
　　　　李　丹　孙　霞　杨广学　王　辉　王和平

21世纪特殊教育创新教材·理论与基础系列

主编：杜晓新　　　　　　审稿人：杨广学　孟万金

- 特殊教育的哲学基础（华东师范大学：方俊明）
- 特殊教育的医学基础（南京特殊教育师范学院：张婷、赵汤琪）
- 融合教育导论（华中师范大学：雷江华）
- 特殊教育学（雷江华、方俊明）
- 特殊儿童心理学（方俊明、雷江华）
- 特殊教育史（浙江师范大学：朱宗顺）
- 特殊教育研究方法（华东师范大学：杜晓新、宋永宁）
- 特殊教育发展模式（纽约市教育局：任颂羔）

21世纪特殊教育创新教材·发展与教育系列

主编：雷江华　　　　　　审稿人：邓　猛　刘春玲

- 视觉障碍儿童的发展与教育（华中师范大学：邓猛）
- 听觉障碍儿童的发展与教育（华东师范大学：贺荟中）
- 智力障碍儿童的发展与教育（华东师范大学：刘春玲）
- 学习困难儿童的发展与教育（陕西师范大学：赵微）
- 自闭症谱系障碍儿童的发展与教育（华东师范大学：周念丽）
- 情绪与行为障碍儿童的发展与教育（华南师范大学：李闻戈）
- 超常儿童的发展与教育（华东师范大学：苏雪云；北京联合大学：张旭）

21世纪特殊教育创新教材·康复与训练系列

主编：周念丽　　　　　　审稿人：方俊明　赵　微

- 特殊儿童应用行为分析（天津体育学院：李芳；武汉麟洁健康咨询中心：李丹）
- 特殊儿童的游戏治疗（华东师范大学：周念丽）
- 特殊儿童的美术治疗（南京特殊教育师范学院：孙霞）
- 特殊儿童的音乐治疗（南京特殊教育师范学院：胡世红）
- 特殊儿童的心理治疗（华东师范大学：杨广学）
- 特殊教育的辅具与康复（南京特殊教育师范学院：蒋建荣、王辉）
- 特殊儿童的感觉统合训练（华东师范大学：王和平）

21世纪特殊教育创新教材·康复与训练系列

特殊儿童应用行为分析

（第二版）

李芳 李丹 主编

图书在版编目(CIP)数据

特殊儿童应用行为分析/李芳,李丹主编. —2 版. —北京：北京大学出版社，2018.11
（21 世纪特殊教育创新教材·康复与训练系列）
ISBN 978-7-301-29815-2

Ⅰ.①特⋯ Ⅱ.①李⋯ ②李⋯ Ⅲ.①儿童教育－特殊教育－行为分析－教材 Ⅳ.①G760

中国版本图书馆 CIP 数据核字（2018）第 192242 号

书　　名	特殊儿童应用行为分析（第二版） TESHU ERTONG YINGYONG XINGWEI FENXI
著作责任者	李　芳　李　丹　主编
丛书策划	周雁翎
丛书主持	李淑方
责任编辑	唐知涵
标准书号	ISBN 978-7-301-29815-2
出版发行	北京大学出版社
地　　址	北京市海淀区成府路 205 号　100871
网　　址	http://www.pup.cn　新浪微博：@ 北京大学出版社
微信公众号	通识书苑（微信号：sartspku）　科学元典（微信号：kexueyuandian）
电子邮箱	编辑部 jyzx@ pup.cn　总编室 zpup@ pup.cn
电　　话	邮购部 010-62752015　发行部 010-62750672　编辑部 010-62767857
印 刷 者	大厂回族自治县彩虹印刷有限公司
经 销 者	新华书店
	787 毫米×1092 毫米　16 开本　16.75 印张　350 千字 2011 年 6 月第 1 版 2018 年 11 月第 2 版　2024 年 1 月第 6 次印刷
定　　价	49.00 元

未经许可，不得以任何方式复制或抄袭本书之部分或全部内容。
版权所有，侵权必究
举报电话：010-62752024　电子邮箱：fd@pup.cn
图书如有印装质量问题，请与出版部联系，电话：010-62756370

顾明远序

去年国家颁布的《国家中长期教育改革和发展规划纲要(2010—2020年)》专门辟一章特殊教育,提出:"全社会要关心支持特殊教育"。这里的特殊教育主要是指"促进残疾人全面发展、帮助残疾人更好地融入社会"的教育。当然,广义的特殊教育还包括超常儿童与问题儿童的教育。但毕竟残疾人更需要受到全社会的关爱和关注。

发展特殊教育(这里专指残疾人教育),首先要对特殊教育有一个认识。所谓特殊教育的特殊,是指这部分受教育者在生理上或者心理上有某种缺陷,阻碍着他的发展。特殊教育就是要帮助他排除阻碍他发展的障碍,使他得到与普通人一样的发展。残疾人并非所有智能都丧失,只是丧失一部分器官的功能。通过教育我们可以帮助他弥补缺陷,或者使他的损伤的器官功能得到部分的恢复,或者培养其他器官的功能来弥补某种器官功能的不足。因此,特殊教育的目的与普通教育的目的是一样的,就是要促进儿童身心健康的发展,只是他们需要更多的爱护和帮助。

至于超常儿童教育则又是另一种特殊教育。超常儿童更应该在普通教育中发现和培养,不能简单地过早地确定哪个儿童是超常的。不能完全相信智力测验。这方面我没有什么经验,只是想说,现在许多家长都认为自己的孩子是天才,从小就超常地培养,结果弄巧成拙,拔苗助长,反而害了孩子。

在特殊教育中倒是要重视自闭症儿童。我国特殊教育更多的是关注伤残儿童,对于自闭症儿童认识不足、关心不够。其实他们非常需要采取特殊的方法来矫正自闭症,否则他们长大以后很难融入社会。自闭症不是完全可以治愈的。但早期的鉴别和干预对他们日后的发展很有帮助。国外很关注这些儿童,也有许多经验,值得我们借鉴。

我在改革开放以后就特别感到特殊教育的重要。早在1979年我担任北京师范大学教育系主任时就筹办了我国第一个特殊教育专业,举办了第一次特殊教育国际会议。但是我个人的专业不是特殊教育,因此只能说是一位门外的倡导者,却不是专家,说不出什么道理来。

方俊明教授是改革开放后早期的心理学家,后来专门从事特殊教育二十多年,对特殊教育有深入的研究。在我国大力提倡发展特殊教育之今天,组织五十多位专家编纂这套"21世纪特殊教育创新教材"丛书,真是恰逢其时,是灌浇特殊教育的及时雨,值得高兴。方俊明教授要我为丛书写几句话,是为序。

中国教育学会理事长

北京师范大学副校长

2011年4月5日于北京求是书屋

沈晓明序

由于专业背景的关系,我长期以来对特殊教育高度关注。在担任上海市教委主任和分管教育卫生的副市长后,我积极倡导"医教结合",希望通过多学科、多部门精诚合作,全面提升特殊教育的教育教学水平与康复水平。在各方的共同努力下,上海的特殊教育在近年来取得了长足的发展。特殊教育的办学条件不断优化,特殊教育对象的分层不断细化,特殊教育的覆盖面不断扩大,有特殊需要儿童的入学率达到上海历史上的最高水平,特殊教育发展的各项指标均位于全国特殊教育前列。本市中长期教育改革和发展规划纲要,更是把特殊教育列为一项重点任务,提出要让有特殊需要的学生在理解和关爱中成长。

上海特殊教育的成绩来自于各界人士的关心支持,更来自于教育界的辛勤付出。"21世纪特殊教育创新教材"便是华东师范大学领衔,联合四所大学,共同献给中国特殊教育界的一份丰厚的精神礼物。该丛书全篇近600万字,凝聚中国特殊教育界老中青50多名专家三年多的心血,体现出作者们潜心研究、通力合作的精神与建设和谐社会的责任感。丛书22本从理论与基础、发展与教育、康复与训练三个系列,全方位、多层次地展现了信息化时代特殊教育发展的理念、基本原理和操作方法。本套丛书选题新颖、结构严谨,拓展了特殊教育的研究范畴,从多学科的角度更新特殊教育的研究范式,让人读后受益良多。

发展特殊教育事业是党和政府坚持以人为本、弘扬人道主义精神和保障人权的重要举措,是促进残障人士全面发展和实现"平等、参与、共享"目标的有效途径。《国家中长期教育改革和发展规划纲要(2010—2020年)》明确提出,要关心和支持特殊教育,要完善特殊教育体系,要健全特殊教育保障机制。我相信,随着我国经济的发展,教育投入的增加,我国特殊教育的专业队伍会越来越壮大,科研水平会不断地提高,特殊教育的明天将更加灿烂。

沈晓明

上海交通大学医学院教授、博士生导师

世界卫生组织新生儿保健合作中心主任

上海市副市长

2011年3月

丛书总序

特殊教育是面向残疾人和其他有特殊教育需要人群的教育,是国民教育体系的重要组成部分。特殊教育的发展,关系到实现教育公平和保障残疾人受教育的权利。改革和发展我国的特殊教育是全面建设小康社会、促进社会稳定与和谐的一项急迫任务,需要全社会的关心与支持,并不断提升学科水平。

半个多世纪以来,由于教育民主思想的渗透以及国际社会的关注,特殊教育已成为世界上发展最快的教育领域之一,它在一定程度上也综合反映出一个国家或地区的政治、经济、文化和国民素质的综合水平,成为衡量社会文明进步程度的重要标志。改革开放30多年以来,在党和政府的关心下,我国的特殊教育也得到了前所未有的大发展,进入了我国历史上最好的发展时期。在"医教结合"基础上发展起来的早期教育、随班就读和融合教育正在推广和深化,特殊职业教育和高等教育也有较快的发展,这些都标志着我国特殊教育的发展进入了一个全球化、信息化的时代。

但是,作为一个发展中国家,由于起点低、人口多、各地区发展不均衡,我国特殊教育的整体发展水平与世界上特殊教育比较发达的国家和地区相比,还有一定的差距,存在一些亟待解决的主要问题。例如:如何从狭义的仅以视力、听力和智力障碍等残疾儿童为主要服务对象的特殊教育逐步转向包括各种行为问题儿童和超常儿童在内的广义的特殊教育;如何通过强有力的特教专项立法来保障特殊儿童接受义务教育的权利,进一步明确各级政府、儿童家长和教育机构的责任,使经费投入、鉴定评估等得到专项法律法规的约束;如何加强对"随班就读"的支持,使融合教育的理念能被普通教育接受并得到充分体现;如何加强对特教师资和相关的专业人员的培养和训练;如何通过跨学科的合作加强相关的基础研究和应用研究,较快地改变目前研究力量薄弱、学科发展和专业人员整体发展水平偏低的状况。

为了迎接当代特殊教育发展的挑战和尽快缩短与发达国家的差距,三年前,我们在北京大学出版社出版意向的鼓舞下,成立了"21世纪特殊教育创新教材"的丛书编辑委员会和学术委员会,集中了国内特殊教育界具有一定教学、科研能力的高级职称或具有本专业博士学位的专业人员50多人共同编写了这套丛书,以期联系我国实际,全面地介绍和深入地探讨当代特殊教育的发展理念、基本原理和操作方法。丛书分为三个系列,共22本,其中有个人完成的专著,还有多人完成的编著,共约600万字。

理论与基础系列

本系列着重探讨特殊教育的理论与基础。讨论特殊教育的存在和思维的关系,特殊教育的学科性质和任务,特殊教育学与医学、心理学、教育学、教学论等相邻学科的密切关系,力求反映出现代思维方法、相邻学科的发展水平以及融合教育的思想对现代特教发展的影响。本系列特别注重从历史、现实和研究方法的演变等不同角度来探讨当代特殊教育的特点和发展趋势。本系列由以下8种组成：

《特殊教育的哲学基础》《特殊教育的医学基础》《融合教育导论》《特殊教育学》《特殊儿童心理学》《特殊教育史》《特殊教育研究方法》《特殊教育发展模式》。

发展与教育系列

本系列从广义上的特殊教育对象出发，密切联系日常学前教育、学校教育、家庭教育、职业教育和高等教育的实际，对不同类型特殊儿童的发展与教育问题进行了分册论述。着重阐述不同类型儿童的概念、人口比率、身心特征、鉴定评估、课程设置、教育与教学方法等方面的问题。本系列由以下7种组成：

《视觉障碍儿童的发展与教育》《听觉障碍儿童的发展与教育》《智力障碍儿童的发展与教育》《学习困难儿童的发展与教育》《自闭症谱系障碍儿童的发展与教育》《情绪与行为障碍儿童的发展与教育》《超常儿童的发展与教育》。

康复与训练系列

本系列旨在体现"医教结合"的原则，结合中外的各类特殊儿童，尤其是有比较严重的身心发展障碍儿童的治疗、康复和训练的实际案例，系统地介绍了当代对特殊教育中早期鉴别、干预、康复、咨询、治疗、训练教育的原理和方法。本系列偏重于实际操作和应用，由以下7种组成：

《特殊儿童应用行为分析》《特殊儿童的游戏治疗》《特殊儿童的美术治疗》《特殊儿童的音乐治疗》《特殊儿童的心理治疗》《特殊教育的辅具与康复》《特殊儿童的感觉统合训练》。

"21世纪特殊教育创新教材"是目前国内学术界有关特殊教育问题覆盖面最广、内容较丰富、整体功能较强的一套专业丛书。在特殊教育的理论和实践方面，本套丛书比较全面和深刻地反映出了近几十年来特殊教育和相关学科的成果。一方面大量参考了国外和港台地区有关当代特殊教育发展的研究资料；另一方面总结了我国近几十年来，尤其是建立了特殊教育专业硕士、博士点之后的一些交叉学科的实证研究成果，涉及5000多种中英文的参考文献。本套丛书力求贯彻理论和实际相结合的精神，在反映国际上有关特殊教育的前沿研究的同时，也密切结合了我国社会文化的历史和现实，将特殊教育的基本理论、基础理论、儿童发展和实际的教育、教学、咨询、干预、治疗和康复等融为一体，为建立一个具有前瞻性、符合科学发展观、具有中国历史文化特色的特殊教育的学科体系奠定基础。本套丛书在全面介绍和深入探讨当代特殊教育的原理和方法的同时，力求阐明如下几个主要学术观点：

1. 人是生物遗传和"文化遗传"两者结合的产物。生物遗传只是使人变成了生命活体和奠定了形成自我意识的生物基础；"文化遗传"才可能使人真正成为社会的人、高尚的人、成为"万物之灵"，而教育便是实现"文化遗传"的必由之路。特殊教育作为一个联系社会学科和自然学科、理论学科和应用学科的"桥梁学科"，应该集中地反映教育在人的种系发展和个体发展中所发挥的巨大作用。

2. 当代特殊教育的发展是全球化、信息化教育观念的体现，它有力地展现了人类社会发展过程中物质文明与精神文明之间发展的同步性。马克思主义很早就提出了两种生产力的概念，即生活物资的生产和人自身的繁衍。伴随生产力的提高和社会的发展，人类应该有更多的精力和能力来关注自身的繁衍和一系列发展问题，这些问题一方面是通过基因工程来防治和减少疾病,实行科学的优生优育,另一方面是通过优化家庭教育、学校教育和社会教育的环境,来最大限度地增加教育在发挥个体潜能和维护社会安定团结与文明进步等方面的整体功能。

3. 人类由于科学技术的发展、生产能力的提高,已经开始逐步地摆脱了对单纯性、缓慢性的生物进化的依赖,摆脱了因生活必需的物质产品的匮乏和人口繁衍的无度性所造成"弱肉强食"型的生存竞争。人类应该开始积极主动地在物质实体、生命活体、社会成员的大系统中调整自己的位置,更加注重作为一个平等的社会成员在促进人类的科学、民主和进步过程中所应该承担的责任和义务。

4. 特殊教育的发展,尤其是融合教育思想的形成和传播,对整个教育理念、价值观念、教育内容、学习方法和教师教育等问题,提出了全面的挑战。迎接这一挑战的方法只能是充分体现时代精神,在科学发展观的指导下开展深度的教育改革。当代特殊教育的重心不再是消极地过分地局限于单纯的对生理缺陷的补偿,而是在一定补偿的基础上,积极地努力发展有特殊需要儿童的潜能。无论是特殊教育还是普通教育都应该强调培养受教育者积极乐观的人生态度和做人的责任,使其为促进人类社会的进步最大限度地发挥自身的潜能。

5. 当代特殊教育的发展,对未来的教师和教育管理者、相关的专业人员的学识、能力和人格提出了更高的要求。未来的教师和教育管理者、相关的专业人员不仅要做到在教学相长中不断地更新自己的知识,还要具备从事普通教育和特殊教育的能力,具备新时代的人格魅力,从勤奋、好学、与人为善和热爱学生的行为中,自然地展示出对人类未来的美好憧憬和追求。

6. 从历史上来看,东西方之间思维方式和文化底蕴方面的差异,导致对残疾人的态度和特殊教育的理念是大不相同的。西方文化更注重逻辑、理性和实证,从对特殊人群的漠视、抛弃到专项立法和依法治教,从提倡融合教育到专业人才的培养,从支持系统的建立到相关学科的研究,思路是清晰的,但执行是缺乏弹性的,综合效果也不十分理想,过度地依赖法律底线甚至给某些缺乏自制力和公益心的人提供了法律庇护下的利己方便。东方哲学特别重视人的内心感受、人与自然和人与人之间的协调,以及社会的平衡与稳定,但由于封建社会落后的生产力水平和封建专制,特殊教育长期停留在"同情""施舍""恩赐""点缀""粉饰太平"的水平,缺乏强有力的稳定的实际支持系统。因此,如何通过中西合璧,结合本国的实际来发展我国的特殊教育,是一个需要深入研究的问题。

7. 当代特殊教育的发展是高科技和远古人文精神的有机结合。与普通教育相比,特殊教育只有200多年的历史,但近半个世纪以来,世界特殊教育发展的广度和深度都令人吃惊。教育理念不断更新,从"关心"到"权益",从"隔离"到"融合",从"障碍补偿"到"潜能开发",从"早期干预""个别化教育"到终身教育及计算机网络教学的推广,等等,这些都充分地体现了对人本身的尊重、对个体差异的认同、对多元文化的欣赏。

本套丛书力求帮助特殊教育工作者和广大特殊儿童的家长:① 进一步认识特殊教育的本质,勇于承担自己应该承担的责任,完成特殊教育从慈善关爱型向义务权益型转化;② 进一步明确特殊教育和普通教育的目标,促进整个国民教育从精英教育向公民教育转化;③ 进一步尊重差异,发展个性,促进特殊教育从隔离教育向融合教育转型;④ 逐步实现特殊教育的专项立法,进一步促进特殊教育从号召型向依法治教的模式转变;⑤ 加强专业人员的培养,进一步促进特殊教育从低水平向高质量的转变;⑥加强科学研究,进一步促进特殊教育学科水平的提高。

我们希望本套丛书的出版能对落实我国中长期的教育发展规划起到积极的作用,增加人们对当代特殊教育发展状况的了解,使人们能清醒地认识到我国特殊教育发展所取得的成就、存在的差距、解决的途径和努力的方向,促进中国特殊教育的学科建设和人才培养。在教育价值上进一步体现对人的尊重、对自然的尊重;在教育目标上立足于公民教育;在教育模式上体现出对多元文化和个体差异的认同;在教育方法上本着实事求是的精神实行因材施教,充分地发挥受教育者的潜能,发展受教育者的才智与个性;在教育功能上进一步体现我国社会制度本身的优越性,促进人类的科学与民主、文明与进步。

在本套丛书编写的三年时间里,四个主编单位分别在上海、南京、武汉组织了三次有关特殊教育发展的国际论坛,使我们有机会了解世界特殊教育最新的学科发展状况。在北京大学出版社和主编单位的资助下,丛书编委会分别于2008年2月和2009年3月在南京和上海召开了两次编写工作会议,集体讨论了丛书编写的意图和大纲。为了保证丛书的质量,上海市特殊教育资源中心和华东师范大学特殊教育研究所为本套丛书的编辑出版提供了帮助。

本套丛书的三个系列之间既有内在的联系,又有相对的独立性。不同系列的著作可作为特殊教育和相关专业的教材,也可供不同层次、不同专业水平和专业需要的教育工作者以及关心特殊儿童的家长等读者阅读和参考。尽管到目前为止,"21世纪特殊教育创新教材"可能是国内学术界有关特殊教育问题研究的内容丰富、整体功能强、在特殊教育的理论和实践方面覆盖面最广的一套丛书,但由于学科发展起点较低,编写时间仓促,作者水平有限,不尽如人意之处甚多,寄望更年轻的学者能有机会在本套丛书今后的修订中对之逐步改进和完善。

本套丛书从策划到正式出版,始终得到北京大学出版社教育出版中心主任周雁翎和责任编辑李淑方、华东师范大学学前教育学院党委书记兼上海市特殊教育资源中心主任汪海萍、南京特殊教育师范学院院长丁勇、华中师范大学教育科学学院院长邓猛、陕西师范大学教育科学学院副院长赵微等主编单位领导和参加编写的全体同人的关心和支持,在此由衷地表示感谢。

最后,特别感谢丛书付印之前,中国教育学会理事长、北京师范大学副校长顾明远教授和上海市副市长、上海交通大学医学院教授沈晓明在百忙中为丛书写序,对如何突出残疾人的教育,如何进行"医教结合",如何贯彻《国家中长期教育改革和发展规划纲要(2010—2020年)》等问题提出了指导性的意见,给我们极大的鼓励和鞭策。

"21世纪特殊教育创新教材"
编写委员会
(方俊明执笔)
2011年3月12日

前　言

在中国，很多特殊教育工作者在首次接触到应用行为分析（Applied Behavior Analysis，简称 ABA）这个术语时，大多会联想到"自闭症""行为训练""洛瓦斯（Lovass）教授"等字眼，由此也就带来对应用行为分析的诸多误解。比如，应用行为分析是专门针对自闭症的一种干预技术、应用行为分析是洛瓦斯教授创建的行为训练操作体系、应用行为分析就是"洛瓦斯理论"等。而实际上，应用行为分析既不是"洛瓦斯理论"，也不是某项特殊的技术，更不是只针对自闭症儿童的。按照本书第 1 章的作者美国加利福尼亚州立大学心理学与行为分析教授、行为分析师约瑟夫·莫罗（Joseph E. Morrow）博士的话来讲，应用行为分析是"将'行为分析'科学中的原理运用到社会实践中的一门运用学科"。简单而言，行为分析是研究行为、行为的变化以及影响变化的因素的一门科学，应用行为分析就是将行为分析所得的结果进行实践、应用，以使行为具有一定社会意义的应用科学。应用行为分析广为人知，洛瓦斯的功劳很大，是他将应用行为分析的理论引到对自闭症儿童的训练中，并因此取得了显著的成效。这就使得人们将应用行为分析误认为是洛瓦斯独创的一项针对自闭症儿童的特殊技术。其实，前者与后者的关系，是"道"和"术"的关系。应用行为分析是可以适用于各类儿童的。

当然，作为"21 世纪特殊教育创新教材"系列丛书之一，本书的主要研究对象是特殊儿童，我们在编写这本教材时，论述的中心和重心，都是围绕如何将应用行为分析的理论和技术运用于特殊儿童而展开的。在此基础上，我们以"应用""行为""分析"这三个要素作为贯穿全书的主线，同时将多元干预模式作为构建全书的框架。具体而言，在应用行为分析这个术语中，每个词都是一个重要的要素："应用"——它要求行为应是可运用在社交活动上的，而非只在实验室中出现；"行为"——指的是可观察和评量的事件；"分析"——要求我们经过资料的收集，一对行为进行功能性分析；二用明确可信的证据，证实所实施的行为干预法可改变行为。全书的写作，始终贯穿这三个要素。另外，传统的特殊儿童的行为训练经常只有一个入手点，即通过控制后果去改变儿童的不良行为。而应用行为分析，是将问题行为的发生看成是行为的前因、行为的后果以及相关的个人特征等因素综合作用的结果。所以，对行为的干预和改变也是从这些方面着手的。由此而形成了全书的基本架构，如下：

第 1 章为应用行为分析概述——介绍应用行为分析的基本概念、要素以及哲学基础和理论等。

第 2 章和第 3 章为特殊儿童行为观察、记录和评估——这一部分围绕特殊儿童的问题行为,主要着眼于应用行为分析中"分析"这个要素的第一个要求,即在准确搜集数据的基础上,对行为发生的次数、频率、严重程度以及行为的功能等进行深入分析。

第4章为特殊儿童行为干预方案的设计——在这一章中,在简单论述了行为干预理念的转变历程之后,对如何根据特殊儿童行为评估的结果,制订恰当的行为介入方案,进行了详细的阐述。其中行为目标的确定主要围绕应用行为分析中"应用"这个要求,选择的行为目标要具有社会意义,是可运用在社交活动上的。

第5章为应用行为分析中的实验设计——这一章为本书第二版中新增的内容。主要围绕应用行为分析中"分析"这个要素的第二个要求,即"分析"行为干预的效果进行阐述。只有设计了恰当的实验过程,才能科学地证明所采用的行为干预方法是否可以有效地改变行为。

第6到9章为特殊儿童行为改变的主要技术——这一部分主要体现应用行为分析中"行为"这个要素。按照多元行为干预模式,第6章为前因调控技术,第7章为特殊儿童问题行为的积极干预,第8章为通过控制后果改变行为的技术,第9章主要阐述如何发展与行为相关的个人技能,如社交技能、自我管理等,以此来促进特殊儿童行为的改变。

第10章为良好行为的泛化和维持——特殊儿童行为的改变不仅要在训练中可以观察到,还应该在不同的情境也能出现,或者衍生出许多相关类似的行为。行为的改变要具有能在社会生活中"应用"的价值。

本书由李芳和李丹设计编写思路与写作提纲,最后统一定稿。各章编写人员的具体分工如下:第1章由约瑟夫·莫罗、李芳完成;第2章由李芳、安李革完成;第3章和第4章由李芳完成;第5章由王晶完成;第6章由黄伟合完成;第7章由乔伊斯·杜(Joyce C. Tu)、李丹、孙玉梅完成;第8章由马仁海、李芳完成;第9章由孙玉梅完成;第10章由乔伊斯·杜、李丹、孙玉梅完成。

这些作者绝大部分都是理论功底深厚、实践经验丰富的学者或教师,比如约瑟夫·莫罗博士撰写稿件时已经七十高龄了,从事行为研究也已近35年;黄伟合博士无论是在国内还是在国外都已经硕果累累;乔伊斯·杜博士在美国西弗吉尼亚大学获得行为分析博士学位,长期从事行为分析的实践工作,具有丰富的理论和实践经验;李丹医师在国内也已经是资深的行为训练师了,他们能积极地参与到本书的编写中来,真使我深为他们这种对特殊教育工作的执着精神所感动,在此由衷地对他们表示感谢!

由于时间仓促,撰稿者国别不同,编写风格也各不相同。虽几易其稿,仍会有疏漏与欠妥之处,敬请各位同人不吝赐教!

李 芳
2018年7月

目 录

顾明远序 ………………………………………………………………… (1)
沈晓明序 ………………………………………………………………… (1)
丛书总序 ………………………………………………………………… (1)
前 言 …………………………………………………………………… (1)

第1章 应用行为分析概述 …………………………………………… (1)
 一、应用行为分析的含义 …………………………………………… (2)
 二、应用行为分析的历史回溯 ……………………………………… (3)
 三、研究方法 ………………………………………………………… (7)
 四、哲学基础 ………………………………………………………… (8)

第2章 特殊儿童行为观察与记录 …………………………………… (11)
 第1节 特殊儿童行为观察概述 …………………………………… (11)
  一、行为观察的定义 ……………………………………………… (11)
  二、行为观察的意义 ……………………………………………… (12)
  三、对特殊儿童的行为进行观察时应注意的要点 ……………… (12)
 第2节 行为记录的种类 …………………………………………… (13)
  一、数量的记录 …………………………………………………… (13)
  二、频率的记录 …………………………………………………… (14)
  三、对行为持续时间的记录 ……………………………………… (15)
  四、刺激信号引发行为所需时间的记录 ………………………… (15)
  五、同一行为发生多次的时间间隔的记录 ……………………… (16)
  六、比率形式的记录 ……………………………………………… (16)
  七、强度的记录 …………………………………………………… (17)
 第3节 行为记录的程序 …………………………………………… (18)
  一、数量记录程序 ………………………………………………… (18)
  二、时间记录程序 ………………………………………………… (19)
  三、时段抽样记录程序 …………………………………………… (20)
 第4节 行为观察的信度和效度 …………………………………… (22)
  一、行为观察中的误差 …………………………………………… (22)
  二、行为观察的信度 ……………………………………………… (23)
  三、行为观察的效度 ……………………………………………… (25)
  四、如何减少行为观察的误差 …………………………………… (25)

第3章 特殊儿童行为评估 (27)
第1节 常规性行为评估 (28)
一、筛查 (28)
二、选择与界定目标行为 (31)
三、常规性行为评估实例 (36)
第2节 功能性行为评估 (37)
一、功能性行为分析的理论假设 (37)
二、功能性行为评估的意义及目的 (38)
三、功能性行为评估获取的信息 (40)
四、功能性行为评估的实施方法 (40)
五、功能性行为评估报告实例 (46)

第4章 特殊儿童行为干预方案设计 (49)
第1节 设计特殊儿童行为干预方案应具有的理念 (49)
一、传统的行为干预模式 (49)
二、多元行为干预模式的出现 (50)
第2节 特殊儿童行为干预方案的具体设计 (53)
一、测定目标行为的基线 (53)
二、建立行为干预的目标 (53)
三、选择适当的行为干预策略 (56)
四、建立行为干预效果评价方案 (60)

第5章 应用行为分析的实验设计 (64)
第1节 单一被试实验设计概述 (64)
一、单一被试实验设计的含义 (65)
二、单一被试实验设计的类型 (65)
三、单一被试实验的构成要素 (65)
四、单一被试实验设计的基本阶段 (66)
第2节 单一被试实验设计模式 (68)
一、简单的设计模式 (68)
二、倒返设计 (70)
三、多基线设计 (74)
四、交替处理设计 (81)
五、逐变标准设计 (84)

第6章 特殊儿童问题行为的前因调控 (87)
第1节 前因调控的理论基础 (87)
一、"区别性刺激"和"刺激控制" (87)
二、关于"环境要素"的理论 (88)
三、"行为动力操作"的提出及其内涵 (89)

第 2 节　前因调控的主要技术 …………………………………………………（90）
　　　一、刺激控制（stimulus control）的实际应用 …………………………………（90）
　　　二、环境调控的各种方法 ……………………………………………………（91）
　　　三、适度的体力运动 …………………………………………………………（92）
　　　四、给特殊需要学生以选择机会 ……………………………………………（94）
　　　五、对课程作个别化的调整 …………………………………………………（95）
　　　六、无条件强化 ………………………………………………………………（96）
　　　七、合作行为的训练 …………………………………………………………（97）
　　第 3 节　前因调控的优势与局限 ……………………………………………（99）
　　　一、以前因为基础的干预方法的优势 ………………………………………（99）
　　　二、以前因为基础的干预方法的局限 ………………………………………（100）

第 7 章　特殊儿童问题行为的积极干预 ……………………………………（102）
　　第 1 节　塑造 …………………………………………………………………（103）
　　　一、塑造的定义 ………………………………………………………………（103）
　　　二、塑造的应用 ………………………………………………………………（103）
　　　三、行为塑造的步骤 …………………………………………………………（104）
　　　四、塑造运用的实例 …………………………………………………………（105）
　　第 2 节　提示 …………………………………………………………………（105）
　　　一、提示的定义 ………………………………………………………………（105）
　　　二、提示的类型 ………………………………………………………………（106）
　　　三、运用提示减少问题行为 …………………………………………………（107）
　　　四、提示运用的实例 …………………………………………………………（108）
　　第 3 节　渐隐 …………………………………………………………………（109）
　　　一、渐隐的定义 ………………………………………………………………（109）
　　　二、渐隐的程序及运用 ………………………………………………………（109）
　　　三、渐隐应用的实例 …………………………………………………………（110）
　　第 4 节　链接 …………………………………………………………………（110）
　　　一、链接的定义 ………………………………………………………………（110）
　　　二、链接中的任务分析 ………………………………………………………（111）
　　　三、链接的分类 ………………………………………………………………（112）
　　　四、连续性任务中的错误更正程序 …………………………………………（112）
　　　五、链接应用的实例 …………………………………………………………（113）

第 8 章　特殊儿童问题行为的后果处理 ……………………………………（115）
　　第 1 节　运用强化促进适当行为 ……………………………………………（116）
　　　一、行为强化的含义 …………………………………………………………（116）
　　　二、强化的类型 ………………………………………………………………（116）
　　　三、强化物 ……………………………………………………………………（119）

　　　　四、影响行为强化效果的因素 ……………………………………………………………（121）
　　　　五、有效应用强化的基本要求 ……………………………………………………………（121）
　　　　六、强化的误用 ……………………………………………………………………………（125）
　　　　七、应用强化对问题行为进行干预的案例 ………………………………………………（126）
　　第 2 节　减少不良行为的技术 …………………………………………………………………（129）
　　　　一、差别强化 ………………………………………………………………………………（129）
　　　　二、消退 ……………………………………………………………………………………（137）
　　　　三、惩罚 ……………………………………………………………………………………（143）
　　第 3 节　代币制与行为契约 ……………………………………………………………………（153）
　　　　一、代币制 …………………………………………………………………………………（153）
　　　　二、行为契约 ………………………………………………………………………………（156）
　　第 4 节　危机情况的处理 ………………………………………………………………………（159）
　　　　一、充分的准备 ……………………………………………………………………………（160）
　　　　二、危机的周期及各阶段的处理 …………………………………………………………（160）
　　　　三、危机处理的注意事项 …………………………………………………………………（162）

第 9 章　相关技能的发展 …………………………………………………………………………（165）
　　第 1 节　社会技能 ………………………………………………………………………………（165）
　　　　一、社会技能的含义 ………………………………………………………………………（166）
　　　　二、社会技能的内容 ………………………………………………………………………（166）
　　　　三、社会技能的训练与问题行为的改善 …………………………………………………（167）
　　　　四、社会技能的评估 ………………………………………………………………………（168）
　　　　五、社会技能训练策略 ……………………………………………………………………（170）
　　第 2 节　自我管理 ………………………………………………………………………………（176）
　　　　一、自我管理的定义 ………………………………………………………………………（177）
　　　　二、实施自我管理的优点 …………………………………………………………………（178）
　　　　三、自我管理的策略 ………………………………………………………………………（179）
　　　　四、如何教会特殊儿童实施有效的自我管理 ……………………………………………（183）
　　　　五、自我管理策略运用实例 ………………………………………………………………（184）

第 10 章　行为的泛化和维持 ……………………………………………………………………（186）
　　第 1 节　泛化和维持的形态 ……………………………………………………………………（186）
　　　　一、反应维持 ………………………………………………………………………………（186）
　　　　二、刺激泛化 ………………………………………………………………………………（188）
　　　　三、反应泛化 ………………………………………………………………………………（189）
　　第 2 节　促进泛化的技巧及案例 ………………………………………………………………（189）
　　　　一、促进泛化的技巧 ………………………………………………………………………（190）
　　　　二、促进泛化的实例 ………………………………………………………………………（192）

附录 …………………………………………………………………………………………………（195）

参考文献 ……………………………………………………………………………………………（234）

第1章 应用行为分析概述

学习目标

1. 理解应用行为分析的具体含义。
2. 掌握应用行为分析的历史发展脉络。
3. 领会应用行为分析的研究方法和哲学体系。

由华生(John B. Watson)所创立的行为学派距今已经有百年的历史了,它给社会带来的第一个影响是华生为使心理学界信服其研究的重点对象应该是行为而不是意识,顶住舆论的压力并做了一系列工作。华生还曾就教养孩子的实践工作写了很多著作,但是影响很短暂。行为学派开始对我们的生活实践产生影响,是以斯金纳(B. F. Skinner)《超越自由与尊严》(Beyond Freedom and Dignity)一书的出版为开端的。这本卖得很好却有争议的书,其影响同样短暂。在此书中斯金纳提到,政府在制定方针政策时会用到行为科学的一些原理。在此之后,大量的讨论随之而生,但是它的影响非常小且持续时间也不长。

行为学派对我们目前的生活产生重大的影响完全是因为一位应用行为学家——洛瓦斯(Ivar Lovaas)的贡献,他将斯金纳的理论引入对自闭症儿童的训练当中。自闭症曾被认为是天生的、不可治愈的和非常少见的,但如今,其诊出率开始迅猛增长。我们以自闭症的第二种表现形式为例进行说明。自闭症的第二种表现形式是指一个孩子刚刚出生时似乎发展很正常,可是到一至两岁时便会倒退而开始表现出自闭症的症状,见图1-1。20世纪60年代的初步估计是每5000个孩子中就有一个这样的自闭症孩子,而到了90年代人们发现,每500个孩子中就有一个这样的自闭症孩子,其累积增长率见图1-2。洛瓦斯的工作证明了一些被诊断为自闭症的儿童在经过密集的应用行为分析(Applied Behavior Analysis,简称ABA)的训练后,能够与同龄的正常孩子相差无几。[①]

洛瓦斯的研究能产生如此广泛的影响,其中一个很重要的因素是莫雷斯(C. Maurice)所撰写的《让我听到你的心声》(Let Me Hear Your Voice)一书的出版。莫雷斯有两个孩子,他们都被诊断为自闭症,在发病的早期经过密集的ABA训练以后,用莫雷斯的原话来说都"痊愈"了。正是莫雷斯的这本书将ABA推广至自闭症儿童的训练中,也正是这本书的两个结论——自闭症的诊出率不断增加以及自闭症儿童可以通过行为训练达到"痊愈",使行为学派成为人们关注的焦点。

---

① Lovaas, I. O.. Behavioral treatment and normal educational and intellectual functioning in young autistic children [J]. Journal of Consulting and Clinical Psychology, 1987, 55(1): 3-9.

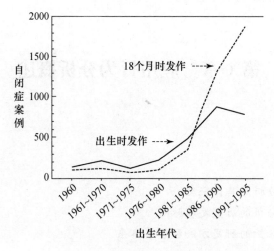

图 1-1　自闭症发作的时间①

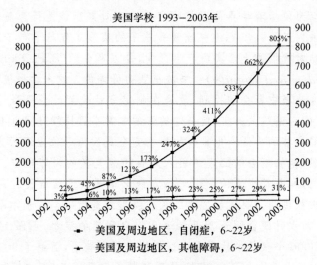

图 1-2　自闭症儿童累积增长率②

一、应用行为分析的含义

应用行为分析是将"行为分析"科学中的原理运用到社会实践中的一门应用学科。例如,运用强化原理来增加课堂发言行为。它首次被明确定义是在《应用行为分析杂志》的创刊号中,贝尔(Baer)、沃尔夫(Wolf)以及里斯利(Riseley)将之定义为:"运用行为假设原理改变特定行为,同时评估这些改变是否对行为的实际运用有益的过程",他们对每个词都做出了详细的解释。"应用"是指改变后的行为要具有社会意义;"行为"是指可以观察测量的外显活动或反应;"分析"是指分析行为问题产生的原因和评量行为干预方案的效果。在文章

---

① 图表及数据来源:California Department of Developmental Services。
② 图表来源:www.fightingautism.org,数据来源:www.ideadata.org & www.cdc.gov/nchs。

中,贝尔、沃尔夫和里斯利还提出了应用行为分析的七个基本要素:

(1)实用的。目标行为应是可运用在社交活动上的。

(2)可观察、可评量的。环境及行为应该是可加以详细记录的。

(3)可分析的。经过详细的资料搜集,应有明确可信的证据,证明此干预法可改变行为。

(4)技巧性的。行为干预的程序应被具体详细叙述,让其他人也可进行应用。

(5)有完整的理念体系。行为干预是建立在基本的行为原理基础之上的。

(6)有效的。行为干预应该产生大量有实际意义的效果。

(7)可类化的。行为的改变应在不同的情境下都观察得到,或可见到许多相关类似的行为。

概括而言,应用行为分析就是行为科学原理的实践和运用,它以系统化的干预来改变特定行为,并通过实验来验证造成行为改变的具体变量。它强调改变行为包含行为的三个要素:行为的前因、O 个体及行为的后果,如表 1-1 所示。本书的内容都将围绕这三个方面展开,并在以后的章节中做详细的论述。

表 1-1　应用行为分析三个要素

S 刺激(行为的前因)	O 个体	R 反应(行为的后果)
环境因素	生理状况	强化(正强化、负强化)
时间	认知、语言、社交等能力	惩罚(直接惩罚、间接惩罚)
人	情绪反应	消退
	心理需求	

应用行为分析最初为人们所了解是在 20 世纪 50 年代,那时它被称为"行为治疗",但很快它就以"行为矫正"这个词流行起来。随之,行为矫正在实践中的使用很快超出了行为科学的范围,比如,使用药物治疗甚至外科手术来对行为进行干预。很多人没有很好地领会斯金纳的思想,将行为矫正简单看成是对行为的后果进行控制,尤其是使用惩罚。很快,行为矫正被简单运用到监狱和学校中,以使其中的人们服从于某个权威,这种做法由此引发了人们大量的讨论和研究。这样,行为学家开始逐渐放弃对行为矫正这个词的使用,而将他们当时的工作改称为"应用行为分析"。当然,这不仅是置换了一个新词,而是开始重新审视"问题行为",并将新的理念与行为科学的原理相结合而发展出的一门新的科学。

二、应用行为分析的历史回溯

简单而言,应用行为分析发端于华生,斯金纳的工作为它的发展奠定了坚实的基础,而洛瓦斯成功地将应用行为分析用于对自闭症儿童的干预,使得应用行为分析的发展达到了鼎盛。下面我们将对应用行为分析的历史发展作简单的回顾。

(一)早期的历史

行为主义发端于 1912 年,其鼻祖是华生。在华生之前,心理学的主要研究对象是意识。华生的研究促使心理学将行为也作为其研究对象,对行为的预测和控制也变成心理学的主要工作之一。华生进一步阐述说,行为的前因就存在于可以观察的环境当中。虽然华生是一个细心且彻底的实验主义者,但是他却将巴甫洛夫(I. P. Pavlov)的研究作为他因果分析的基础。华生赞成巴甫洛夫的刺激-反应学说,强调刺激的出现与行为反应之间的关系,但华生与巴甫洛夫重在谈论行为的内在心理驱动过程(如神经的兴奋与抑制)有所不同,他认为科学的谈论行为就应该避开这些假设的内在心理驱动过程。

当华生1924年离开心理学界时,他对"假设的内在心理驱动过程"的错误认识也跟随他一起消失了。那些在研究行为时对华生的理论深信不疑的心理学者,也很快就抛弃了华生有关内在心理驱动过程的认识论。不久后心理学者们开始将诸如需要、动机、期望以及认识等这些"假设的内在心理驱动过程"作为行为理论的基础。

行为主义发展史中的另一个重要人物就是斯金纳。斯金纳读大学时的专业是文学,他从未学习过心理学。他对认识论很感兴趣,这不经意间就将他引向华生的理论。在华生的著作中斯金纳发现,很多理论都与他感兴趣的认识论有关,对他认识论的研究至关重要。结果斯金纳去了哈佛大学的心理学研究生院,以发展他这方面的兴趣。当然,他的兴趣不在于心理学,他学心理学只不过是因为华生也曾经是一位心理学家。所以,在哈佛读大学的时候,斯金纳很少上心理学的课,反而将大量的时间花在了克鲁加(W. J. Crozier)教授的生物学实验室里。

斯金纳最初的研究方法曾在其1932年的学位论文中阐述得很清楚——小心地控制条件,变量之间的功能性关系就能被观察到。在拿到博士学位后,斯金纳又做了几年的博士后,在这期间,他继续其独特的研究风格,并对之进行发展。1938年他的第一本系统的著作出版。他的研究方法与当时的心理学研究方法大相径庭。受华生的影响,斯金纳的研究对象是行为,没有诸如需要、动机等"干扰变量",而这些变量在当时是心理学的主要研究对象。(随着认知心理学的出现,"内在心理驱动过程"现在也为应用行为分析所关注。)

斯金纳开始的研究很简单,就是从小白鼠的行为中寻找规律,其研究很快就促使他开始考虑行为的后果在行为中所扮演的重要角色。最终,他把这些后果变量对行为的影响描述成强化、惩罚、消退以及行为契约等。虽然其他的行为学家又举出了很多行为后果会对行为产生其他影响的例证,但斯金纳对行为后果的定义及论述至今都很完整。

斯金纳的一个最重要的研究思想就是个体以自发行为作用于环境,受到环境的强化,这种后果反过来对个体的下一次行为起促进作用,从而使这种行为不断产生。如,压杠杆的行为会使动物不时得到食物,动物就会经常按压它。在这方面斯金纳把自己与巴甫洛夫区分开来,同时他也超出了华生对自己的影响。巴甫洛夫谈到,一个"条件刺激"(conditioned stimulus)如铃铛,当它伴随一个能引起唾液分泌的"无条件刺激"(unconditioned stimulus)如食物一同出现时,它也能引起唾液分泌。他发现几乎任何一个中性刺激伴随食物一起出现时都能引起唾液分泌,这导致了巴甫洛夫的推测条件刺激是发展复杂行为的核心。华生为巴甫洛夫的这个发现所着迷,尽管这个发现没有任何人体的支持数据,他还是将巴甫洛夫的刺激-反应模式用来解释人类的行为。

但是这个刺激-反应模式却并不适合斯金纳的对行为后果如何影响行为的实验研究,这最终导致他用"区别性刺激"(discriminative stimulus)与巴甫洛夫的"条件刺激"区分开来。区别性刺激描绘了这样一个环境,在这个环境中行为是有后果的,它对行为的影响有别于条件刺激,而且区别性刺激的建立也与条件刺激不同,这就是斯金纳所谓的三要素:环境—行为—后果中的一部分。区别性刺激影响行为不用伴随诸如巴甫洛夫实验中的条件刺激一类的刺激,只需要建立行为与后果之间的可靠联系即可,如建立起按压杠杆与得到食物之间的联系。随着区别性刺激的发现,斯金纳找到了他认识论的关键,而且最终在行为主义的模式下,他还提出了语言的功能分析,并将之称为"言语行为"(verbal behavior)。

斯金纳最终描绘了两种条件作用或学习。第一种包含了巴甫洛夫的刺激-反应原理,比如一个个体学习听到铃声分泌唾液,他将其称为应答条件作用(respondent conditioning);第二种条件作用是建立在斯金纳的研究基础之上的,比如小白鼠按压杠杆,后果是可以得到食物,这个后果就是基本的控制因素,斯金纳将其称为操作条件作用(operant conditioning)。这样,在20世纪30年代早期,操作条件作用理论诞生了,并成为应用行为分析的指导原则。操作条件作用的基本原理在斯金纳1938年的著作《有机体的行为》(*The Behavior of Organisms*)一书中有详细的阐述。

值得注意的是,斯金纳并没有否定巴甫洛夫的工作,也没有否定某些刺激-反应关系的重要性,他只是指出有两种条件作用。斯金纳也从未否认那些有关先天因素在行为中起重要作用的发现,他只是将他的工作看成是对与操作行为有关的规律的描述,他一般都将对应答行为和先天行为的实验研究留给他人。

斯金纳的研究开始是以小白鼠为实验对象的,而后转为鸽子,在斯金纳的实验中他的被试是用来探索行为的一般规律的,斯金纳相信从他的研究中得出的原理可以运用到一切生物体上。当传统的心理学还在继续探索环境事件及随后发生的行为中那些看不见的变量(即内在心理过程)时,斯金纳已经在为如何将行为原理运用到复杂的人类身上努力了。

(二)从传统心理学中分离出来

因为各方面的原因,斯金纳及他的工作似乎受到了传统心理学极大的容忍,但是那些受他的方法(以及认识论)所吸引的人却不像他那么顺利,他们的很多研究都被拒绝出版,因为它们都不符合传统心理学杂志选择文章的标准——组间设计的思想。所以,在1958年斯金纳的追随者们开办了他们自己的期刊——《实验行为分析杂志》(*The Journal of the Experimental Analysis of Behavior*,简称JEAB),这本杂志办得很成功,直到如今仍在出版,在过去60年的时间里,该杂志发表了3800多篇文章,版面超过30000页。但在早期,这曾经引起了一些心理行为学家们的不满,因为《实验行为分析杂志》的发行标志着"斯金纳学派"或者行为分析从传统的心理学中分离出来,建立了自己的阵地。

1968年,一些行为分析学家对将操作条件作用的原理运用到社会问题中产生了兴趣,他们创立了《应用行为分析杂志》(*The Journal of Applied Behavior Analysis*,简称JABA),他们这样做的原因与《实验行为分析杂志》诞生的原因一样。这本杂志也取得了成功,且在随后的40多年里一直在出版。直至今日,《应用行为分析杂志》已经发表了2300多篇文章,版面超过21000页。

行为分析从心理学中彻底分离出来是行为分析协会(Association for Behavior Analysis,简称ABA)[现称国际行为分析协会(Association for Behavior Analysis International,简称ABAI)]的成立。该组织成立于1974年,当时被称为美国中西部行为分析协会(Midwestern Association for Behavior Analysis),很快"美国中西部"这个词就被抛开了,该组织开始迅速成长。现在国际行为分析协会的会员已经超过5800个,旗下分会的总会员数也已经超过13500名,这些分会中有31个在美国,27个在其他国家和地区(见图1-3)。在过去十年里国际行为分析协会的会员数以平均每年6.5%的速度增长。

随着对自闭症儿童的ABA训练不断增多,业内人士觉得有必要对行为分析的从业资格进行资格认证。于是,1999年行为分析资格认证委员会(Behavior Analysis Certification Board,简称BACB)成立。该组织建立的目的是对在行为分析领域有资质的人进行资格认定。其中具有硕士或博士学位的人,在经过一定的实践操作以及学科训练,并通过相关考试后就能被认证为委员会认证的行为分析师(Board Certified Behavior Analyst,简称BCBA);有学士学位的人通过同样的程序可以成为委员会认证的副行为分析师(Board Certified Associate Behavior Analyst,简称BCABA)。目前经委员会认证的正、副行为分析师在美国已经超过5000余人,在世界其他国家和地区有250余人。

行为分析独立出来后,其发展便达到了顶峰,进入了发展的高原期。而在此时,随着自闭症的诊出率不断增长,以及ABA干预项目对自闭症的显著疗效,使得我们可以通过此来寻求行为分析更高的发展。

图1-3　国际行为分析协会成员人数①

(三)后期的历史及其在特殊儿童中的运用

20世纪50年代,斯金纳的学生林斯利(Lindsley)开始对那些被诊断为精神分裂症而被限制在医院里的人进行训练。林斯利的训练项目是一系列的控制实验,这些实验研究清楚地证明了操作条件作用的原理对改变被试的行为非常有效。

第一次系统地将操作条件反射原理运用于解决社会问题是在1959年,由杰克·迈克尔(J. Michael)以及他的助手进行了尝试。这些研究者们的目的是减少不期望的行为而增加期望行为。他们研究的被试依然限定于被诊断为精神分裂症的人,结果这次尝试也非常成功。

与此同时,华盛顿大学的研究者们开始对那些被诊断为智力落后或者自闭症的青年展开一系列的研究。结果ABA对那些被诊断为智力落后的人非常有用,以至于美国的各种机

---

① 图表及数据来源:www.ABAI.org。

构都将它作为训练项目的首选。但是这对自闭症却不起什么作用。大部分以自闭症作为研究对象的研究只解决了一小部分的行为问题,比如成功地增强了他们的社会交往能力,或者减少了自伤行为。

促使人们尝试使用密集的ABA早期干预计划,对自闭症儿童的整个行为技能进行训练的人是洛瓦斯。20世纪60年代早期,洛瓦斯就开始了他的工作,在那之后的20年里,他证明了运用ABA能使自闭症儿童发生显著的改变,有的甚至能不再被诊断为自闭症。

洛瓦斯在1987发表的文章中阐述了以下几个观点:如果ABA治疗能在自闭症儿童3～4岁的早期就进行,并能进行密集的每星期40个小时的一对一ABA,而且还能坚持2年以上足够长的时间,那么一些早期被诊断为自闭症的儿童就能变得与同龄的正常儿童没有区别。此外,这些儿童还能跟正常儿童一起接受更高的教育。在他的这个研究中有19个儿童被分到密集型早期干预组,其中有47%的儿童获得了"最好的结果",他们变得与同龄的正常儿童没有什么区别;在另一个控制组中有19个儿童,他们只接受每周10小时的ABA干预,他们当中无一人达到"最好的结果";在第三个控制组中有21个儿童,他们没有接受ABA训练,但是有接受社区中的训练项目,其中只有5%的儿童达到"最好的结果"。

洛瓦斯的研究受到了来自某些自闭症社团部门的强烈批判。然而,一些运用各种各样"仿洛瓦斯方法"进行训练的研究者们也得到了同样的结果。除此之外,再没有能通过实证研究证实获得"最好的结果"的其他训练方法出版。这样,当前文提到的莫雷斯写的那本书出版之后,ABA成为许多自闭症儿童家长的首要选择。同样,一些政府机构经过对各种自闭症治疗程序进行科学评估后指出:ABA是一种建立在循证研究基础之上的、有效的治疗方法。现在美国的许多州都通过了法律,规定私人保险公司的保险条款应该涵盖建立在循证研究基础之上的自闭症儿童的治疗。其中,路易斯安那州还在法律中特别提到应用行为分析治疗,并进行了详细说明。

值得强调的是,斯金纳的行为学派是针对所有与操作行为有关的变量的,而不仅仅针对自闭症,因此其影响非常广泛。比如,斯金纳提出"言语行为"的思想,最后演化为一本杂志——《言语行为分析》(*The Analysis of Verbal Behavior*),该杂志已经发行24年了。另一本已发行25年的《组织行为管理杂志》(*The Journal of Organizational Behavior Management*),主要从行为的角度对工业心理学进行理论和实践研究。除此之外,行为主义还对教育学以及心理治疗学产生了深远影响,这些都曾被休厄德(Heward)、海耶斯(Hayes)以及斯特罗萨尔(Strosahl)所证实。

三、研究方法

在回顾历史之后,我们还要谈谈斯金纳研究中的另一个重要方面,那就是研究方法问题。关于如何做人们可接受的、科学的行为研究在心理学界并没有得到充分解决。因此在很大程度上这个问题最终导致了"行为分析"(behavior analysis)从传统心理学中分离出来。

当斯金纳进入心理学领域时,大部分研究都是分组实验,每组的治疗方式各不相同。比如,一项研究要有一个实验组接受一种治疗,一个控制组不接受治疗,然后通过一些统计学的检验,比如"T检验"或者费希尔"差异分析"来比较两组变量的统计均数,这些检验将会得到一个概率,这个概率反映了实得平均数之间的差异是一个偶然差异的可能性有多大,如果最后得出的判断是均数间的差异只是源于偶然,那么治疗就会被判无效,如果最后得出的判断是均数间的差异不是源于偶然,那么治疗就证明是有效的。这种"组间设计"(group design)的研究方法运用到心理学上是在1920年左右,至今为止,在判断一个心理研究的质量时仍将其作为主要的方法。

斯金纳从来没有采用过组间设计的研究策略,他使用的是"单一被试实验设计"(single subject design)的方法。使用这种方法,斯金纳可以得到一个单一动物行为的反复测量数据。一旦获得某行为相对稳定的发生率,就可以进行某项治疗或者引入某项变量。行为的结果或者保持相对稳定的行为的变化,都可以被用来评估治疗或干预变量的效果。这个过程可以被重复运用到其他动物身上,如果能获得相似的结果,就可以得出一般的结论。

总体而言,ABA基本还是保持了自然科学的研究方法。在应用行为分析中,客观的行为数据需要被测量和记录,客观的行为干预结果需要被评估,这与自然科学的实践是一致的,ABA意在通过科学的手段寻求客观行为与干预结果之间的关系。行为分析学家利用搜集到的数据,对为什么某个特定的行为会在特定的环境中发生,形成一个假设,然后通过干预去改变目标行为,最后对干预的结果进行评估,这就是ABA的基本研究思路。至于具体的实践方法,我们将在后文进行详细讨论。

四、哲学基础

在任何实用技术的背后都会存在科学的研究,在科学研究背后则是指导研究及其应用的认识论和哲学观。在应用行为分析背后是行为分析的研究,而在它们二者背后的哲学观,是斯金纳曾称之为"激进行为主义"(radical behaviorism),现在称为"行为唯物主义"(behavioral materialism)的哲学观。当斯金纳发展他的行为主义时,许多心理学领域想与之竞争的其他方法也称自己为行为主义。但是,斯金纳的行为主义由于赞成华生的两个基本观点成为唯一突出的一个。第一,行为是心理学的基本研究对象;第二,无须在因果链中起重要作用的内在心理过程"注解",行为也能够被单独解释。为了阐明行为的这种独特性,斯金纳主张回到华生行为主义的"根源",并从此以后采用"激进"这个形容词来描述他的成果。当然,虽然斯金纳在华生的基础上加入了大量自己的理论和研究,但却从始至终都保留了上述这两个观点。

要论述激进行为主义哲学的起源,还真不知究竟该从何处开始。斯金纳在本科期间读过弗朗西斯·培根的著作,其经验主义与唯物主义观点可能就是受到培根的影响。培根指出"我们不能命令自然,而只能顺从它",他的这个观点经常被斯金纳所引用。除此之外,培根还提倡以归纳的方式来建设科学。尽管传统心理学强调演绎的方式,斯金纳的研究还是以归纳的方式进行。培根的这些观念就是斯金纳的主要科研思想。

斯金纳探寻行为自然规律的方法还深受马赫(Mach)的影响。马赫是一位物理学家和哲学家。他的著作《机器的科学》(The Science of Mechanics)成为斯金纳1932年学位论文的模型。马赫在阐述因果关系时,主要谈论看得见的东西,对于看不见的变量总是心存疑虑。他在谈论这些看得见的变量之间的关系时说,在某种程度上一个变量与另一个变量具有功能性相关。功能性相关的观念深入斯金纳之心,这也成为他研究的关键要素。在他1953年的著作《科学与人类行为》(Science and Human Behavior)一书中,斯金纳建议停止谈论原因和结果,而谈论那些致使行为产生某种功能的变量。从这一点来说,在斯金纳的激进行为主义中,行为分析的目的就是寻找功能性相关。当然,这种方法在实践中非常有用。如果你知道了那些使行为产生某种功能的变量,你能获得这些变量,你就能影响行为。

马赫曾与生物学家洛布(Loeb)保持通信长达 10 年之久。洛布将马赫的思想和方法运用到生物学的研究上。洛布相信动物的行为在先行刺激的作用下是能被计数和记录的。他因此发展出一个"向性运动"(tropism)的解释性理论,避开了当时所认为的意识起重要作用的观念。

1900 年,芝加哥大学生物系的学生华生开始上洛布的生物课。这是洛布对华生产生影响最一致的说法,而且斯金纳也将他哲学上的影响归功于华生。

这里要简要提一下洛布的"门徒"克鲁加。克鲁加的研究基本没有超出洛布的传统。有人曾说洛布"极尽其所有的能力和影响力来维护克鲁加的声望与地位"。在洛布去世时克鲁加曾说:"洛布对于我的意义超过任何人。"当斯金纳在哈佛读书的时候,他花了大量的时间在克鲁加的生物学实验室里。据说克鲁加曾担任斯金纳的导师,为斯金纳的研究提供了实验的空间,并给予他很多鼓励。克鲁加还是斯金纳博士论文答辩委员会的委员。当 1947 年,斯金纳写他的乌托邦小说《沃尔登第二》(Walden Two)时,故事的主角命名为弗雷泽(Frazier),就是 Fred(斯金纳的姓)和 Crozier(克鲁加)的缩写。

这样,从马赫到洛布,再到华生和克鲁加,然后到斯金纳的哲学传承线索是相当清晰的。让我们再简单地回顾一下:从哲学上来说,这些人都是决定论者,都相信控制他们实验对象的变量存在于物质世界中。都论及可见事件之间的功能关系,都论及控制实验对象的重要性。就马赫来说,其主要观点是在因果链中关注可见的行为,而不考虑不可见的行为。就洛布、华生和克鲁加来说,他们的观念是控制他们所研究的行为的先行刺激。正是在这些观念的基础上,斯金纳将他的行为研究演化为理论。斯金纳的第一个主要成就,是对行为结果在控制行为中的作用进行功能性分析。

操作条件作用现在已经被普遍视为所有有机体的一种共同现象。更为重要的是,操作条件作用似乎是人类行为的核心。只有很小一部分人类的行为是为简单的刺激-反应关系所控制的。在操作行为的功能性分析中,斯金纳给了我们运用行为原理去影响社会行为的工具,就像培根说的那样,自然地去下命令。恩格斯曾说:"自由不存在于从自然规律中独立出来的梦里,而存在于这些规律之中,以及怎样让这些规律服务于我们既定目标的工作中。"所以,发展行为技术就是运用自然规律去提升儿童及其家人的生活品质,这是我们的最终目标。

 本章小结

应用行为分析是将"行为分析"科学中的原理运用到社会实践中的一门运用学科。它强调改变行为包含行为的三个要素:行为的前因、个体及行为的后果。

应用行为分析发端于华生,斯金纳的工作为应用行为分析的发展奠定了坚实的基础,而洛瓦斯成功地将应用行为分析用于对自闭症儿童的干预,使得应用行为分析的发展达到了鼎盛。

应用行为分析的哲学观是"行为唯物主义"。它基本保持了自然科学的研究方法，其单一被试实验研究打破了心理学界组别设计实验研究的传统，通过科学的手段寻求客观行为与干预结果之间的关系。

 思考与练习

1. 应用行为分析的基本要素是什么？如何理解这些基本要素？
2. 简述应用行为分析的发展简史。
3. 斯金纳对应用行为分析的贡献是什么？
4. 洛瓦斯对应用行为分析做出了怎样的发展？
5. 简评应用行为分析的单一被试研究法。

第 2 章 特殊儿童行为观察与记录

 学习目标

1. 了解行为观察对于特殊儿童的意义。
2. 理解行为记录的种类。
3. 熟练掌握行为记录的程序,会用其中的方法进行行为观察和记录。
4. 能使用书中所列的方法对行为观察的信度、效度做出评估。

行为观察的目的在于在不同的情境下记录下行为的模式、行为的频率、行为的强度等。这些观察的数据可以帮助我们对行为进行评价,制订行为干预方案,并评价行为干预的后果等。它为准确的定义和分析行为提供了客观的数据,是我们进行实践和研究的基础。本章将重点介绍特殊儿童行为观察与记录的一些具体操作方法,并对如何避免观察中的误区,提高观察的信度、效度进行阐述。

第 1 节 特殊儿童行为观察概述

一、行为观察的定义

一般而言,人类要做出一个正确的决定,都必须以广泛的、客观的、可信的信息和数据为基础。如果没有客观数据,人类在做判断的时候就会困难重重。观察法,就是人们获得客观数据的一个重要方法。在应用行为分析中,我们可以用行为观察来获得对特殊儿童的总体印象,可以印证父母或教师报告的特殊儿童行为表现的准确性,可以对先前的访谈、筛查中发现的特殊行为问题进行特别关注等,这都是获得数据的过程。可以说,这是我们对行为观察及其意义最通俗的理解。

学术界为行为观察所下的定义是:通过运用一定的方法和程序对所定义的行为进行量化的过程。通过对行为的观察,客观、真实地搜集行为数据,可以为准确的定义和分析行为提供依据。如果实践操作时缺乏对行为的观察和量化,就会使对行为的分析陷入主观猜测或主观臆断,影响行为分析的科学性。上述这种学术性的解释相较于通俗的对于观察的理解,更利于我们以科学的态度对儿童的行为进行观察。

在对行为作系统观察时,需要在自然或专门设计的情境中,观察儿童的行为,在行为发生时或之后不久,客观地对每个行为做出记录和分类,然后把这些数据转化成数量化的信息,这样才能确保搜集到的数据是可靠而有效的。对行为进行直接观察是行为分析的核心,也是清晰地了解特殊儿童行为常用的行为评价技术之一。它所提供的信息可以不受儿童能

力和他们意愿的影响,非常适合特殊儿童。

二、行为观察的意义

对特殊儿童的行为进行观察,可以描绘特殊儿童在日常生活中的自发行为,并对这些行为进行精确的量化,用以作为评量问题行为、制订干预计划以及评量干预效果的基础。其应用非常广泛,在临床医学、心理学以及教育学中都会用到行为观察。在应用行为分析领域中,行为观察又具有独特的意义。

（一）行为观察为应用行为分析的理论研究提供科学依据

应用行为分析的研究人员通过对行为的观察、测量,对环境与行为之间的关系和联系提供解释和答案,证实环境与行为之间的关系或环境因素对行为的影响的种种假设。例如,假设暴力卡通使儿童暴力行为或冲动行为增加。实验在周1,3,5让儿童观看暴力卡通片后,观察、记录儿童的粗暴行为、脏话及暴力倾向,并计算出这类行为的发生率。另外,在周2,4让儿童观看温馨、友善的卡通片后,观察同样的行为,并计算出同类行为的发生率。将两个数据进行比较,证实假设是否可以成立。

（二）行为观察为特殊儿童的行为干预提供方向

在临床实践中,工作人员通过记录行为观察所得的数据,可以准确地确定行为的功能、强度、时间、频率,明确该行为是否需要干预以及干预方向、干预目标和干预强度;也可以提供数据,明确干预是否继续或调整;还可以通过数据让工作人员了解干预是否有效,是否因干预影响了行为。

如果没有数据,可能会中断一个有效的干预。例如,对一个自伤的行为,在干预过程中其频率可能还没有出现改变,但每一次持续的时间缩短了,这就说明已经开始产生效果了,或者自伤的强度减轻了,也说明有效。这些数据提示该干预有效,但仍需要继续持续,而不是仅凭频率就中断干预。

三、对特殊儿童的行为进行观察时应注意的要点

行为观察看似简单,操作起来却是需要技术和技巧的。它并非简单地盯着特殊儿童的某个行为"看看",然后将"看"到的"记"下来。观察是需要观察者具有较高的专业素质,并进行精心准备的。这样得到的数据才会客观、真实,才会对行为分析有所助益。

（一）对所观察的行为须作操作性的界定

操作性就是用客观、清晰、完整的术语对行为进行界定。这个定义必须是可量化的和可以观察的,并且不因人员的不同而对它的理解发生变化。可量化的就是可以记录下行为的频率、持续时间等,可观察的就是可以看到行为的发生。例如,"生气的行为",就不是操作性的定义,因为每个人生气的行为表现都不一样,而且有时候我们也观察不到这个人是不是生气了,所以,要让观察便于操作的话,就应该界定为"大声哭泣,并躺在地上翻滚,使劲把玩具摔向地板"。再比如,"兰兰很自私",这也不是一个操作性的定义,因为每个人对自私的理解都不一样。所以在观察之前,一定要对特殊儿童的问题行为有个明确的界定,才能便于操作。

（二）观察记录前应该做好必要的准备

准备工作主要包括确定在什么时间、什么地点、什么环境下进行观察,以及选择什么样的记录方法等进行观察。这些工作都应该事先准备好,以免在观察时顾此失彼。当然,无论

我们做了多么精心的准备，自然情境下的观察都不在我们的掌控之下，而且特殊儿童经常容易出现意外事件，所以我们还要准备好随时应对这些意外的出现，这也正是检测我们的耐挫力、灵活力和智慧的时候。

（三）观察记录人员应具有较高的专业素质

法国心理学家克劳德·贝奈德(C. Beinaid)曾说过这样一段话，"观察者必须是现象的摄影者；他们的观察要能够准确地反映本质，观察者的观察不能有任何前设的观点；观察者的心智必定是被动的，也就是说，要保持平和；观察就是倾听自然，记录下真实的行为"[1]。这就是说观察者首先要有一个客观和中立的态度，不带自己的价值观念或者歧视的态度去看儿童的行为问题。其次，观察者要有敏锐的洞察力，因为所有观察法都有一个潜在的假设，那就是观察者能够迅速注意到重要行为的出现，对它们进行分类，并较快判断出它们的强度和偏离程度，所以，在进行行为观察时，要集中注意力、抓住细节、反应迅速，这种敏感性、敏锐性和洞察力是不可缺少的。第三，观察者要对特殊儿童的生理、心理及行为特点相当熟悉，要具有有关此类儿童的心理学、医学、特殊教育学等专业知识，这样才能对出现的行为做出迅速、准确的反应。

第2节　行为记录的种类

在下文中，为了更好地阐述行为观察及记录的方法，我们将使用一个假设的案例——诚诚，以他作为一个具有代表性的特殊儿童，来示范本章所涉及的各种观察记录方法。诚诚是培智学校四年级的学生，注意力分散，小动作多，上课喜欢随便离开座位，脾气十分暴躁，只要不如意就开始哭闹，咬自己的胳膊，甚至攻击同学或老师。教师决定对他的这些不良行为进行干预，于是便首先展开了对诚诚各类行为的观察和记录。

一般而言，行为观察所要搜集的数据主要包括：环境数据（如时间、地点、观察场所、记录方法等），行为发生的次数，行为发生的持续时间、反应时间或间隔时间，行为发生的强度，行为发生的情境以及其他额外发生的行为等。行为观察不仅是对儿童的问题行为进行观察，其实当行为分析人员第一次与儿童及其家长或教师接触时，行为观察就已经开始了。下面将介绍几种常用的行为记录数据。

一、数量的记录

数量的记录是指简单地记录目标行为发生的次数，如迟到××次。它通常只需要注意行为发生的次数。当目标行为开始与结束的界限比较分明，而且每次表现所需要的时间相对稳定时，就特别适合数量的记录。比如，一个自闭症儿童说"你好"的行为，与别人分享玩具的行为，以及攻击别人的行为等，都是可以用数量来记录的。适合用数量进行记录的行为有抽搐的次数、参加活动的次数、丢失东西的次数、交作业的次数、吃药的次数等。[2] 对行为发生的次数进行记录还有一个要求，就是行为的观察要维持一段稳定的时间，如果行为的观察有时是30分钟，有时是90分钟，则没办法直接加以比较。表2-1是记录个案诚诚上课时没有举手就大声发言次数的例子。

---

[1] Sattler, J. M., Hoge, R. D.. 儿童评价[M]. 陈会昌，等译. 北京：中国轻工业出版社，2008：221.
[2] Kazdin, A. E.. 行为改变技术[M]. 陈千玉，译. 台北：五南图书出版公司，1997：85.

表 2-1　数量记录表

被观察者:诚诚①
观察者:王老师
目标行为:没有举手就大声发言

日期	起止时间	数量的记录	行为发生的总数
2008.5.1	10:00—10:20	正正 ||||	12
2008.5.2	10:00—10:20	正 ||||	9

数量的记录有几个优点:第一,数量很容易记录,是最直接的测量方式,它所需要的只是将总数相加而已。第二,数量表达了行为表现的"次数",这通常是实际应用者所关注的,因为大部分的行为干预方案都是要增加或减少特定行为发生的次数,所以从某种程度上来说行为发生的次数可以反映行为是否发生改变。

但是,有时只记录行为发生的次数,会漏掉很多有用的信息。比如,诚诚上课时与某个同伴交谈 15 分钟,而与另一个同伴交谈 30 分钟,这样我们只能记录他有两次交谈行为,但这两次交谈过程的区别以及其他信息我们就无法记录了。

二、频率的记录

频率的记录是指对单位时间内目标行为发生的次数进行记录,如:每小时××次,每天××次,每周××次等。对行为发生频率的记录,是建立在对行为发生次数进行观察的基础之上的。但与次数记录有所不同的是,频率的记录在每次观察所持续的时间上是可以不同的,当观察持续的时间是固定不变时,它可以直接报告每次观察到的行为发生的频率,当观察持续的时间是变化时,可以以每次行为发生的数量除以每次观察所持续的时间得出行为发生的频率。频率的记录的优点是将行为发生的次数转换成一种单位值,故相对于次数记录的数据,频率数据是可以相互作比较的。

表 2-2 就是记录个案诚诚打架行为发生频率的。图 2-1 是将目标行为每分钟发生率做成线形图呈现出来的。

表 2-2　频率记录表

被观察者:诚诚		观察者:李老师	
环境:操场		日期:2009.1.4—2009.1.8	
目标行为:打人			
日期/时间	观察周期	行为的次数	每分钟的发生率
2009.1.4	30 分钟	10	0.33/分钟
2009.1.5	20 分钟	8	0.40/分钟
2009.1.6	15 分钟	8	0.53/分钟
2009.1.7	30 分钟	12	0.40/分钟
2009.1.8	20 分钟	6	0.30/分钟

---

① 本章所用的个案诚诚,是一个假设的个案,以此作为一个具有代表性的特殊儿童来阐述本章所涉及的观察记录方法。

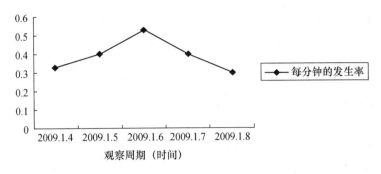

图 2-1 频率线形图

三、对行为持续时间的记录

当教师关心儿童出现某种目标行为总的时间时,对行为持续时间的记录就显得非常重要了。对行为持续时间的记录是指对行为从发生到结束的时间进行记录,用于测量行为发生的时间长短,如:"哭、叫",从 9 点持续到 9 点 20 分,那么该行为持续的时间为 20 分钟。

对于某些行为而言,较长的持续时间非常重要,例如,注意听讲的持续时间,做练习题的持续时间,安静地坐在凳子上的持续时间等;而有些行为持续时间过长,则表现出行为问题的严重性,例如,有的儿童要花 1 个小时才能吃完一顿饭,有的儿童持续哭泣 50 分钟,连续看 2 小时电视等。[①] 所以,当我们设计行为干预方案时,行为持续时间是我们经常要用到的一个重要维度。

行为持续时间的记录也非常简单,在计算频率的时候,只要顺便观察行为起始的时间,行为持续的时间就记录下来了,它可以弥补次数记录的不精确性,用这种记录方法来观察连续性行为尤为适合。

持续时间可以有两种记录方式,一种是平均持续时间(average duration),一种是总的持续时间(total duration)。例如,个案诚诚在语文课里情绪特别不好,一节课哭了三次,第一次为 5 分钟,第二次为 10 分钟,第三次为 3 分钟,那么平均持续时间就是 6 分钟,总的持续时间就是 18 分钟。当然,有时候行为的开始和结束并不是那么界限分明,比如诚诚的这三次哭泣中,有几分钟的时间是不停的哭闹,有几分钟是短暂的抽泣,有几分钟是停止所有的声音,然后又开始大哭。在记录该行为的持续时间时,就要对行为的开始与终止有明确的界定。

四、刺激信号引发行为所需时间的记录

刺激信号引发行为所需时间的记录是指对行为刺激信号发出后到该行为发生之间的时间进行记录,有时也称为反应时间的记录,例如,对儿童给出一个指令到儿童开始执行该指令之间等待了 5 秒,那么儿童对该刺激信号引发行为所需的时间为 5 秒。若要了解干预是否有效,可以通过对干预前后该数据的变化来比较。例如,干预前听到指令到执行指令的时间是 5 秒,干预后听到指令到执行指令的时间为 2 秒,我们说儿童对指令的反应加快,说明干预有效。

---

① 伍新春,胡佩诚.行为矫正[M].北京:高等教育出版社,2005:57.

当教师想要解决儿童那些趋向于不顺从的行为时,目标行为就是要减少从刺激到反应的时间,例如,要求学生听到上课铃声后立即进教室,而不是过15分钟才走进教室;而有时候,教师还想延长从刺激到反应的时间,例如,一些儿童在老师还没说完问题时就抢着回答,却又经常回答错误,这是因为从刺激到反应的时间太短,没时间认真思考,才会回答错误,出现这种问题的时候教师就要增加学生从刺激到反应的时间也就是思考的时间。

刺激信号引发行为所需时间的记录方式与持续时间记录相似,它们都是记录行为的一个暂时的时间维度,都要求对行为的起始有一个简单的辨别,都会用到相同的记录工具(如秒表)。表2-3是一个刺激信号引发行为所需时间的记录表,它记录的是个案诚诚被叫到名字时离开座位走到老师面前所需要的时间。

表2-3 刺激信号引发行为所需时间的记录表

被观察者:诚诚	观察者:刘老师
目标行为:当被叫到名字时,离开座位走到老师面前	
日期:2009.3.3	
开始时间:8:30	结束时间:11:30
给予刺激的顺序号	刺激信号引发行为所需时间
1	2′20″
2	3′58″
3	1′2″

五、同一行为发生多次的时间间隔的记录

同一行为发生多次的时间间隔的记录是指对间断发生的同一行为不同次数之间的间隔时间进行记录,例如,个案诚诚上课离座,我们记录他每次离座之间间隔的时间,假如诚诚干预前平均每次离座之间的间隔时间为5分钟,干预之后平均每次离座之间的间隔时间为10分钟,说明干预有效。

教师在对儿童的问题行为进行干预时,可以将目标设定为行为发生时间间隔的增加或缩短,当儿童在时间间隔上表现出进步时,对其进行不断强化,就能逐步达到目标,最终使儿童在特定的时间内表现出恰当的反应。在大多数的行为干预方案中,目标都是放在增加或减少行为发生的次数,或行为持续的时间上,相比较而言,行为发生的时间间隔记录不是经常用到。

六、比率形式的记录

比率形式的记录是指将相同单位的数量相除所得的百分比的记录形式或方法,百分比表示在100次机会中行为发生的概率,例如,诚诚的语文考试干预前10题中错了5题,其错误率为50%,干预后,同样10题中错了2题,其错误率为20%。该形式常用于计算观察时段内目标行为发生的概率。

比率形式的记录有发生比率、正确率和错误率三种形式。[1]

---

[1] 许华红.行为改变技术[M].天津:天津教育出版社,2007:172.

发生比率指行为发生次数与应有的总发生次数的比率,或发生时间和应有的总发生时间的比率。如诚诚在一节课45分钟内,有10分钟是在玩溜溜球,因此,他课堂上玩溜溜球的行为的发生概率就是22%。

正确率指做对次数与反应总数之间的百分比。如50道算术题,诚诚做对了30道,那么算术题的正确率就是60%。

错误率指做错次数与反应总数之间的比率。如上文中提到诚诚语文考试干预前后的错误率分别是50%和20%。

我们在为儿童制定行为干预的目标时,经常会详细描述目标达成的标准,这时就会用到比率形式的记录。

七、强度的记录

上述行为数据的记录类型都是对于行为发生的次数或是持续时间、间隔时间等的记录,除此之外,我们还可以从行为的好坏、大小、强弱等质量的维度对行为进行记录。强度的记录是指对行为发生的力度进行记录。通常自行设计强度标准,对行为的强度进行量化,如"尖叫"可以用"分贝"进行记录。"打头"的力度可以按一定的标准分为1~10级,级别越高力度越大,对干预前后记录数据的比较即可看出干预是否有效。

我们通常会使用等级评定量表来记录行为的强度和品质。这种评定量表要根据行为的特性做个别设计,表2-4就是个案诚诚行为问题等级记录实例。

表2-4 行为问题等级记录表

被观察者:诚诚　　　　　　观察者:林老师　　　　　　环境:教室
目标行为:上课时玩玩具奥特曼

观察日期	观察时间	目标行为等级				
		1	2	3	4	5
		经口头提示仍然继续玩奥特曼	经口头提示可不再玩奥特曼达1分钟	经口头提示可不再玩奥特曼达5分钟	经口头提示可不再玩奥特曼达10分钟	未经口头提示都不再玩奥特曼
2008.9.11	8:30			√		
2008.9.11	9:00		√			
2008.9.11	10:00			√		
2008.9.11	11:00		√			
2008.9.11	11:30				√	
2008.9.11	12:00		√			

等级评定非常适合记录行为表现的等级,而且它得出的数据比较适合作统计分析,也比较省时。但是,等级评定的量表缺点也是很明显的,比如分值可能会设定不明确(如"几乎总是"代表的是99%~100%的时间还是90%~100%的时间),这就造成人们对量表分值的理解也不一样。所以,每次评定需要有清楚明确的标准,还要对完成评定的所有观察者的评分一致性信度进行检验。

第3节 行为记录的程序

前文中我们主要介绍了行为记录种类,也就是我们可以以什么数字形式来记录发生的行为。那么要获得上述诸种行为记录的数据,还要通过精心准备、设计合适的观察表格以及认真地观察、对发生的行为进行计数、计时,才能确定行为发生的总次数、行为持续的时间等,并将这些数据通过换算转化成更为精确的频率或者比率,这就是行为记录的程序。

一、数量记录程序

数量记录程序是指对行为发生的次数记录的程序。在记录过程中,当行为发生时,可对该行为进行记录,直接记录该行为发生的次数。如所观察行为被定义为"哭叫"时,每当被观察者发生"哭叫"时,观察者可记录该行为发生一次,在观察时间段结束时对行为发生的总次数进行统计。当然,如果记录下观察的起止时间,还可以将行为的次数转换成行为的频率,即每小时××次、每天××次、每周××次等。

数量记录提供了观察行为的一个连续的即时记录,因此对那些有着明确起止时间的行为,并且发生频次比较低的行为特别适合,比如扯衣服、离座、上卫生间、迟到、摔东西等。而对于那些高频行为或者持续时间不一的行为不太适用,比如自闭症儿童不停拍手的行为,发生得太频繁就不适用于数量的记录,再比如吮吸手指的行为,它有时只出现几分钟,有时却持续几个小时,也不适合用数量来进行记录。

数量记录开始之前,我们必须决定:要观察的目标行为,在什么时候进行观察,观察的次数是多少,每次观察的时间有多长,以及数据记录的方法和记录的表格等。数量记录程序相对来说比较简单,在观察期内,只要目标行为发生就记录一次即可。通常我们用纸、笔、表格就足以用于行为的数量记录,也可以用计算器、计数器等。纸笔记录也有很多种方法,比如写正字的方法、画线法、点线法。点线法经常在记录表上的地方不够用时使用。表 2-5 是一个纸笔数量记录的例子。

表 2-5 两种用纸笔记录行为数量的方法[①]

行为	方法		行为次数
	点线法	画线法	
攻击		卌 丨丨丨丨	9
自伤		丨丨丨丨	4
哭泣		丨丨	2

注:在点线法中,每个点代表一次,每条线代表一次。

[①] Sattler,J. M.,Hoge,R. D..儿童评价[M].陈会昌,等译.北京:中国轻工业出版社,2008:255.

在测量低频次的行为时,数量记录很有效,它能促进对不同行为和事件的研究,并提供行为在总时间段内的变化以及行为表现的总信息量。大部分行为干预方案的目标都会设定为增加或减少特定行为发生的次数,所以行为数量的记录在实际应用中是非常多的,但是它却不能揭示行为发生的顺序,也不能量化行为为何发生,以及怎样发生的。除此之外,行为数量的记录较为费时,难以大规模展开。

二、时间记录程序

时间记录程序是指对行为发生所涉及的不同形式的时间进行记录,包括行为持续的时间、刺激信号引发行为所需时间、同一行为多次发生之间的间隔时间等。有时仅用数量记录并不能详尽地描述一种行为,例如,个案诚诚在每次上课时只有一次玩游戏机的行为,仅从行为发生的次数来看并无大碍,但玩游戏机的时间共有 25 分钟,从行为持续的时间来看,就比较严重了。所以,我们在观察儿童的行为时,还需要时间记录来弥补数量记录的不足。

时间记录程序主要包括观察、计时以及确定行为发生的总时间。行为持续时间的记录主要是使用秒表对行为从开始到结束的时间进行记录,例如,记录发脾气持续的时间、哭泣持续的时间、争吵持续的时间等。刺激信号引发行为所需时间的记录同样也是使用秒表,但它主要是记录从刺激出现到行为开始所需要的时间,例如,记录儿童接到指令后用了多长时间来开始执行指令、遵从要求(如坐下、站起来、把东西拿走、开始写作业)。同一行为多次发生之间的间隔时间记录依然离不开计时工具,它是指对间断发生的同一行为不同次数之间的间隔时间进行记录,例如,从第一次上厕所到第二次上厕所的时间间隔。

通常,在实践中数量记录程序和时间记录程序经常是结合在一起使用的,以弥补单一使用某种程序的不足。下面就是一个同时用到数量记录和时间记录程序的例子,该例子是一名特殊教育工作人员对诚诚的发怒行为进行的记录。在一个 6 小时的学校工作日中,这位老师观察并记录了诚诚的 6 次发怒行为,并用秒表记录了每次发怒延续的时间。发怒行为的持续时间由 3 分 4 秒到 12 分之多。发怒行为的累积持续时间(44 分 43 秒)是将 6 个单个发怒的持续时间相加得到的。为了使结果更加精确,观察者还将这些数量转换成频率或者比率。从表 2-6 可以看出,诚诚发怒行为的发生频率是每小时 1 次,每次的持续时间(发怒行为的平均持续时间)是 7.41 分钟,诚诚每天有 12% 的时间表现出了发怒行为。

表 2-6 观察记录实例

目标行为:发怒行为
定义为包括两种或两种以上下列行为的反应序列:叫喊、哭泣、乱扔物品、乱踢东西、攻击同学或老师
每次发怒行为持续的时间:$3'4''、8'10''、9'00''、12'00''、4'37''、7'50''$
发生次数:6
学校工作日时间:6 小时
频率:每小时 1 次
累计持续时间:$44'43''$
平均持续时间:每次 7.41 分钟
持续的百分比(发怒行为的时间在一天中的百分比):$\dfrac{36'53''}{360 \text{分钟}} =$ 每个学校工作日的 12%

三、时段抽样记录程序

时段抽样记录程序是指观察与记录行为在特定时间单元内发生与不发生的情况。在时段抽样记录里,观察期被分为一个个小单元,如 5～30 秒,然后记录下在每个单元里行为是否发生。时段抽样记录法对控制观察和实验室研究比较适用。如果要记录那些外显的、通常没有明确起止界限的以及发生得比较频繁或是特别频繁的行为时,时段抽样记录程序是很有效的,比如玩玩具、大声喧哗、做鬼脸、争吵等。

在设计时段抽样记录之前,我们除了要决定观察的目标行为、需要观察的次数、观察时间的总长度之外,还要决定在哪个时间段观察、每个观察时段的长度、使用哪种时段记录程序以及记录数据的方法等。如果有需要还须决定记录时段的长度(用来记录数据的时段)。时段抽样记录相对前两种记录程序来说,准备工作相对多一些。另外,时段抽样记录除了需要笔、表格、计时器之外,最好还要有一些设备能提醒起止时间。

时段抽样记录主要包括:全时段行为观察记录、部分时段行为观察记录和特定时间行为观察记录。我们将详细介绍每种程序的具体应用情境。

(一)全时段行为观察记录

全时段行为观察记录通常用于记录持续性的行为,或者发生频率高很难界定开始和结束的行为。通常观察时段被平分为短小的时段,然后观察在每个短小的时段内行为是否发生。在全时段行为观察程序中,观察者必须就全时段进行观察,观察行为必须出现在某个短小时段的全部时间才能被记录,如果行为仅出现在某个短小时段内的部分时间,将不会被记录为行为的发生。

例如,观察个案诚诚"前后摇动身体伴有不自主发出刺激声音"的行为,观察时段为 1 分钟,在观察过程中,将 1 分钟分为 6 个 10 秒钟的小时段,记录行为的发生情况,假设该行为在 1 秒时开始到 10 秒时停止,则被记录为行为发生一次,如果行为在 1 秒时开始不到 10 秒时已经结束,则不被记录为行为的发生,如此观察整个 1 分钟后,计算行为总的发生次数,如果在这 1 分钟内行为总共发生 4 次,那么该行为的发生率为 $4/6 \times 100\% = 66.66\%$。

表 2-7 是一个全时段行为观察记录的例子。表格的使用将使行为的观察和记录更为方便。

表 2-7 全时段行为观察记录实例

目标行为:自我刺激行为										
定义:前后摇动身体伴有不自主发出刺激声音										
程序:6 秒钟的全时段行为观察记录程序。如果在一个完整的时间单元中(1～6 秒)出现了任务性质的行为,记录者就记录一个"+",而如果没有出现这种行为,就记录一个"0"										
	6	12	18	24	30	36	42	48	54	60
1 分钟	+	0	+	0	0	+	+	0	+	+
2 分钟	+	+	0	+	+	0	0	+	+	+
3 分钟	+	0	+	0	+	+	+	+	0	+
4 分钟	+	0	0	+	0	+	+	+	+	0
5 分钟	+	+	0	+	+	+	0	0	+	+
行为的发生率 = $\dfrac{\text{标有"+"的时间间隔的数目}}{\text{总时间间隔数}} \times 100\%$,本例中即为 $\dfrac{32}{50} \times 100\% = 64\%$										

全时段行为观察记录适合于那些持续时间较长的行为(如讲话和做作业),它的不足之处是将会导致低估行为的发生概率。

(二)部分时段行为观察记录

部分时段行为观察记录是指观察者就目标行为在观察时段内的任何时间点是否存在或发生进行记录,而不注重在时段内目标行为发生的次数或行为持续的时间。它与全时段行为观察记录的不同点在于,全时段行为观察记录要求行为必须出现在某个短小时段的全部时间才能被记录,而部分时段行为观察记录只要行为存在或发生就记录,不需要持续整个时间段。

例如,诚诚"上课讲话"的行为,假设观察时段为 10 分钟,将这 10 分钟分为 1 分钟一个的短小时段,共 10 个短小时段,在每一个 1 分钟内只要讲话行为出现,即记录一次,无论该行为是否持续了整整 1 分钟。假如"讲话"的行为在观察的 10 分钟内出现在了 4 个 1 分钟内,即该行为的发生率为 $4/10 \times 100\% = 40\%$。

表 2-8 是一个使用部分时段行为观察记录程序对诚诚的问题行为进行观察的实例。

表 2-8 部分时段行为观察记录实例

被观察者:诚诚						观察者:王老师						
日期:2008.3.2						时间:11:00-11:03						
目标行为	总	1	2	3	4	5	6	7	8	9	10	11	12
上课离开座位	5	X	O	O	O	O	O	X	X	X	O	O	X
咬自己的胳膊	1	O	O	O	X	O	O	O	O	O	O	O	O
听老师讲课	7	O	X	X	X	X	O	O	X	O	X	X	O

注:X=观察到该行为,O=没有观察到该行为。
每个标有数字的间隔包括了 10 秒的观察和 5 秒的记录暂停时间。总共记录了三类行为:上课离开座位、咬自己的胳膊、听老师讲课。在 12 个间隔里面,诚诚在 6 个时段里表现出了问题行为(5 个上课离开座位行为,1 个咬自己的胳膊行为)。因此,50%的时段里诚诚都表现出了问题行为。

该观察记录程序的不足是该记录程序容易过高计算目标行为在观察时段内的发生概率。部分时段观察记录程序与全时段观察记录程序一样,记录所得数据常表达为目标行为的发生时段占观察总时段的百分比。但由于在部分时段观察记录程序中只要目标行为在观察时段内出现即记录,无论持续时间长短,所以它不能提供行为发生持续时间的数据。

(三)特定时间行为观察记录

特定时间行为观察记录是指观察者在观察时间段结束的时候,观察记录行为是否发生或存在。例如,观察时间为 10 分钟,将这 10 分钟分成 10 段,每段 1 分钟,如果行为在 1 分钟的第 60 秒的时候出现或存在,则观察者记录该时间段为行为发生时段,否则不记为行为发生时段。10 分钟结束后计算行为总的发生时段,再计算出行为发生比率。

当行为发生的频率适中,但是比较稳定时,如痉挛、刻板行为、面部表情等,用这种特定时间行为观察记录的方法比较有效。而且,用这种方法还可以观察一组儿童的行为。例如,被观察的儿童有 5 个,我们就可以进行 50 秒的循环观察,在 50 秒的循环观察中,把这 50 秒分为 5 个 10 秒,在每 10 秒的最后时刻观察一个儿童,那么 5 个儿童都能被观察到。

该观察记录程序的优点是观察者不用在某时间段内全程观察行为是否发生,可以节省观察者的时间和精力。该程序主要用于记录持续性行为,如注意力集中行为或在某时间段内持续参与某项活动的行为,它不适合于低频率或持续时间较短的行为。而且,如果儿童知道教师正在观察他的行为,而且只在某个间隔末期才会注意他,他很可能会在此时掩饰或改变自己的行为,这样目标行为就观察不到了。

上述三种时段抽样记录程序各有优劣,在选择时我们应该根据特定的情境来进行取舍,或是综合其他的观察方法。表2-9将指导我们在特定的情境中运用何种记录程序。

表2-9 如何选择时段抽样记录程序[①]

如果……	那么应该选择的记录程序
行为表现出持续性特征(如,任务性行为)	全时段观察记录
行为的发生率较高,且单次行为持续时间短(如,撞头、拍手、短时间频繁交谈)	部分时段观察记录
难以持续观察的行为	特定时间行为观察记录
教师期望运用一种较低效搜集数据的方法	特定时间行为观察记录

总之,时段抽样记录程序可以帮助我们定义时间-行为之间的重要关系,它可以有效地利用时间,在短时间内搜集大量的观察数据。但是,时段抽样记录程序只能提供目标行为在多少个时段里发生了的数据,它可能会忽略与问题行为有关的重要信息,也不能提供问题行为的质量信息或情境信息,而且它也难以揭示行为的真正频率或持续时间。所以,时段抽样记录程序要与其他两种观察程序结合使用才能获得较理想的效果。

综上所述,大多数情况下,我们都会采用上述三种方法进行行为观察。有些行为,如说脏话、上厕所、吃东西等行为很容易计算次数或者归类,应用数量记录程序;而有些行为,如哭闹、运动所花费的时间,则应用时间记录程序记录它们所花费的时间;而其他的行为,如阅读、学习或坐着,则较常采用时段抽样记录。[②] 通常目标行为都可用一种以上的方法进行观察,并没有一定非得采用哪种策略不可的说法。当然,最后采取什么观察方法,还需要视情形和儿童的需要而定。

第4节 行为观察的信度和效度

从观察中获得可靠和有效的数据是进行应用行为分析的基础,因此必须对行为观察的信度和效度进行评价,才能知道观察结果是否准确、可用。

一、行为观察中的误差

一般来说,在观察中获得的数据必须是可靠而且有效的,只有这样的数据才能作为我们评估行为和设计干预方案的基础资料。但观察毕竟是一个人为的过程,在这个过程中,我们很容易造成操作的偏差。比如教师个人的期望会影响其观察,每个观察者对评分标准的理解不同会影响观察,儿童因意识到有人在观察他而掩盖自己的行为会影响观察,其他外部环境因素也会影响我们对行为的观察。观察结果的准确性受到太多因素的影响,表2-10中所列的任何一个因素都可能是误差的来源。

[①] Watson,T.S.,Steege,M.W..校本功能性行为评价——教育工作者指南[M].孙瑾,译.北京:中国轻工业出版社,2004:53.

[②] Kazdin,A.E..行为改变技术[M].陈千玉,译.台北:五南图书出版公司,1997:93.

表 2-10　行为观察中的误差来源和类型[①]

误差来源	误差类型
观察者的个人素质	私人感情、光环效应、期望效应、个人理论、个人价值观、高估自己不甚了解的特质或行为、逻辑误差
环境、编码、量表及工具	不具代表性行为的环境，不能准确地编码，特定事件的影响，不恰当地使用评价量表，机械设备缺乏准确性
当事儿童	儿童当天有生理或心理的不适；儿童以迎合观察者的线索的方式做出反应，改变其行为、态度或扮演的角色
样本	不具代表性的样本、样本的不稳定性、不具代表性的数据

我们的观察结果是否准确，是可以通过观察的信度和效度两方面的数据来证实的。信度反映的是我们是不是观察到了儿童真实的行为水平，效度反映的是我们是不是观察到了我们想要观察的行为，而不是将其他的行为当成目标行为来观察了。一份高质量的观察报告，其信度和效度的值都会在规定范围之内，就是说我们准确地记录下了我们想要观察的行为。所以，我们在进行行为观察时，要充分考察行为观察的信度和效度，用具体的数字来衡量我们的观察是否发生误差，这个误差是不是在我们可接受的范围之内。如果观察的信度和效度不高，那么观察所得的数据也是不准确的，还需要重新进行观察以获得新的数据。下面将介绍获得行为观察信度和效度的具体方法。

二、行为观察的信度

信度的测试和计算方法有很多种，就行为观察而言，我们主要通过测算观察者的信度来衡量行为观察结果的稳定性、一致性和可靠性。测试观察者信度就是让两位或两位以上观察者同时并且单独地对一个儿童或一群儿童进行观察，然后通过对比两位或两位以上观察者的观察结果是否具有一致性来分析是否观察到了儿童真实的行为表现。衡量观察者之间一致性程度的指数有相关系数和一致性比率指数。如果观察者之间的相关系数或是一致性比率指数相对较高，那么就可以说明行为观察的信度较高，我们观察到了真实的行为。相关系数的计算比较专业和复杂，在这里我们主要介绍三种一致性比率指数的计算方法。

（一）次数记录信度

计算次数记录的信度是以低次数除以高次数来得到评分者或观察者的信度。例如，如果两个观察者同时观察个案诚诚的离座行为，一个观察者记录了 5 次离座行为，另一个观察者记录了 10 次行为，那么 5 除以 10 得到了 0.5，然后再将 0.5 转化成百分数就是 50%，这就是两个行为观察者的一致性程度，也即次数信度。其公式为：

$$次数信度 = \frac{较低次数}{较高次数} \times 100\%。$$

（二）持续时间和反应时间记录信度

当我们所观察的是行为的持续时间或反应时间时，仍然可以用相似的程序来计算观察

[①] Sattler, J. M., Hoge, R. D..儿童评价[M].陈会昌，等译.北京：中国轻工业出版社，2008：284.

信度,包括同一行为多次发生之间的间隔时间信度,只不过这时用来计算的数据是观察时间而不是次数,一般用较短的时间除以较长的时间。例如,两个观察者同时观察诚诚哭泣的行为,第一个观察者记录诚诚哭泣的时间是 9 分钟,第二个观察者记录的是 12 分钟,那么观察的信度就是 75%。其公式为:

$$持续时间和反应时间的信度 = \frac{较短的时长}{较长的时长} \times 100\%。$$

(三) 时段抽样记录信度

时段抽样记录信度就需要稍微复杂一点的方法了。常用的方法有总体一致性、行为发生的一致性、行为不发生的一致性三种。我们用表 2-11 中的数据来分别计算这三种形式的比率一致性。

表 2-11 时段抽样记录的原始数据

	1	2	3	4	5	6	7	8	9	10
观察者 1	X	O	X	O	X	O	X	X	O	X
观察者 2	X	O	X	X	X	O	O	O	X	X

注:X 表示出现的行为;O 表示没有出现的行为。

1. 总体一致性

总体一致性是根据两个观察者判断目标行为一致性的次数除以总的时段数,再乘以 100% 得到的。它所度量的是观察者对间隔时间内行为是否发生的判断是否一致。如表 2-11 中,两位观察者对行为目标出现或不出现达成共识的时间段有 1,2,3,5,6,10,共 6 个时段有一致的记录,那么总体一致性就是用 6 除以 10(总时段)再乘以 100%,得到 60% 的一致性比率。其公式为:

$$总体一致性 = \frac{观察者就行为是否出现达成一致的时段个数}{总时段数} \times 100\%。$$

2. 行为发生的一致性

行为发生的一致性仅考虑对出现的行为是否达到一致性的判断或记录。如表 2-11 中,两位观察者对行为目标出现达成共识的时间段有 1,3,5,10,共 4 个时段,其中的一个观察者观察到行为出现的时段有 1,3,4,5,7,8,9,10,共 8 个时段,那么行为发生的一致性就是 $\frac{4}{8} \times 100\% = 50\%$。公式如下:

$$行为发生的一致性 = \frac{两位观察者对行为出现达成一致的时段个数}{任意一个观察者记录行为出现的时段个数} \times 100\%。$$

3. 行为不发生的一致性

行为不发生的一致性的计算与行为发生的一致性很相似,只不过所考虑的是不发生的行为。如表 2-11 所示,两位观察者对行为目标未出现达成共识的时间段有 2,6,共 2 个时段,其中的一个观察者观察到行为未出现的时段有 2,4,6,7,8,9,共 6 个时段,那么行为不发

生的一致性就是 $\frac{2}{6}\times 100\% = 33.3\%$。公式如下：

$$行为不发生的一致性 = \frac{观察者对行为未出现达成一致的时段个数}{任意一个观察者记录行为未出现的时段个数}\times 100\%。$$

以上介绍的是信度计算的方法。一般而言，信度系数需要达到 0.7～0.8 才可以，当然，信度越接近 1 越好，当信度低于 0.7 的时候，就应该考虑数据搜集的准确性了。[①]

三、行为观察的效度

在前文中我们提到，行为观察的效度是指我们观察到的行为是不是我们想要观察的行为，也就是观察记录的行为是否具有代表性，能否代表儿童此类行为的全部。因为我们观察到的儿童行为毕竟只是在某个时间点、某个情境下的一个抽样，并不是儿童全部的此类行为。效度一般包括内容效度、建构效度和效标关联效度。计算观察效度的具体方法可以参考其他的书籍，在此不再赘述。

影响行为观察效度的主要因素是结果的代表性、概括性以及儿童的反应性。例如，在时间取样的观察中，观察到的行为在多大程度上代表了儿童在其他时间的表现呢？或者，事件的记录在多大程度上代表了儿童在其他相似情境中的行为表现呢？这些都是我们在进行观察之前要考虑的问题。另外，儿童的反应，如对观察者的防备、在观察者进行观察时对问题行为进行掩盖、此前与观察者的互动等，都会扭曲观察的数据。当然，儿童的这些反应并不一定只有消极的作用，有时它也表明儿童能够自己很好地控制消极行为。只不过，他们的这些反应不利于我们获得真实的数据。

四、如何减少行为观察的误差

尽量减少观察的误差是我们每个实践和理论工作者所追求的。为了消除观察的误差，我们非常有必要熟悉表 2-10 中所列举的影响观察的因素，并尽量避免或限制这些因素。只要经过较多的观察实践，观察的技能就能得到练习，观察误差的发生也会大为减少。当然，使用标准的行为界定、选取恰当的评价量表、按照系统的、标准的规则进行观察等都会减少误差的发生。萨特勒（Sattler）和霍格（Hoge）列举了一些进行可靠而有效行为观察的一般原则，这些原则对减少观察误差非常实用。这些原则是：

(1) 认真掌握记录技术、评价量表、核查表、机械工程以及电脑程序，对关键行为做出具体、清晰的界定；

(2) 在开始观察之前，检查所有数据搜集设备的准确性；

(3) 使用无声的计时设备；

(4) 把自己训练成一个挑剔的行为观察者；

(5) 勾画出一天中不同时间和不同情境的行为样例，尤其是当你观察群体儿童或要建立常模时；

---

① Zirpoli,T.J..学生行为管理——教师应用指南[M].关丹丹,等译.北京:中国轻工业出版社,2004:79.

(6) 发现那些可能影响你行为观察的偏见、错误以及弱点。掌握自我理解和批判性的自我评估技能;

(7) 不要不加批判地接受以前有关当事儿童的报告,要尽可能做到客观;

(8) 当你记录数据的时候,不要先入为主地做出有关儿童行为意义的假设和推论;

(9) 思考反应性是否影响了你的结果和结论;

(10) 考虑什么因素降低和维持了儿童的行为,环境中的其他人是如何反应的;

(11) 定期地与另一个和你使用相同取样系统的观察者比较你的观察结果;

(12) 经常对照标准化方案来检查你的结果;

(13) 保持观察研究和理论同步。①

综上所述,从行为观察中获得的数据将有助于我们对儿童的行为做出评估、诊断,给予反馈,并提供干预计划使行为发生改变,最后还能监控干预的效果。对这一切,行为观察都以客观、真实的数据,为应用行为分析的理论研究提供了科学依据。但是,尽管行为观察刻意提供有关外显行为的有效信息,但是它却无法提供给我们有关儿童想法、知觉、感受等的信息。所以,行为观察还需要与其他的获得行为数据的方法,如访谈、测试等结合使用,才能获得更广泛和全面的信息。

本章小结

行为的观察是指通过运用一定的方法和程序对所定义的行为进行量化的过程。通过对行为的观察,客观、真实地搜集行为数据,为准确的定义和分析行为提供依据。行为观察所要搜集的数据主要包括:环境数据(如时间、地点、观察场所、记录方法等)、行为发生的次数、行为发生的持续时间、反应时间或间隔时间,行为发生的强度,行为发生的情境以及其他额外发生的行为等。我们可以通过数量记录程序、时间记录程序以及时段抽样记录程序三种方法来搜集和记录所观察到的数据。从观察中获得可靠和有效的数据是进行应用行为分析的基础,我们必须对行为观察的信度和效度进行评价,才能知道观察的结果是否准确、可用。

思考与练习

1. 对特殊儿童进行行为观察有什么意义?
2. 请仔细观察一名特殊儿童,并尝试用不同的行为记录的方法对他们的问题行为进行记录。
3. 请与他人一同观察并记录一名特殊儿童的问题行为,尝试计算出行为观察的信度。
4. 在实际观察和记录特殊儿童的行为之后,谈谈如何避免行为观察中的误差。

---

① Sattler,J. M.,Hoge,R. D.. 儿童评价[M].陈会昌,等译.北京:中国轻工业出版社,2008:299.

第3章 特殊儿童行为评估

学习目标

1. 掌握特殊儿童行为评估的常规性步骤。
2. 掌握功能性行为评估的方法。
3. 能综合运用各种评估方法对特殊儿童的问题行为进行实际测评。

在进行应用行为分析时首先要做的,就是利用搜集到的数据对为什么某个特定的行为会在特定的环境中发生形成一个假设。简单而言,这个过程就是行为的评估。所谓评估就是"根据一项标准,对所测量到的数值予以价值判断",它的结果"常作为各种教育决定的依据,如安置、教学协助等"。① 特殊儿童行为的评估,则是在搜集特殊儿童资料和数据的基础上,对其行为进行分析和价值判断,以便确定目标行为,找出行为的可能成因,并形成最终结论的一个过程。它是计划和设计相关行为干预方案的基础。莱恩汉(Linehan)就曾提出行为评估的目的是"判断当事人的问题是什么以及怎样才能让它变得更好"。②

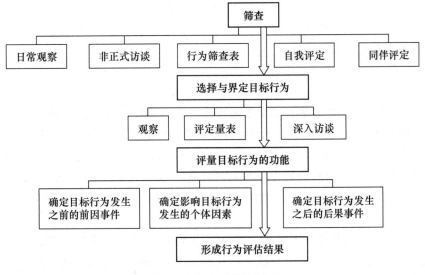

图 3-1 行为评估流程图

---

① 陈丽如. 特殊儿童鉴定与评量[M]. 新北:心理出版社,2001:4.
② Cooper, J. O., Heron, T. E., Heward, W. L.. Applied Behavior Analysis[M]. Ohio: Merrill publishing company, 1987:37.

应用行为分析强调改变行为包含行为的三个要素：行为的前因、个体因素及行为的后果。在对特殊儿童的行为进行评估时，主要就是搜集这三方面的资料，然后进行推论和分析，最后得出评估结论。一份完整的评估报告主要包括个案的基本资料，评估的目的，观察、访谈以及测验等所得的资料，将资料整合后针对评估目的提出的结果和解释等四个项目。特殊儿童行为评估的具体流程如图3-1所示。为了论述的方便，我们将它分为常规性行为评估和功能性行为评估两部分。前者的功能主要判断是否存在问题、是否需要对其进行干预、问题行为发生的发生频率以及严重性等，对目标行为进行界定。后者则主要借由问题行为发生前的状况、问题行为的表现状况以及发生问题行为所获得的后果，分析问题行为发生的原因。虽然我们把行为的评估分成两部分来论述，但是一次完整的行为评估是按照图3-1的流程进行的，只有按图所示全面地搜集资料、仔细地分析数据，才能获得比较全面的评估结果。

第1节 常规性行为评估

常规性行为评估所致力解决的问题主要包括判断特殊儿童的行为是否存在问题，存在什么性质的问题，它的严重程度如何，是否需要干预以及明确界定目标行为等，当然还包括对特殊儿童的正常行为能力做出正确的测量和评估。就常规性行为评估的方法来说，并不存在唯一标准，我们提倡对儿童的行为进行多元的评估。与家长、教师和儿童的访谈，在教室和其他场合的直接观察，标准化的父母和教师问卷，儿童的自我报告，背景信息，测验以及其他合适的方法等都是搜集信息的重要渠道。夏皮罗（Shapiro）和克劳托奇维尔（Kratochwill）就曾建议："承认一种方法搜集的信息不如多种方法搜集的信息，这点极其重要……好的评估的关键是找到方法和评估特征之间的概念联结和关系。每一种行为评估的方法对于解决评估困难都有独特的贡献。"[1]

一、筛查

"当教师发现某个学生或者许多学生表现出可能会导致某种问题行为时，就需要教师或者其他人判断是否存在问题……这一步有时候也称为'筛查'。"[2]筛查是行为评估的第一步，也是整个行为评估过程中非常重要的一步。经过筛查，我们可以对特殊儿童的行为进行初步判断，并决定他是否需要转介到专业机构进行进一步的测量、评估和鉴定。一般而言，我们可以通过以下五种策略和方式来搜集筛查阶段的数据，以帮助判断其是否存在行为问题。

（一）日常观察

应该说父母或教师发现或怀疑儿童有问题行为，都是从日常观察中得到的结论。一般而言，主要是将儿童的发展水平进行横向的比较，根据同龄、同类儿童的平均水平来简单判断自己孩子或学生的不足。对于特殊儿童而言，他们除了行为上有不足之外，还会出现其他异常的行为。以下为迈耶（Meyer）和埃文斯（Evans）所列出的特殊儿童六类行为问题，可作

---

[1] McConaughy, S. H..儿童青少年临床访谈技术——从评估到干预[M].徐洁,译.北京:中国轻工业出版社,2008:6.
[2] Zirpoli, T. J..学生行为管理——教师应用指南[M].关丹丹,等译.北京:中国轻工业出版社,2004:33.

为家长观察的重要指标。

（1）刻板行为。刻板行为是指"一再重复某些特定的行为,但仅具有少许或不明显的社会意义,且常会妨碍本身学习、与他人互动……并且持续相当长的时间"①。比如,不停地晃动、挥舞身体的某个部位,不断地拍手、磨牙、拨弄眼睛或耳朵,重复问相同的问题或发怪声,反复听同一首歌、坐固定的位置等。这种行为常见于重度智能障碍、自闭症及视听障碍者。

（2）自伤行为。当儿童出现蓄意或无意识地重复以各种方式（如,撞墙、咬手臂、打脸等行为）伤害自己,导致身体有所损伤（如流血、淤青、破皮等）的行为时,我们称之为自伤行为。自伤行为在自闭症、重度智能障碍、妥瑞氏症候群、强迫症及精神分裂症儿童身上较常见。

（3）攻击行为。迈耶和埃文斯把攻击行为分为三类:"第一类是身体的攻击,包括普通的打人、推人、咬人等;第二类是口头和对物品的攻击,如大声叫骂、破坏东西等;第三类属于消极的抵制或不听话的反抗……借此来反抗外界对他的控制。"②许多特殊儿童由于各种原因,比如害怕、愤怒、想操控他人等,会出现程度不一的攻击性行为。

（4）不适当的社会行为。不适当的社会行为是指在公开场合表现出不合常规的行为,它严重违反社会的规范或侵犯他人的基本权益。比如在公众场合活动过度,在公共场合脱衣服,逃学,离家出走,说谎,偷盗等。

（5）特殊情绪困扰带来的行为问题。如果说前四类都是外部化的行为问题,特殊情绪困扰带来的行为问题则属于内部化的行为问题。这些情绪困扰主要包括恐惧、焦虑、抑郁、社会退缩等。这类行为问题因为隐蔽性比较强,没有太多的外部表现,所以不容易被教师和家长察觉。

（6）身体调节异常带来的行为问题。身体调节异常主要是指身体在调节日常生活所需摄取和代谢的物体上产生运作失调的现象。由此而带来的行为问题主要包括饮食异常、排泄异常、睡眠异常等。

（二）与家长、教师和儿童等进行非正式访谈

与家长、教师和儿童进行访谈是对儿童进行行为评估的必不可少的一种方式。只是筛查阶段获得的访谈数据与行为评估其他步骤中所得到的访谈数据相比,通常是非正式的。因为,在这一步中,大多数时候都是教师或者家长对儿童的某个或某些"问题行为"的怀疑、讨论或者抱怨。他们往往会用一些通俗的话语来描述和讨论行为问题,比如"他喜欢打架""她爱欺负人""他总是不听老师话""她都让我要疯掉了"……尽管这些描述大多都是非专业的,但对于专业人员来说,这些信息都是非常重要的,它可以为筛查搜集到相应的数据。

对于家长和教师来说,一般可以以询问他们目前对儿童的担忧是什么作为访谈的开始。通常情况下主要是聆听,也可以问一些更具体的问题,比如什么时候开始担忧的,这些问题持续了多长时间等。而对于特殊儿童来说,则要设计一个恰当的、能让儿童放松、能让儿童明白的开场白。比如,"你的妈妈已经告诉了我有关你的一些小问题,但是我希望能听你自己说一说""你今天来这儿是因为什么原因"。当然,对于一些智力有障碍的儿童则要有选择地使用一些符合他们实际水平的问题和话语。就筛查阶段的访谈而言,主要是简单地得到

---

① 钮文英.身心障碍者行为问题处理——正向行为支持取向[M].新北:心理出版社,2001:35.
② Zbid.,P.37.

有关儿童问题行为的一般概念,并与他们及其家长等建立一个和谐的关系。

(三)使用问题行为筛查量表

该方式通常是给评定者一张列出许多行为的表格,让他们对儿童是否表现出这些行为,以及表现的程度进行评定。这要求完成该量表的人必须对儿童非常了解,能够对他们的行为做出定性判断。在这些量表中,我们比较熟悉的有美国的行为障碍系统筛查表(the Systematic Screening for Behavior Disorders,简称SSBD)、早期筛查项目(the Early Screening Project,简称ESP)以及中国台湾地区的问题行为筛查量表。

行为障碍系统筛查表和早期筛查项目"是现已开发和较为完善的一个综合性的筛查系统,该系统可以有效地筛查行为问题和情绪/行为障碍",它可以"有效地鉴别出1~5年级的小学生以及3~5岁儿童是否有行为问题"[1]。行为障碍系统筛查表是一个三阶段的多重监控筛查系统,第一阶段主要是教师按照标准对班级所有学生进行排序,第二阶段对行为问题排在最前面的学生进一步做出等级评定,最后一个阶段就是对第二阶段符合行为障碍标准的学生进行观察,以判断他们是否与同龄儿童的行为有明显的偏差。早期筛查项目也是一种多重筛查系统,其过程与行为障碍系统筛查基本相似。

中国台湾的问题行为筛查量表是由洪俪瑜、张郁雯等人于2001年编制的,其目的是筛选儿童和青少年行为困扰的情况。该筛查量表依据评估者分成家长版与教师版,依据受评者分成小学版(49题)和青少年版(52题),共计4个版本。[2] 各版本量表的内容主要包括四大部分:注意力缺陷过动评量,注意力缺陷过动症状的功能损失情况(人际活动、团体活动、学业活动、工作活动),对立违抗行为异常的相关症状评量,违规行为的相关症状评量。

我国的学者周步成等人对日本学者长岛贞夫等编制的问题行为早期发现筛查测验进行了修订,并制定了中国的常模。[3] 还有其他学者也编制了适用于不同儿童年龄的问题行为筛查问卷,遗憾的是这些问卷由于各种原因,在我国还未被广泛使用。

(四)自我评定

自我评定一般会使用一些自我评定工具或自我报告量表,要求儿童回答一些有关他们行为的问题,比如"当别人跟我说话的时候,仔细倾听对我来说是一件很容易的事情吗""当别人给我带来麻烦的时候,我会毫不介意,仍保持冷静的态度对他讲话吗"。虽然行为主义者一般不太强调自我评定,认为它是一种主观色彩很浓的测评方法,但随着近年来行为主义者向认知心理学的让步,以及行为主义者对认知概念的接受,自我评定不再受到排斥。在行为评估中,自我评定除了可以搜集到儿童行为反应、生理反应和认知反应的资料外,还可以了解他们各个方面的经验或体验。当然,由于生理的障碍,自我评定程序对于某些特殊儿童来说只能有选择地使用。

(五)同伴提名和同伴评价

同伴提名和同伴评价在筛查儿童行为问题方面是非常便捷和有效的,因为同伴与儿童相处的时间和机会比较多,他们最清楚谁是"孤家寡人"、谁是"不受欢迎的人"……同伴提名

---

[1] Zirpoli,T.J..学生行为管理——教师应用指南[M].关丹丹,等译.北京:中国轻工业出版社,2004:35.
[2] 王辉.特殊儿童教育诊断与评估[M].南京:南京大学出版社,2007:246.
[3] 廖艳华.近十年来我国儿童问题行为研究现状[J].浙江教育学院学报,2007(6):33-37.

可以让学生选出一个或几个愿意或不愿意一起活动的同学,比如,"你喜欢和班里哪个同学一起玩""你不喜欢和班里哪个同学一起学习"。而同伴评价则是按照一定要求对班上每一名学生进行等级评价,它相较于同伴提名不仅稳定性和信度更高,而且对细微的差别也更敏感。表3-1是一个同伴评价的例子。在同伴提名和同伴评价中筛查出来的那些受排斥、被忽视、被孤立的儿童,有可能就需要进行进一步的评估了。

表3-1 同伴评价问卷

同伴评价			
姓名_____ 年级_____ 日期_____			
请你仔细听所读到的每个名字,并判断一下你是否愿意和他一起玩耍,并在相应的数字上画圈。			
	等级评价		
学生姓名	我非常喜欢跟这个人玩	我比较喜欢跟这个人玩	我不太喜欢跟这个人玩	我根本不了解这个人
马林	1	2	3	4
罗丽丽	1	2	3	4
李俊宇	1	2	3	4
王诚	1	2	3	4
林玉洁	1	2	3	4
朱良森	1	2	3	4
郝连俊	1	2	3	4
杨倩	1	2	3	4
李丹雪	1	2	3	4
汪容	1	2	3	4
刘杰峰	1	2	3	4
梁萍	1	2	3	4

相对而言,在筛查阶段,数据搜集的过程比较简单,通常是由教师或父母进行报告,或者对一大批儿童群体以最快的方式进行施测,初步判断儿童是否存在问题行为。当然,上文提到的一些行为障碍筛查量表并没有中国的常模,中国也没有类似的筛查系统,我们更多的是通过家长、教师的细致观察、详尽访谈以及同伴提名等方式进行筛查的,只要能比较全面地搜集资料,还是能成功筛选出有问题行为的儿童的。

二、选择与界定目标行为

在筛查完成后,我们只是得到了一张儿童问题行为的"粗略的草图",那些在筛选测量中表现较差的儿童,还需要进一步进行行为评定,才能确定他们的行为问题,这就进入行为评估的第二个阶段。在这个阶段,要求对问题行为进行更为精细的观察和评定,以获得详细的有关行为频率、强度、性质等数据,从而判断行为的严重程度,并界定出哪些行为需要进行干预。就搜集数据的策略和方法而言,与筛查阶段并无较大的差别,都需要多元的评估方法,比如观察、访谈、测验等。这里重点介绍测验和访谈两种方法(行为的观察已在第2章中重点阐述)。当数据搜集完成以后,还需要对这些数据进行详细的分析,才能选择出需要进行干预的目标行为,并清楚地界定这些行为,为制订有效的行为干预方案打下基础。

(一)使用行为评定量表

评定量表是对行为表现中展现出来的维度的书面描述。它事先建立行为问题的有关假设,并根据这一假设编制相应的问题表,由父母、教师和当事人做出回答。可以说评定量表是系统观察的拓展,其功能在于方便记录、进行等级评定和用于编写个别化教育计划等。量表的内容可以根据需要自行拟定,也可以运用别人已经编制好的、经过大量实践的评定量表。相较于行为筛查量表而言,行为评定量表的针对性和专业性更强,一般分为"综合性量表"和"特定性量表"两类。综合性量表会广泛测量许多不同的行为,而特定性量表主要针对单一的、特定的行为,如不专注、冲动、多动的症状。

综合性量表类使用较多的是儿童行为评估系统(Behavior Assessment System for Children,简称 BASC)和阿肯巴克儿童行为量表(Achenbach's Child Behavior Checklist,简称 CBCL)。

儿童行为评估系统是由美国心理学家雷诺兹(C. R. Reynolds)和凯弗斯(R. W. Kamphaus)于 1992 年编制的,它是一套评价儿童多方面行为状况的测量工具,包括儿童自我报告量表、父母评定量表、教师评定量表和学生观察系统。其目的在于利用不同渠道搜集信息,对儿童的行为做出全面评价。目前该系统还没有正式翻译成中文,也没有中国的常模。

阿肯巴克儿童行为量表是由美国心理学家阿肯巴克(M. Achenbach)及其同事于 20 世纪 50 年代在儿童精神科的临床实践中编制的,主要用于筛查儿童(青少年)的社交能力和问题行为,1970 年首先在美国使用,并先后出版了父母、教师和儿童(青少年)自陈量表使用手册,是目前公认的儿童问题行为的主要评量工具,适用于 4~18 岁儿童。该量表的中文修订本于 1988 年发表,常模被试为中国 22 个城市的 24000 名 4~16 岁儿童。[1] 附录 1 是中文版的家长用量表。

上述两类综合性评定量表是有信度、效度和常模的标准化的评量表,在实际操作中我们还经常会运用一些非标准化的评定量表,这些评定量表的内容可以自行拟定,也可以根据其他量表进行灵活的编订和调整,由于其简单、方便、易行,在进行行为评估时也被广泛使用。运用得比较多的是钮文英编制的行为问题调查表(详见附录 2),以及明尼苏达州剑城养护中心所使用的行为问题评量表(详见附录 3)。二者都可以就问题行为的频率、持续时间、强度等进行详细的等级评定。使用时可以根据需要适当增减进行调整,是非常实用的评估工具。

"特定性量表"是针对特定的问题行为所设计的等级评定量表,该量表适用于较明确或范围较窄的行为问题。比如,康纳斯父母用与教师用行为评定量表(Conners' Parent and Teacher Rating Scales,简称 CPRS & CTRS)(详见附录 4 和附录 5)是由父母或教师来评量多动的行为[2];ADHD 评量量表(ADHD Rating Scales)是评定注意缺陷多动症状的;儿童期自闭症评定量表(Childhood Autism Rating Scale,简称 CARS)、自闭症儿童行为量表(简称 ABC 量表)是评定自闭症儿童行为问题的;还有社会技巧评定量表(Social Skill Rating Scale,简称 SSRS)、儿童抑郁问卷(Children's Depression Inventory)、修订版儿童显著焦虑量表(Revised Children's Manifest Anxiety Scale)等,都是评量特定性行为问题的。这些评定量表在介绍特殊儿童的著作中都会有详细的论述,在此就不再赘述。

(二)进行深入访谈

应该说访谈在临床评估中是一个比较灵活的程序,讨论的焦点可以根据需要进行变动,

---

[1] 忻仁娥.儿童心理与行为的评估工具——Achenbach's 儿童行为量表[J].心理发展与教育,1994(1):26.
[2] Rose,S. D..青少年团体治疗——认知行为互动取向[M].翟宗悌,译.上海:华东理工大学出版社,2003:119.

广泛地搜集信息和资料,所以它在行为评估中是很有价值的。访谈主要分为结构式、半结构式和开放式三种形式。第二阶段的访谈较筛查阶段的访谈更为详细、具体和正式,所以,这三种形式有可能都会用到。

在访谈过程中,首先要了解的是儿童的背景资料,如生长史、教育史、治疗史、家庭状况以及经历、兴趣、爱好等,以便于对儿童的基本情况有个大致的了解,为下一步就前一阶段筛查出的行为问题进行具体的访问打好基础。附录6是一个比较标准的背景信息问卷,它可以作为访谈的参照。

接下来就是访谈具体的行为问题,也就是获得问题的具体性质的描述,让家长和教师描述可被他人观察和识别的具体行为,例如,问题行为的持续时间、发生频率、严重性、强度以及普遍性等,并查明问题行为最有可能和最不可能出现的条件,查明可能导致问题行为的家长、学校和环境方面的因素。关于问题行为出现原因的访谈,我们将在第2节中有更详细的讨论。萨特勒与霍格曾列出访谈家长和教师的具体问题,详见附录7。表中所列的问题只是一些访谈时最常见的问题,我们可以根据访谈对象的不同和情境的不同进行调整,需要的时候还可以加入一些追踪性、探测性的问题以及能消除疑虑的评论来灵活应变。如果家长已经完成了关于儿童的行为问卷,还可以就问卷的结果进行一些讨论,或是就问卷中发现新的问题再进行深入的访谈。

另外需要注意的是,与儿童的访谈是行为评估中必不可少的一个部分。麦康瑙希(McConaughy)认为与儿童进行访谈不仅可以在访谈者和儿童之间建立良好的关系和相互尊重,了解儿童的行为问题、学业表现、同伴关系等,还可以询问他们自己对问题行为的看法,并就他们的行为、情感和交往风格等进行直接的观察,获得直接的评估资料。[①] 在与特殊儿童进行访谈时,问话和讨论的方式与成人以及正常儿童是有所不同的,比如应该减少使用专业用语,放慢提问和回答的速度,通过鼓励来促使特殊儿童轻松地表达他们的观点和感受等。附录8给出了一个比较详细的儿童访谈提纲,与家长和教师的访谈提纲有些类似,同样也可根据特殊儿童自身的障碍以及具体情况进行灵活调整。

(三)选择目标行为

很多时候,通过前一阶段的行为观察、访谈和测验,会发现一系列的问题行为需要处理,但在进行干预时我们不可能在短时间内把所有问题都解决,这就需要我们对问题行为进行排序,以确定到底对哪个或哪些问题行为进行干预。如果不进行排序,我们就会产生去解决所有问题的念头,这样在制订干预方案时要么会觉得困惑,要么就对儿童要求太高,造成事倍功半的效果。所以,一旦基于第一步和第二步的信息确定了需要处理的问题行为,接下来就要按照标准对这些行为进行排序,选出我们需要处理的问题行为。这些需要去改变或发展的行为,我们称之为目标行为(target behavior)。

迈耶和埃文斯曾把问题行为按照优先处理的顺序分为三类:第一类是紧急行为(urgent behaviors),也就是必须立即处理的问题行为,主要指会危及生命和健康的行为,比如自伤;第二类是严重行为(serious behaviors),比如行为干扰教学、如果不加以处理行为问题会日

[①] McConaughy,S. H.. 儿童青少年临床访谈技术——从评估到干预[M]. 徐洁,译. 北京:中国轻工业出版社,2008:15-16.

渐严重、行为危及他人、照顾者认为急需解决的问题;第三类是过度行为,指达到偏差标准的不当行为,这些行为虽然不当,但因为一般人也会有这些行为,其严重性还不至于急需马上处理。我们可以按照这个标准对问题行为进行分类,根据需要处理的优先顺序,选择需要进行干预的目标行为。

而沃勒芮(Wolery)则提供了一个更详细的"优先干预行为问题表",见表3-2。我们可以按照这份表格先就行为问题的严重性进行了解,然后根据需要干预的程度进行优先排序,最后选择出目标行为。这份问题表可在对教师和家长进行访谈时使用,也可由教师和家长直接填写。

表3-2 优先干预行为问题表[①]

问题	是	否
1. 这种行为是否对儿童或其他人造成了伤害?		
2. 这种行为是否干扰了儿童或其他人的学习?		
3. 这种行为是否会引发儿童或其他人的安全隐患?		
4. 这种行为在该年龄段发生是否是适合的或可能只是暂时的?		
5. 这种行为发生的频率是否与其他同伴发生该行为的频率相似?		
6. 这种行为是否是由于缺乏某方面的技能所造成的?		
7. 这种行为是否会导致其他人不愿意和他交往?		

如果第1题到第3题都回答"是",表明目标行为确实需要立即干预;如果第4题回答"是",则表明随着儿童年龄的增长或者情境的改变这些行为可能会自动消失,并不需要过多地干预;如果第6题回答"是",表明行为问题是由于缺乏某种技能导致的,这时候就需要重新确定目标行为;最后,如果第7题回答"是",则表明该行为可能是更为严重的问题行为的前兆,改善当前问题行为可以预防更严重问题的发生。对于每一种问题行为都可以使用这样的问题表,然后将回答"是"最多的那个行为挑选出来,那就是需要优先干预的问题行为。

当然,对于年龄稍大的儿童,选择优先干预行为时,还需同他们一起讨论。因为对行为的干预不是迫使儿童被动地服从命令,而是需要他们的积极参与和密切合作,当他们认识到这些行为的转变对他们有利时,他们才能成为自觉自愿的参与者。

(四)界定目标行为

所谓界定目标行为就是把目标行为具体化,把所看到、听到甚至闻到的写下来,意即清清楚楚地写出这个人的行为,而这种行为是可"观察"且可"度量"的。[②] 卡斯汀(Kazdin)认为对目标行为的描述应该满足三项原则:客观性、清晰性和完整性。[③] 客观性原则就是对行为的描述应该指向行为的可观察特征,而不是行为的内在特征,如意图、情感等;清晰性原则就是他人容易理解,好解释的,如,"守纪律"就不明确,当换成"要坐好,将手放在桌子上"时,就比较清楚了;完整性原则则要求对行为的定义必须能够描述行为的所有可观察的特征。下

[①] Zirpoli,T.J..学生行为管理——教师应用指南[M].关丹丹,等译.北京:中国轻工业出版社,2004:47.
[②] 钮文英.身心障碍者行为问题处理——正向行为支持取向[M].新北:心理出版社,2001:51.
[③] Watson,T.S.,Steege,M.W..校本功能性行为评价——教育工作者指南[M].孙瑾,译.北京:中国轻工业出版社,2004:48.

面列举了一些可观察和不可观察的行为的例子。

（1）可观察的目标行为举例。

李玉能够在数学课上完成当堂作业。

刘静杰在吃饭时能够用筷子吃东西。

朱晶晶能够与同学一起擦玻璃。

米花能够在回家之前完成所有课堂作业。

梁萍在自由活动的时间里能够与其他儿童分享她的玩具。

当别人给于娟生日礼物的时候，她会说"谢谢"。

王丽在教室中打扰别人的时候能够说"对不起"。

范珍能够在过街的时候先环顾左右，确定安全以后再过马路。

罗琳琳能够在小组活动中轮流等待使用彩笔的顺序。

（2）不可观察的目标行为举例。

李玉在数学课上表现得很不错。

刘静杰在吃饭的时候很有礼貌。

朱晶晶能够表现出合作性的行为。

米花作业做得很好。

梁萍在自由活动的时间里能够与同学和谐相处。

于娟能够理解说"谢谢"的重要性。

王丽对待别人很有礼貌。

范珍在过街的时候能够很小心。

罗琳琳在小组活动的时候也能够遵守纪律。

按照上述标准，家长或者老师的抱怨——如"他注意力不集中""小花骂人"，都是很模糊的描述，因为每个人所界定的注意力不集中和骂人可能都不同，所以更具体、更专业的界定应该是——"他上课时随意离开座位，用脚踹同学，用手指玩弄铅笔，或者无故大喊大叫""小花先是跳脚，进而大声叫骂，最后完全安静下来，前后持续10分钟"。所以，界定目标行为不能只用抽象的词汇进行描述，而应该将行为发生的过程、行为持续的时间、行为的强度等都详细写下来。

当我们在筛查的基础上，通过观察、访谈和测验等手段搜集到比较全面的资料之后，我们就可以按照优先干预的等级确定具体的目标行为。当然，我们上述的方法是一套比较完整的程序，在实践中，还可以根据需要进行适当的取舍。如果问题行为比较单一而且非常确定，就可以省去筛查、测验等步骤直接对目标行为进行界定。比如，一个智障儿童的家长正在为孩子的随地大小便问题头疼，他最想解决的就是孩子能自己去厕所大小便，那么经过观察后他就可以简单将孩子的目标行为定为：在家时，随便在客厅、卧室、厨房以及阳台上大小便，平均一天六次，不需再用到筛查中的一些方法。接下来他就可以从孩子的生理、心理、环境因素以及行为的功能等方面对这个目标行为进行分析，找到导致目标行为产生的影响因素，进而就可以采取措施进行干预了。

三、常规性行为评估实例[①]

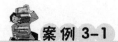

案例 3-1

晶晶是个 5 岁的自闭症儿童,老师们发现她存在很多的行为问题,于是对她进行了一次全面的评估。第一步进行筛查,通过日常观察、非正式访谈等方式搜集了有关晶晶的一些资料,筛查结果如表 3-3 所示。

表 3-3　晶晶的行为问题筛查结果

学生姓名:晶晶	学生年龄:5 岁	地点:残联康复机构
日期:2010/7/9	评估者姓名:陈熙雨	
评估策略	结果简述	
教师访谈	上课时经常开小差,不做作业,把老师发给同学们上课用的彩笔和白纸扔掉或者推桌子,紧张或焦虑时就自言自语或者大叫。当不满足她的要求时,就会打同学,甚至打老师	
日常观察	上课基本不听讲,只在个训课中能保持几分钟的注意力集中,课间休息时几乎就是自己孤立一人活动。对同学和老师有较多的攻击性行为	

筛查结果表明她确实存在行为问题,老师们都认为应该对晶晶进行更为详细的评估。表 3-4 就是晶晶第二步的行为评估结果。这一次评估,老师们采用了问题行为评量表,在此基础上结合日常观察等途径对晶晶的问题行为在课堂环境中发生的频率、程度等进行了记录,从评估结果中发现晶晶最主要的问题行为有两个:攻击性行为和自我刺激行为。

表 3-4　晶晶的行为评估结果

学生姓名:晶晶	学生年龄:5 岁	地点:残联康复机构
日期:2010/7/27	评估者姓名:陈熙雨	
评估策略	结果简述	
评量表:问题行为评量表	晶晶在问题行为评量表上的得分表明,她的攻击性和破坏性行为、不服从不合作的行为、不适当的社会行为得分都偏高。并且由两位老师分别评量,评定的分数是一致的	
自然观察:目标学生和同伴、课堂环境、行为发生次数以及持续时间等的记录	对晶晶及其同伴的观察表明,她和她的同伴都有上课注意力不集中的问题行为;集体课中平均一次课要离开座位三次,一个星期之内至少有一次情绪不稳定导致旷课;一天当中至少要用手捏别人两次,用脚踢人三次,最多的时候一天五次;当她紧张或焦虑时就会不停地叫"嘟嘟",或者是说"不看",持续时间最短的为 2 分钟,最长的为 5 分钟。在活动课的时候,晶晶要比同伴表现出更多的破坏行为,这种行为导致同伴情绪焦躁不安,注意力不集中,也耽误了其他学生学习的时间。晶晶基本上不做作业	

---

① 本案例由天津体育学院健康与运动科学系特殊教育专业龙亭提供。

第三步,老师们采用了前文中提到的沃勒芮制定的优先干预行为问题表,决定到底晶晶的哪种行为最应该得到干预。表3-5就是第三阶段评估所得的结果。因为攻击性行为会干扰其他学生学习,可能会造成晶晶和其他学生的安全隐患,所以老师们将晶晶的目标行为定为:攻击性行为。

表3-5　晶晶目标行为的排序结果

目标行为:
1."攻击性行为"指的是用力用手、脚或身体其他部位掐、打、捏、敲、踢同学或老师,朝他们大喊大叫,咬人等
2."自我刺激行为"指的是在紧张、焦虑或其他压力情形下的自言自语行为或反扭双手护在胸前,说"不看""嘟嘟"

	问题1	问题2	问题3	问题4	问题5	问题6	问题7
攻击性行为	否	是	是	否	否	不知道	是
自我刺激行为	否	是	否	否	否	不知道	否

晶晶的问题行为是否是由于缺乏某方面技能造成的,是否存在导致行为问题的生理或心理原因,是否存在影响行为的课堂因素,是不是有什么因素强化了他的这种行为等,老师们还不是很清楚,接下来老师们决定进行行为评估的第四步,对晶晶的行为进行功能性评估,这也就是第2节要介绍的。

第2节　功能性行为评估

对特殊儿童行为的评估,除了用上述方法从整体上判断问题行为的性质、严重程度以及界定好目标行为之外,还应该通过功能性行为分析,以各种不同的策略去诊断问题行为的产生原因,并从个人生理、心理、社会及环境各层面去探讨导致问题行为发生的各种潜在因素。这样才能形成一份完整的问题行为评价报告,为制订积极、有效的干预方案提供有用的信息。而且功能性行为评估能明显地提高问题行为干预的效果,近年来越来越受到心理和特教工作者的重视。[①]

一、功能性行为分析的理论假设

瑞恩(Ryan)、哈尔西(Halsey)及马修斯(Matthews)认为,当我们企图要改变儿童的问题行为时,首先要了解行为的两个基本原理:第一,问题行为是儿童与他所处环境在互动的情况下发生的;第二,问题行为具有目的和意义,对儿童而言,行为的存在具有功能。[②] 也就是说儿童行为的发生并非是孤立的单一事件,而是受环境中某些重要因素所影响的,而且这些行为都有其功能和意图。

---

① 韦小满.特殊儿童心理评估[M].北京:华夏出版社,2006:315.
② 陈思允.行为功能评量与处理方案对改善小学智能障碍学生不良适应行为之成效研究[D].花莲:花莲教育大学身心障碍与辅助科技研究所,2005:33.

"问题行为是儿童与他所处环境在互动的情况下发生的",这一点很好理解。按照行为主义学派以及社会学习理论的观点,行为是在一定的社会情境中习得的,而且行为不可能脱离现实情境而发生,所以儿童的行为是会受到他所处的环境以及当时的情境因素影响,并通过儿童的能动作用才产生的。一般而言,造成行为问题的环境因素主要包括物理的和社会的两个方面。物理因素主要是指与生活的物质环境相关的项目,例如温度、噪音、座位的安排等;社会因素包括家庭的社会经济地位、教养方式、对行为问题的看法等,还包括学校中的班级组成、教师的态度、课程的安排以及社区中的文化氛围等。造成问题行为的情境因素就是特定场合和时间内发生的事物。而儿童的生理和心理状况也会影响他与环境的互动。所以,第一个基本原理其实就是告诉我们问题行为的发生是有一系列前因的。

除了第一个基本原理之外,应用行为分析学派还一直非常强调行为的功能。自斯金纳通过小白鼠按压杠杆获得食物而提出研究行为变量之间的功能性关系之后,行为的功能性分析就一直是应用分析学派研究的重点。任何行为对个体而言,可能都有其存在的价值,是个体特定的沟通形式,具有其特定的目的,此目的即为行为的功能。就儿童而言,他的行为要么是为了获得他认为有价值的东西,要么为了避开(或者移走)他认为不愉快的事情。但这些行为不会总是按照人们所期望的、良好的、合理的形式出现,它可能是破坏性的和捣乱的,但它又是有意图的,而且这种破坏性的和捣乱的行为有可能比良好的行为更能发挥功效。比如,在课堂上,老师为了维持课堂的秩序会更关注捣乱的学生,那么对于保持安静的学生老师有可能就不会关注,这时,想获得老师关注的学生就可能会开始捣乱,因为捣乱比安静更能获得老师的关注。

一般而言,特殊儿童出现问题行为是基于以下五类原因。
(1) 引起别人的注意。
(2) 获得具体的事物。
(3) 获得感官刺激。
(4) 逃避或避免不喜欢的事物。
(5) 避免与别人接触。

比如,小莉是一个有智能障碍的小孩,趁妈妈在厨房忙的时候,她走进卧房把妈妈的珠宝丢到马桶内冲掉。经过对小莉观察评估后显示,她之所以产生这个不当行为,是因为珠宝未冲下去之前,珠宝在马桶内旋转的景象可能会给她带来感官的刺激。当然,在实际情况中,问题行为并不是只具有单一的功能,有时候同一行为可以达到好几个目的,比如,攻击行为可以吸引别人注意,可以逃避做事,还可以抢到食物。这就需要我们仔细分析各种情况,区分出行为的不同功能。

二、功能性行为评估的意义及目的

根据上述行为的两个基本原理,如果我们能找出影响行为的具体情境事件,以及行为本身的功能和意图,再根据此种影响因素来设计行为问题的介入方案,便可以收到事半功倍的效果。而且,在过去的十几年中,应用行为分析的研究者们发现,系统地改变引发问题行为发生的前因以及维持问题行为继续发生的行为结果,可以减少或者消除问题行为。[①]

---

① Conroy,M. A.,Stichter,J. P.. The Application of antecedents in the functional assessment process:existing research,issues,and recommendations[J]. The Journal of Special Education,2003,37(1):15-25.

功能性行为评估(functional behavior assessment)就是这样一种搜集问题行为资料并分析其功能的过程。奥尼尔(O'Neill)认为它是"一种搜集资料的过程,用以使行为支持计划达到最大的效率和效果",[①]杨瑛则认为功能性行为评估是"一种探索使问题行为存在的可靠相关变数的方法"[②],相关变相包括三类:后果(consequences)(行为的动机、目的、功用等)、前因(antecedents)以及情境事件(setting events)。总而言之,功能性行为评估就是通过搜集各种资料和信息找出影响问题行为的各种功能性关系,为建立积极有效的行为干预方案打下基础。

以往的行为评估,大多以"缺陷模式"为出发点,评估的结果大多是负面地指出儿童的诸多缺陷。功能性行为评估的结果并不是一个"分数",而是一个过程,从正面的观点设法提出对儿童直接有益的资讯,其目的是增加介入方法的效果和效率。奥尼尔等人认为功能性行为评估有三项基本假设。

第一,功能性行为评估的目的不只是减少问题行为,更要了解这些行为的结构与功能,以便进一步发展适当的行为。

第二,功能性行为评估不只是看个人,更要分析行为与情境之间的关系,以预测何种情境下或何种条件下行为会或不会发生。

第三,功能性行为评估的目标在于诊断问题行为的原因,进而发展为行为干预计划,而这个计划必须以个人的尊严为基础。

功能性行为评估就是透过资料的搜集,系统且客观地分析和评估儿童的问题行为,找出使行为问题持续发生的功能性因素。利用功能性行为评估,我们能了解行为问题何时会发生或不会发生,在什么情境或事件下发生或不会发生,形成总结性叙述,并据以设计干预策略或支持性计划,有效地改善儿童的行为问题。

由于功能性行为评估具有诸多传统行为评估所没有的优点,美国1997年重新修订的障碍者教育法案(Individuals with Disabilities Education Act Amendments,简称 IDEA),将为有行为困难的学生提供功能性评估服务列入其中,IDEA 明文规定"学校的 IEP 团队必须在转介之前或十天内发展出一个功能性评估去搜集相关的行为资讯,用来修订或延展原有的行为接入方案,否则行政单位应该召开个别化教育计划的会议,针对问题行为发展评估计划"。[③] 此项规定正面肯定了功能性行为评估的效能。也正是由于 IDEA 的要求,功能性行为评估引起了社会的极大关注和研究兴趣。学者斯蒂克特(Stichter)就曾指出,近十五年来,功能性行为评估已经广泛地被医学界、教育界以及相关研究者使用。[④] 美国行为分析学会、国立卫生研究院以及犹他州、明尼苏达州等,都规定行为介入前先实施功能性行为评估。[⑤]

[①] 陈维轩.身心障碍学生行为问题之功能性评量[J].特殊教育季刊,2003(2):34-40.
[②] 杨瑛.重障者的行为支持与功能性评量[J].特殊教育季刊,1999(1):1-6.
[③] 转引自:李素娟.功能性评量对多重障碍幼儿问题行为处理之成效研究[D].台东:台东大学教育研究所,2003:39.
[④] Stichter,J. P.. Functional analysis: The use of analogues in applied settings[J]. Focus on Autism and Other Developmental Disabilities,2001,16(4): 232-240.
[⑤] 张正芬.自闭症儿童的行为辅导——功能性评量的应用[J].特殊教育季刊,1997(4):1-7.

三、功能性行为评估获取的信息

进行功能性行为分析有多种方法,而且各种方法着眼的焦点也各有不同,但是大致都要搜集如图 3-2 所示的三方面的信息。

图 3-2 功能性行为评估获取的信息结构图

(一) 前因事件的信息

前因事件从微观方面来说就是行为发生前的立即前事(immediate antecedents),也就是发生在问题行为之前的特定事件。比如小明出现攻击行为,是因为在这之前小丽抢了他的玩具,小丽抢玩具就是小明出现攻击行为的立即前事。从宏观方面来说前因事件则主要指在个体的环境和日常生活中不是立即影响行为问题的事件或变项,而是我们通常所说的物理和社会因素,如课程的安排、家庭的环境、与教师的互动等。

(二) 个体信息

个体的生理和心理因素等会影响问题行为的发生,但它并非立即、外显的而是延时、内隐地影响行为问题的发生。在进行功能性行为分析时,有必要对个体的能力、生理状况、情绪反应等做出详细的评估。对儿童的生理和心理进行评估需要医生和心理评估师等专业人员来实施,在这里我们就不再赘述其具体的评估方法,只是提请注意,生理和心理因素有时可能会直接影响问题行为的发生,这是功能性评估中不可或缺的一部分。

(三) 后果事件的信息

后果事件是指外在环境于行为发生后所给予的结果。假如这些结果"正中下怀",就会增强行为问题的发生,成为行为问题持续发生的因素。举例来说,上课捣乱会获得老师的关注,老师的关注就是行为发生后作出的处理结果,如果每次儿童捣乱时,老师都给予强烈的关注,儿童就会习得经验,想获得老师关注,捣乱就可以了,老师的关注就成为捣乱行为的正强化物。任何行为发生后都会发生多种事件,搜集后果事件的信息就是了解哪个或哪些后果事件使得问题行为得以持续或加强。一般这时需要重点考虑两个问题:问题行为的意图是什么,儿童从问题行为中获得了什么或者逃避了什么。

四、功能性行为评估的实施方法

约翰斯顿(Johnston)和奥尼尔综合了许多不同学者的观点,曾提出一个比较实用的功能性行为评估流程图,见图 3-3。从流程图中可以看出,实施者对儿童和环境的熟悉程度可能会影响评估方法的选取。不管采取什么方法开始,一般而言,进行功能性行为评估时常会用到三种方法:间接评量(indirect assessment)、直接观察(direct observation)和功能性分析(functional observation)。

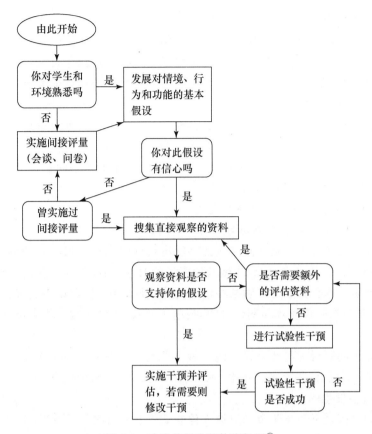

图 3-3　功能性行为评估流程图[①]

(一) 间接评量

当我们不熟悉儿童及其环境时,就可能会选择从间接评量开始,这是获得相关信息较有效的方法。间接评量主要是搜集教师、家长或者其他相关人员等对儿童问题行为的看法,可以通过访谈、问卷、量表、检核表等方式来取得资料。其目的在于确认与行为有关的事件或环境,以缩小可能的变量范围。

以访谈的形式进行功能性行为评估是经常被使用的。在针对问题行为对儿童进行访谈时,下面的这些问题可能是有用的,可以被设计到访谈提纲中。

- 告诉我发生了什么事情。
- (如果必要)在哪里发生的?
- (如果必要)什么时候发生的?
- [问题行为的名称]多久发生一次?

---

① Johnston,S. S.,O'Neill,R. E.. Searching for effectiveness and efficiency in conducting functional assessment:A review and proposed process for teachers and other practitioners[J]. Focus on Autism and Other Development Disabilities,2001,16(4):206.

- [问题行为的名称]持续了多久?
- 你认为是什么使你做出那样的行为[问题行为的描述]?
- 在你做出那样的行为[问题行为的描述]之前,你想到什么?
- 在你做出那样的行为[问题行为的描述]之前,你的感觉是怎样的?
- 在[问题行为的名称]开始之前,发生了什么事情?
- 在你做出[问题行为的名称]之后,通常又会发生什么事情呢?
- 做出什么改变会使[问题行为的名称]不再发生?[1]

在对教师或者父母访谈有关儿童的问题行为时,下面这些问题是可以作为参考的。

- 谈谈[儿童的名字]的问题行为。
- 这种问题行为一般什么时候发生?

(如果需要,可以问第3个问题到第6个问题。)

- (如果问题行为总是伴随某些活动的进行同时出现)当让[儿童的名字]打扫[他/她]的房间、收拾玩具、做家庭作业,或做其他事情的时候,问题行为就会发生吗?
- (如果问题行为总是伴随某些活动的停止同时出现)当让[儿童的名字]停止看电视、停止在教室里讲话、停止戏弄同伴、停止玩电子游戏,或停止做其他事情的时候,问题行为就会发生吗?
- (如果问题行为与儿童强迫他人做不愿意做的事情有关)当[儿童的名字]努力想要让你玩游戏、买玩具、买衣服、给[他/她]钱、带[他/她]去某个地方,或者做其他事情的时候,问题行为就会发生吗?
- (如果问题行为与儿童强迫他人停止想要做的事情有关)当[儿童的名字]努力想要让你停止看电视、停止通电话、停止坚持原则,或者停止做其他事情的时候,问题行为就会发生吗?
- 问题行为什么时候一般不会发生?
- 问题行为一般会在哪里发生?
- 问题行为什么时候最严重?
- 如果有其他儿童或成人在场,他们对[儿童的名字]的问题行为做何反应?
- 你认为是什么激发了问题行为?
- 在家里发生了什么事情可以帮助理解[儿童的名字]的问题行为吗?
- 问题行为发生时你会做些什么?
- [儿童的名字]对你所做的有怎样的反应?
- 如果有其他儿童或成人在场,他们对你所做的有怎样的反应?
- 当[儿童的名字]出现问题行为时,正在进行的任务怎么办?
- 你认为为什么[儿童的名字]会有那样的行为?(如果需要的话)[儿童的名字]在逃避什么呢?
- 你曾经做过些什么可以减少这种问题行为?
- 你曾经做过些什么仍然无法减少这种问题行为?

---

[1] Sattler,J.M.,Hoge,R.D..儿童评价[M].陈会昌,等译.北京:中国轻工业出版社,2008:328.

- 你认为需要做些什么来帮助[儿童的名字]?
- 还有其他什么事情有助于理解或者帮助[儿童的名字]吗?[①]

钮文英还根据奥尼尔等人,以及费尔德曼(Feldman)和格里芬(Griffin)的研究,修正出一份比较完整的行为问题功能访谈表(相关重要人物部分)(详见附录9),也是非常实用的。

除了访谈之外,问题行为动机评量表、个人环境调查表、情境事件检核表等间接评量工具也经常被使用到。问题行为动机评量表(详见附录10)是林惠芬以杜兰德(Durand)和科里敏斯(Crimmins)的"动机量表"为架构,并参考张正芬、施显烇、卡尔(Carr)、德马克(Demack)和哈利(Halle)等学者对特殊儿童问题行为来源的看法编制而成的。该量表主要评估行为的四种功能:自我感官刺激、逃避、得到他人注意和获得实物。以"从来不会"(0分)到"一直都是"(5分)六个维度来评量问题行为的表现情形,得分最高的项目意味着问题行为可能的动机来源。个人环境调查表(详见附录11)主要是用以找出儿童生活的环境中,有哪些地方与他的基本需要有严重的冲突,从而导致问题行为的产生。附录12的情境事件检核表则是钮文英参考了加德纳(Gardner)等人的资料修订而成的,用以了解情境事件和行为问题的关系。

虽然经过访谈和量表能很快地找出行为可能的动机,但是其只适合作为初步参考,并不代表完整的功能性行为评估。

(二) 直接观察

当访谈和量表无法获得有关行为问题清楚而明确的资料时,可以改用直接观察作为获得资料的手段。直接观察就是直接进入当事人的自然环境,观察其周围会影响行为问题的事件(人、物、事)或行为问题的功能,以找出行为问题相关变项的方法。[②]

直接行为观察有多种记录方法,最常被采用的是:A-B-C法行为分析、功能性评量观察表以及沟通行为分析法。

"要想找到或者确认目标行为的意图,最好的办法就是观察和记录行为的先行事件与结果。"[③] A-B-C行为分析法就是这样一种行为分析方法,它要求分别记录以下三个变量。

A:antecedents event 前提事件,也就是行为发生的前因。

B:behavior,个体的行为表现。

C:consequent,随行为反应而来的后果。

透过ABC三方面的分析,我们可以找出行为发生的前因、行为本身以及行为的结果三者之间的关系,进而归纳或厘清行为发生的目的或功能。要注意的是,ABC记录的是对实际行为的一种客观描述,而不是对行为的解释。例如,"小明打了小李",而不是"小明生气啦"。表3-6就是一个A-B-C行为分析法的案例,可以根据它来自行设计A-B-C行为记录和分析表格。

[①] Sattler,J. M.,Hoge,R. D.. 儿童评价[M]. 陈会昌,等译. 北京:中国轻工业出版社,2008:328-329.
[②] 陈维轩. 身心障碍学生行为问题之功能性评量[J]. 特殊教育季刊,2003(2):34-40.
[③] Zirpoli,T. J.. 学生行为管理——教师应用指南[M]. 关丹丹,等译. 北京:中国轻工业出版社,2004:63.

表 3-6　A-B-C 行为分析的记录表举例[①]

行为表现 (Behavior)	发生情境 (Accident)	行为结果 (Consequence)	行为功能
打头	教师阻止其某先前行为 向教师索要某物不被批准 教师要求完成某项任务	被教师阻止,则继续打头 若满足他的需要,则打头停止 教师不要求其完成,打头停止	负强化 正强化 负强化
吮吸胳膊	上课、课间休息,无固定环境	教师不理会或批评,持续吮吸	自我刺激
扔东西 (书、本、鞋)	教师阻止某先前行为 向教师索要某物不被批准 教师要求完成某项任务	教师捡起被扔物,继续扔,直至教师离开 教师给予索要物,扔东西的行为停止 教师捡起被扔物,不理睬其行为,儿童继续扔,任务不完成	负强化 正强化 负强化
猛跳	向教师索要某物不被批准 长时间静坐之后开始活动	教师离开,或给予其索要物 儿童持续该行为一段时间后自动停止,每次时间长短不同	负强化 自我刺激
赖在地上	教师布置任务,而他不愿完成 要求不被批准	教师不理会或强行将其拉起 儿童再次赖在地上	负强化 正强化
翻抽屉	无特殊原因,儿童想寻找食物或者玩具	教师阻止其行为,儿童发脾气、打头,满足其要求 教师不理会,自己找到食物	自我刺激
上课离座	教师讲课,课堂作业时间 教师未向其布置明确任务,儿童无事可做	教师将其拉回来或不理会 儿童自行玩玩具或找东西吃	正强化 自我刺激

功能性评量观察表也是直接记录问题行为发生的时间、前提事件以及行为后果,并推测问题行为功能的观察表格。相对于 A-B-C 行为分析法,运用功能性评量观察表能搜集到更全面、更详细的资料,有利于对行为的功能以及行为问题与环境的关系作深入准确的分析。表 3-7 是洪俪瑜发展的功能性评量观察表。

表 3-7　功能性评量观察表[②]

儿童姓名:　　　　　　　　　　　　　　记录日期:　月　日 — 月　日
观察行为:甲　　　　乙　　　　丙

日期	出现时间		观察行为	行为出现的地点	行为出现的情境	行为出现的后果	对该行为的处置	行为处置的结果	记录人
	开始	停止							

---

① 昝飞,谢奥琳.自闭症儿童行为功能评估的个案分析[J].中国特殊教育,2007(5):62-67.
② 陈丽如.特殊儿童鉴定与评量[M].新北:心理出版社,2001:145.

行为沟通分析法就是通过观察了解问题行为的沟通功能。研究表明，某些身心障碍儿童由于受沟通能力的限制，无法用语言正确地表达自身的需要，而经常以行为问题的形式来表达其需求。比如，用攻击行为表示不满或抗议。行为沟通分析法就是了解儿童使用什么问题行为来表达什么沟通功能的。钮文英参考奥尼尔等人以及施显烇的研究发展出一份中文版的行为沟通分析表（详见附录13），可以帮助我们了解行为的沟通功能。

直接观察法是直接获得行为资料的有效方法，但往往需要花费大量的时间来搜集和分析行为资料。

（三）功能性分析

如果经过2~5天的直接观察仍然无法获得清楚的行为功能时，就应该考虑通过功能性分析来找出影响行为的因素。

功能性分析是一种行为分析的程序，用以判定行为的发生与某种事件之间的关系，进而找出个体从事某种行为的目的。功能性分析主要是针对问题行为的功能提出假设，然后通过实验的方式，系统地操作或者控制可能的变项，观察行为发生前或发生后的变化，来验证问题行为的功能。

实施功能性分析的方法主要有以下三种。

（1）操控前因事件。主要是在行为问题出现前，操控前因事件的变化，如提出特别的要求、要求儿童参加某一活动、在特别的情境中实施互动或者是留下儿童独处。进行这些活动是为了测试在这些情境下问题行为是否会发生。

（2）操控问题的行为后果。针对特定的问题行为，安排不同的情境和特定的行为后果，借以观察问题行为是否会停止。例如，大人在做事时，告诉小孩单独游戏。如果开始产生尖叫，大人可以提供短暂的注意（如，告诉他"不要尖叫，目前是游戏的时间"），观察行为问题是否会因而停止。如果给予特别的行为后果后，问题行为会更高频率地发生，我们就可以指出这些行为后果可能维持着行为。

（3）同时操控前因事件和行为后果。主要是对于问题行为发生之前的前因事件与发生后的后果变项同时进行控制。

上述功能性分析的方法只是基本的实施方法，而实际上在实践过程中，我们经常会使用以下五种具体的实验控制情境。

（1）让儿童独处（alone）。儿童被置于不含玩具或其他物品的观察室里，观察室里只有观察者和儿童。观察者不刻意安排任何情境，也不给予任何指示与互动，对行为问题也不处理。这样做主要是测试问题行为的发生是不是因为自我强化与自我刺激才出现的。

（2）给予注意（attention）。观察者在儿童出现问题行为后立刻表示关心、反对以及肢体接触，例如，马上跑过去跟他说："停下来！"通常不超过30秒。这样做主要是为了测试问题行为的发生是不是因为儿童想要吸引他人的注意。

（3）给予指令或任务（demand or task）。观察者先提供儿童任务，每一段时间（30秒）即提供渐进式的提示（口语、示范、肢体引导），当儿童出现行为问题时，观察者移除作业并暂时离开一段时间（30秒），这样做主要是测试问题行为的发生是不是因为儿童想逃避他人给予的指令或要求。

（4）给予实物（tangible）。观察实施前，观察者先随机呈现食物或玩具给儿童，在观察时，则移除所有物品。当问题行为发生时，即给予实物一段时间（30秒）。当问题行为停止后,即撤除实物。这样做主要是测试实物正强化对问题行为的影响。

(5) 游戏(play)。在这一情境中,观察者以满足儿童的需要为前提,给予高度关注且不给予任何要求或指令,并忽视所有的问题行为,将此情境下问题行为的出现频率与其他情境下的频率作比较。这样做主要是作为控制组,以验证其他假设的正确性。

功能性分析虽然能提供比较精确的资料,但是它需要观察者有高度的技巧才能实施,而且由于观察到的行为并不是在完全自然的环境下产生的,有可能会造成问题行为又产生新的功能。所以,奥尼尔等人建议在使用系统化功能性分析之前,先利用直接观察法或间接评量法找到可疑的功能。

不论何种功能性行为评估的方法,都有其优点和缺点,在实施时需要按照环境的状况和儿童的特质做出适应性调整。表3-8对间接评量、直接观察和功能性分析三种方法进行了比较。

表3-8 三种功能性行为评估方式的比较[①]

	间接评量	直接观察	功能性分析
实施方式	访谈家长、教师等相关人员或问卷调查	进入儿童的周围环境进行观察	针对专门问题的可能变项进行实验操控
实施人员	需受过访谈训练	需受过观察训练	需受过专门训练
实施时间	45~90分钟	约2~5天	视实施情况而定
优点	1. 实施简单方便 2. 能获得较完整的资料	能亲眼观察到行为问题的实际资料	1. 能较精确地找出行为的动机 2. 部分行为的实验性分析已建立信度和效度
缺点	1. 无法精确获得行为动机 2. 受来访者主观印象影响	1. 可能仍无法找出行为的动机 2. 比间接评量耗时	1. 人员需受专门训练 2. 牵涉人权及伦理 3. 实施步骤复杂 4. 部分变项可能无法直接操控

综上所述,通过上述间接评量、直接观察和功能性分析的方法,我们能搜集到详细的有关行为的先导因素、个体因素以及行为结果的数据和资料,进而根据这些数据和资料形成关于问题行为功能的假设,并通过实验分析验证这些假设,从而获得准确的功能性行为评估的结果。

五、功能性行为评估报告实例[②]

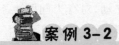

案例 3-2

小式,女,16岁,轻度智力落后,身体发育正常,但有暴力倾向,常常在学校集会或班级活动中打骂同学,以拳头压制其他同学。我们选取其打人行为,作为急需干预的目标行为。因为这种行为会危害到其他同学的人身安全,而且也不利于小式自身的身心发展。我们对她的行为进行了功能性评估。

---

① 陈维轩.身心障碍学生行为问题之功能性评量[J].特殊教育季刊,2003(2):34-40.
② 本案例由天津体育学院健康与运动科学系特殊教育专业王娟提供。

(一)"A-B-C 行为观察表"的记录结果

我们对小武进行了5天的观察,观察的情境有课堂、课间、集会观影、就餐、午休、放学等学校生活各个环节,并以"A-B-C 行为观察表"进行记录。依据观察记录结果得知,小武的问题行为的类型为"获得实质性的东西"。

(二)"问题行为动机量表"分析的结果

除了观察之外,我们还使用了"问题行为动机量表",对小武的问题行为进行了评量,其结果如表3-9所示。

表3-9 小武问题行为动机量表分析结果

行为类型	总分	平均得分	行为频率分级
自我刺激	4	0.5	3
逃避	14	1.75	2
获得他人注意	0	0	4
获得实质性东西	21	2.62	1

(三)访谈结果

在与任课老师和班主任进行交谈之后,我们获得了以下信息。

1. 获得实质性东西

"小武从小在孤儿院长大,有较强的自卑心理,认为和那些有父母的孩子在一起,有些东西就得'抢',但她从不欺负孤儿院里的小孩,甚至帮助他们用'打人'获取一些微不足道的利益,比如观影的时候的'有利'位置,午餐时候的'好菜',虽然这些优势并不是那么明显。"根据以上结果,推测其问题行为的功能是"获得实质性东西"。

2. 逃避

"老师批评或者责备她时,她就会去打人,像是以此来表示抗议","当其他同学对其行为有异议的时候她也会采用打的方式"。我们推测小武想利用问题行为达到逃避批评或责备的目的。

(四)综合结果

综合小武的"A-B-C 行为观察表""问题行为动机量表"及访谈的结果,小武问题行为的功能为"获得实质性东西"及"逃避"。

综上所述,行为问题的产生是行为的前因事件、环境因素、个体特征以及行为结果等因素交互作用的结果,行为的评估就是将这些相关因素的资料搜集完整以后,对这些资料进行整合、分析和判断,用所得到的结果解释儿童的问题行为,为下一步制订行为干预方案打下基础。值得注意的是,虽然我们把行为的评估分为常规性行为评估和功能性行为评估两部分,但在实际的操作过程中,这两部分经常是融合在一起无法截然分开,比如在进行常规性行为评估的访谈时,就可以访谈到问题行为的功能部分。最主要的是要获得完整的个案的资料和对资料进行整合和分析,所以在评估时还需要灵活运用和把握。另外,任何一次评量所代表的只是儿童在某个时间及情境所表现的行为,不应该因此而给儿童贴上标签,同时也应注意数据和资料的保密。

本章小结

　　行为评估就是在搜集资料和数据的基础上,对行为进行分析和价值判断,以便确定目标行为,找出行为的可能成因,并形成最终结论的一个过程。它是应用行为分析中非常重要的一个步骤,它不仅使我们对问题行为有一个正确、明晰的认识,也是我们制订科学、恰当的行为干预计划的基础。

　　行为的评估可以分成常规性行为评估和功能性行为评估两部分,常规性行为评估主要判断是否存在问题、是否需要对其进行干预、问题行为的发生频率以及严重性等,对目标行为进行界定。功能性行为评估主要借由问题行为发生前的状况、问题行为的表现状况以及发生问题行为所获得的后果,分析问题行为发生的原因。在实际的操作过程中,具体的实施方法可以根据需要灵活地进行选择和把握。

 思考与练习

1. 如何筛查特殊儿童的问题行为?
2. 在选择和界定目标行为时有哪些需要注意的地方?
3. 什么是行为的功能?
4. 如何评估特殊儿童问题行为的功能?

第 4 章　特殊儿童行为干预方案设计

1. 掌握对特殊儿童进行行为干预时应具有的理念。
2. 能实际测定特殊儿童目标行为的基线水平。
3. 会为特殊儿童制定恰当的行为干预的目标。
4. 理解并能熟练地运用行为干预的策略。

行为干预方案的设计与拟定就好比画出一份路线图,将构想与实际行动连接起来。行为干预方案是否恰当和科学,直接关系到行为干预的效果。本章将详细讨论在制订行为干预方案时应具备的理念,以及如何制订适合特殊儿童需要的行为干预方案。

第 1 节　设计特殊儿童行为干预方案应具有的理念

理念即是我们对某种事物的观点、看法和信念,大多数情况下,我们是按照我们所秉持的理念去行为、行事的。要对问题行为进行干预,先进的理念是不可或缺的。

一、传统的行为干预模式

在第 1 章中我们曾经谈到,ABA 最初被介绍到科学界是在 20 世纪 50 年代,那时它被称为"行为治疗",很快它就以"行为矫正"这个词流行起来。但是,许多没有很好领会斯金纳思想的人,将行为矫正简单地看成是对行为的后果进行控制,尤其是使用惩罚。由此,他们建立起一个行为干预的模式,如图 4-1 所示。在他们看来行为问题多是负面的,当儿童发生行为问题时,首先想到的是怎么去抑制或消除行为问题,多局限于对行为的后果进行操作,也就是在问题行为发生后,通过给予其厌恶的后果来控制问题行为的发生。这样,他们的行为干预经常只有一个入手点,即通过控制后果去改变儿童的不良行为。这种单一的行为干预模式会使人们更多倾向于使用"惩罚"的策略,如斥责、隔离、体罚等去处理学生的行为问题。尤其当儿童发生严重问题行为时,很多治疗机构更是会采用肢体处罚或限制的方式,如电击、捆绑、拘禁儿童等对儿童进行治疗工作。

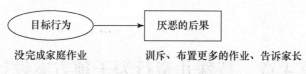

图 4-1 传统的行为干预模式[1]

惩罚的缺点是不言而喻的,它并没有完全解决儿童的问题行为,只是压抑了行为而已,行为改变的效果无法持续。例如,小明是一个有严重智力障碍的儿童,他经常用头撞墙。教师实施行为干预计划,即在每次小明撞头时,对其喷水,这时小明会停止撞头,并尽可能避免被喷水,但是没过几天,他又开始尖叫和咬手了。这样,小明的问题行为只在某情境或面对某位教师时会减少,但是在其他情境下却仍然继续存在着。而且,一旦行为干预计划逐步消除,目标行为会再度回复,或又出现新的行为问题,并没有真正解决问题行为。不过虽然存在这样的缺点,但这种行为干预模式的应用却持续了很长一段时间。

二、多元行为干预模式的出现

当以人为本的观念逐渐突显,以及人们对身心障碍者权利的重视,上述行为干预的模式越来越受到人们的批评和指责。行为学家逐渐放弃对"行为矫正"这个词的使用,而将他们目前的工作改称为"应用行为分析",用应用行为科学的原理去解决社会问题。将"行为矫正"改换为"应用行为分析",应用行为分析学家们不仅仅是置换了一个新名词,而是开始重新审视儿童的问题行为。应用行为分析学家们发现,儿童出现问题行为是多种因素综合影响的结果,比如行为的先导因素、个体的特征以及行为的结果等,都会引发儿童问题行为的发生。要处理儿童的问题行为,就应该从上述这些方面入手,运用行为科学的原理进行综合干预,才能取得较好的效果。于是,问题行为的前因、个人的相关特征以及问题行为的后果就成为行为干预的三个重要介入点,行为干预的模式也转变成多元干预模式,如图 4-2 所示。

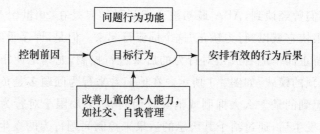

图 4-2 多元行为干预模式

多元的行为干预模式除了对行为的后果进行操作外,还为我们提供了两个新的着手点。对于这种模式的优越性,用下面这个例子就能很好地阐释。例如,你患了高血压,你去医院,医生就给你开了一个处方。这就类似于传统的行为干预模式。如果你对这个方

---

[1] Schloss, P. J., Smith, M. A.. Applied Behavior Analysis in the classroom[M]. New Jersey: Allyn & Bacon, 1994: 24.

法不满意，你就会去看别的医生。而这个医生除了给出同样的处方之外，他还会给你一些饮食方面的建议，告诉你一些体育锻炼的方法。这种方法就是我们所说的多元干预的方法。多元行为干预的模式其优点是不言而喻的，省略了任何其中的一元，都会降低行为干预效果的有效性。所以，在准备使用应用行为分析之前，这三个入手点是需要重点考虑的。

多元行为干预模式综合运用多种技术减少问题行为，具体而言，它包含了以下理念。

1. 重视问题行为的功能分析

按照新的行为干预理念，人们不再将问题行为看成是负面的和消极的，而将其看作是有正面意义和具备某种功能的。对于问题行为的干预，过去的做法是将重点放在后果的安排或处理上，近年来应用行为分析的做法则是将问题行为的前因、个人的相关特征以及问题行为的后果，三者紧密联结在一起，通过观察在哪些情况下问题行为比较容易出现，哪些因素会使问题行为一再出现，以及问题行为发挥了什么样的意义和功能等，找出前文所述的三因素之间的关系，然后透过详细而深入的功能分析去设计一套完善的行为干预计划。这是应用行为分析较以往的行为干预最大的改变。

2. 强调前因的控制

控制前因，也就是找出行为的先兆（问题行为发生之前所发生的行为）和前因（导致某些行为产生的刺激），以做好问题行为的防范工作。比如，当我们找到日常生活当中容易造成问题发作的刺激后，我们就可以根据这些刺激做出相应的调整和修正——重新安排教室的环境、调整要求、改变程序、订立课堂规则、增加引发适当行为的提示等，在问题行为发生之前就进行控制，而不是等问题行为发生之后才去进行干预。当然，我们所说的前因调控不仅是控制导致行为问题发生的立即前事，而且提倡儿童整体生态环境的改善，通过建立融洽的亲子关系、师生关系、同伴关系，创造接纳、融和、鼓励的生活环境等，达到改变整个行为的目的，并最终改善儿童生活的质量。

3. 提倡安排有效的行为后果

安排有效的行为后果是指在目标行为出现之后，安排立即的后果，通过给予强化物，使个体的良好行为得到加强，或者通过施加与取消刺激物，使个体的不良行为减少与削弱，这是应用行为分析的基本组成部分。

在后果使用的策略上，基于处罚方式缺乏长期的效果，以及道德上的顾虑，新的行为干预模式开始逐渐限制处罚方式的使用。比如，全美各州都有特别的法规严格限制或禁止使用某些处罚方法，欧美的许多行为干预机构不到最后关头也绝不轻言使用处罚的方法。

4. 重视特殊儿童相关技能的提高

控制问题行为的前因、安排有效的行为后果都是通过处理个体行为和环境刺激之间的关系来改变个体的行为，这相当于一个借助外部力量来促使行为发生变化的过程。应用行为分析除了强调"外力"的作用之外，还重视通过发展儿童自身的相关技能，促使其从自我完善的过程中逐步建立起良好的行为以及降低不良行为的发生频率。当儿童的个人能力得到提高后，他才能有效地控制自己的情绪和行为，以恰当的行为进行交往和生活，这是减少问题行为的根本办法。

5. 强调行为的社会性

应用行为分析中"应用"一词就是指儿童的行为要具有"应用性",其有两层含义:一是经过干预后的行为要具有一定的社会意义;二是在特定环境中、在具体时间内,从某位行为干预者那里学习到的技能和行为,能在不同环境、不同时间、对不同的人都可以发生,也就是行为要能泛化,能在各种社会情境当中都会运用。总体而言,行为不再是单纯的仅在"实验室"和"训练场"中发生,而是可以运用在各种社交活动上的。

6. 强调特殊儿童的长远发展

在第1章中我们提到,发展行为技术的目的就是运用自然规律去提升特殊儿童及其家人的生活品质,这是我们的最终目标。所以应用行为分析不再针对单一的行为问题,而是着眼于儿童的优点,重视个人与环境之间的功能关系,将行为干预的过程变成儿童学习的过程和成长的过程,通过行为的干预,让特殊儿童能最终提升其自主自决能力、社会交往能力及生活适应能力等。也就是说,行为干预的立足点应该是特殊儿童整个人生的改变。

综合而言,应用行为分析学家们在对问题行为进行干预时,其重点不在于禁止儿童的问题行为,而是在通过控制前因以及提高儿童各项相关技能的基础上,运用各种行为干预策略教导儿童表现新行为,以达到改变儿童行为问题的目的,并最终促进儿童进一步的发展。行为干预的最终目的是使儿童幸福地生活,这些都是以往的行为干预理念所忽视和缺乏的。表4-1详细列出了新旧行为干预理念的对比。

除了上述这些理念之外,我们在为特殊儿童设计行为干预计划时,还有必要吸纳特殊教育中的先进理念,比如支持的理念、全纳的理念、多元合作的理念等。只有具备比较科学、先进的理念,才能设计出合理的行为干预计划。

表 4-1 新旧行为干预理念对比表[①]

传统的行为干预	新的行为干预
因个案本身有问题才发生行为问题	因环境、情境、技巧缺陷等因素造成行为问题
重点在矫治个案	重点在改变环境、情境、技巧缺陷等因素
重点关注问题行为发生的次数、频率、长度	使用功能性评估,注重了解问题行为发生的前因后果
干预的目标是让问题行为消失	干预的目标在创造新经验、新关系,学习新技巧
仅从行为的角度切入,使用单一的后果策略,来减少问题行为的发生。如隔离、扣分、身体的制服、过度矫正等	从不同角度切入,强调前因调控、技巧训练以及后果策略的综合使用。使用多方面的处理模式,来处理问题行为。如改变作息、改变座位、教导沟通技巧、社交技巧等
重在事后治疗	重在事前预防
重在达成短期介入的目标	重在达成长期终身的目标

---

① 修改自王美惠的有爱无碍——认识与面对情绪障碍. http://163.26.172.4/upfiles/school/board/office4_178_%C6Q%A4%F4%B0%EA%A4p—%BB%7B%C3%D1%BBP%AD%B1%B9%EF%B1%A1%BA%FC%BB%D9%C3%AA.doc

第2节 特殊儿童行为干预方案的具体设计

一份完整的行为干预计划主要包括:(1) 个案的基本描述;(2) 目标行为的评估结果(包括环境的分析、目标行为的描述、目标行为的功能评估等);(3) 目标行为的基线资料;(4) 行为干预的目标;(5) 行为干预策略(包括选择这些策略的原因以及干预策略的内容);(6) 行为干预效果评价计划;(7) 执行人员等。目标行为的评估我们在第3章中已经有详细的论述,在此不再赘述,这里我们重点介绍目标行为基线的测定、行为干预目标的建立、行为干预策略的选择以及行为干预效果评价方案的建立。

一、测定目标行为的基线

基线是指行为干预者在引进方案或治疗之前,目标行为的表现水平,也就是个体现行存在的基础行为。如果就建立良好行为而言,基线是指最初、最基本的行为,如读书习惯的基线就是指看书的行为。如果就消除不良行为而言,基线则是指最重要、最后的行为,如上课爱讲话,基线就是平均每节课13次未经同意而发言的行为。

建立行为基线资料有两个功能,一是为评量问题行为的范围和严重性搜集资料,二是可以作为评价行为干预效果的指标,将干预后的行为数据与基线期的数据作比较就可以得知干预是否有效,如果没有基线,则干预的结果是好是坏、是被抑制还是维持原状,就不得而知了。

测定目标行为的基线水平主要是通过客观、系统的观察和记录等方式来进行的。具体的行为观察和记录的方法在第2章中有详细的论述。测定行为的基线一般可持续一周左右,多数是2~5天。

二、建立行为干预的目标

当获得目标行为评估的结果以及基线资料之后,我们就要开始拟订行为干预计划了。在干预计划拟订之初,首先要建立的就是行为干预的目标,也就是对行为进行干预后我们想要达成的具体目标。根据这个具体的目标,我们才能选择具体的干预策略、干预活动、干预者以及干预时间等。

行为干预的目标的制定要具体且符合儿童的实际情况,该目标可以包括长期目标和短期目标。长期目标是宏观的具有指引方向的目标,它的实现是靠若干个短期目标的逐一完成而达成的。短期目标则是根据长期目标的要求制定的,即在短时间内完成的具体目标,一般需要2周至3个月的时间。我们在这里主要论述短期目标的建立,它主要包含以下几个要素。

(一) 短期目标包含的要素

1. 我们所期望的行为表现

该要素主要包括行为的性质、范围,以及出现的强度。如同描述目标行为的要求一样,在描述行为干预的目标时也要使用操作性的定义,做到客观、清晰和完整。下面的这些目标就没有达到要求。

- 与人沟通时有礼貌。

- 能减少攻击性。

上述这些词汇对于行为干预的目标来说太过模糊和概括了,不同的人对于"有礼貌""减少""攻击性"会有不同的理解,而且这种概括化的目标非常不便于实际操作。一个操作性的行为干预目标应该是可观察和可度量的,可观察的是指可以看到行为的发生,可度量的是指可以将行为的频率、持续时间或其他方面的维度数量化。当我们以这两个标准来定义行为干预的目标时,就会大大减少理解的偏差和操作的困扰。上述两个目标可以修改为:

- 每天早上到校时能主动与班主任打招呼,并说"老师好"。
- 在学校用拳头打人的行为减少为一天五次。

为了评判设定的目标是否达到客观、清晰和完整的标准,莫里斯(Morris)建议使用他的IBSO (Is the Behavior Specific and Objective? 行为具体和客观吗?)测试法来进行检测。

- 你能计算行为发生的具体次数吗?(你的答案应该是:能)
- 当你告诉陌生人你的目标时他能够正确理解吗?(你的答案应该是:能)
- 你还能将你的目标分成更小的目标吗?(你的答案应该是:不能)[1]

当回答都是括号里的答案时,那就表明设定的目标已经达到标准,否则,目标还需进一步改进。

2. 在什么情况下行为该发生或不该发生

该要素即是要清楚地描述在什么前提下,订立的目标会像我们期望的那样发生或不发生。如果没有限定行为发生或不发生的前提,那么这个目标就是不明确的或是太宽泛的,在实际操作时会带来很大的困难。以如下几个目标为例:

- 能遵守纪律(整个目标很模糊)。
- 离开自己的位置不超过三次(指出数量但未指出行为出现的情境)。
- 在玩团体游戏时,离开自己的位置不超过三次(指出行为应该出现的情境以及数量)。

当我们设定了行为发生的情境——"在玩团体游戏时",行为干预的目标就变得具体、清晰且可以操作了。所以,在设定行为目标时描述目标行为发生的情境是非常必要的。

3. 达成标准

达成标准即在什么期限之内,行为的频率或持续的时间会达到哪一种程度,也就是为行为目标是否达到设定一个标准。下面这个案例就生动地展示了这个要素的重要性。

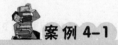案例 4-1

　　亨德森先生是重障学生独立班的老师,这天他慌慌张张地跑到校长办公室。他的学生爱尔文的家长刚才威胁他说要给爱尔文转学。因为他们坚持认为亨德森先生没有教给爱尔文任何东西。亨德森先生在8月份的时候答应训练爱尔文如何上厕所,而且他也觉得这个孩子已经取得了非常大的进步。但是爱尔文的家长还是很不安,因为爱尔文还是会因为上厕所一个星期出几次问题。他们坚持认为亨德森先生没有达到他讲的目标。

---

[1] Alberto, P. A., Troutman, A. C.. Applied Behavior Analysis for Teachers [M]. 5th ed. New Jersey: Prentice Hall, 1999: 68-69.

> "我已经训练爱尔文如何上厕所了,"亨德森先生大声喊道,"你们不觉得一星期只有两到三次出问题已经很好了吗?"[1]

达成标准所表述的是儿童经过干预后所要达到的表现水平,它一方面规定了儿童所要达到的水平,另一方面也设定了评估的标准。

上面这个案例中,如果亨德森先生能在8月份制定目标时,将达成的标准也写进去,那么爱尔文的父母也就不会误解他没有对爱尔文进行如厕训练了。

以上这三个要素我们是分开论述的,但在具体制定行为干预的目标时,这三个要素都要包含其中,缺一不可。下面这个目标就包含了以上三个要素,是一个比较完整的目标,可供大家仿照。

"在一个月左右,马琳琳在学校一节课四十五分钟内,哭泣行为的频率不超过三次,而每次哭泣的持续时间不超过两分钟。"

当然,行为干预的目标不只是减少问题行为而已,也可以是建立或增加正向的替代行为,如以下这个目标。

"在三个月左右,马琳琳会独立使用手势表示她想要上厕所的意图,五次中有四次能做到。"

(二) 制定具体的行为干预目标应注意的事项

1. 目标要从学生出发

其具体含义有两层,一是目标的制定要考虑儿童的个人能力和需要,从儿童的实际情况出发;二是行为干预的目标,是要求儿童所达到的,而不是教师或家长要达到的。比如,"教给他们用火安全""复习'请'和'谢谢'",这些目标都是不恰当的,因为这些目标是从教师出发的,这就暗示着这些行为对老师比对学生来说更为重要,老师的教比学生的学更为重要。设定目标时要强调的是这些行为目标对学生的重要性。"教给他们用火安全"应该写成"识别用火的安全条例","复习'请'和'谢谢'"应该变为"能再次使用'请'和'谢谢'表达需求"。

2. 目标要具有社会性

在设立干预行为的目标时有一个非常重要的概念,那就是"社会效度"(social validity)。这个词是由沃尔夫创立的,他对这个词的解释是:制定的行为目标要具有社会性,干预的程序要具有社会性,行为干预的结果同样要具有社会性。[2] 这与在界定应用行为分析的概念时,所强调的"应用"一词的含义一样,那就是重视行为的意义和社会性。如果我们发展出来的行为没有意义,不具有社会性,那么我们所做的工作也就是"徒劳无功"的。所以,我们在制定行为干预的目标时,一定要考虑这个目标是否具有社会性,它能否提供儿童发展所需要的功能性的技巧。目标的设定要以日后能在日常生活中运用为主。目标设定好了以后,我们可以问自己:"这些目标是社会所期望的吗?这些目标有意义吗?"如果设定的目标没有社

---

[1] Alberto, P. A., Troutman, A. C.. Applied Behavior Analysis for Teachers[M]. 5th ed. New Jersey: Prentice Hall,1999: 61.

[2] Schloss, P. J., Smith, M. A.. Applied Behavior Analysis in the classroom[M]. New Jersey: Allyn & Bacon,1994: 34.

会意义,只是单纯地为减少问题行为而设定的话,那么这个目标也是不恰当的。

3. 尽可能使用积极的目标

尽可能使用肯定的、鼓励的语言来表达所确定的行为干预目标,避免运用否定的、禁止的语言,如表 4-2 所示。

表 4-2 消极、积极目标对照表

消极的目标	积极的目标
不要打岔	举手发言
不要抢别的孩子的东西	说"请"然后再借东西
不要在教室里尿尿	必要时就上厕所
不要咬铅笔	把铅笔放好

三、选择适当的行为干预策略

应用行为分析,其目标不仅在于减少和消除问题行为,还在于协助个体建立新的沟通、社会交往和自我控制技能;与同伴、教师和社区的其他成员形成更正向的互动关系;在班级、学校和社区中扮演更主动的角色。所以,行为干预方案中干预策略的选择,不仅要注意儿童行为的改变以及能力的提高,更要注重儿童生活品质的提高。按照前述应用行为分析理念,对问题行为进行干预,是以问题行为的前因、个人的相关特征以及问题行为的后果三个方面为介入点的,那么行为干预的策略也是从这三个介入点发展出来的,具体的行为干预策略有以下几种。

(一) 前因调控策略

在前文中我们已经谈到,发展有效的行为干预方案有赖于对行为前因的了解,看它们是如何影响行为,以及如何运作的。如果我们知道了问题行为发生的前因,通过对前提事件进行有效控制,就可以预防问题行为的发生。比如,如果是因为父母的唠叨而使儿童产生问题,则只要消除唠叨就可以改变或降低儿童的问题行为。[1]

前因调控策略就是这样一种通过行为评估所得的信息,来操纵容易引起行为问题的前提因素,以预防问题行为的发生,或用于诱发适当行为发生的行为干预策略。只要找出引发问题行为的特殊事件或特定因素,就可以除去或修正这些事件以降低这些问题行为发生的可能性。实施前因调控策略有两个优点:第一,前因调控是有效且快速的行动,可以立即减少行为问题;第二,前因调控避免了问题行为的出现和可能因为干预而产生的负面后果。[2]

这里所阐述的前因调控策略既包括微观的控制,也包括宏观因素的调整。常见的具体方法有:改变物理环境、调整生物因素、改变相关人员的态度和行为、修改或调整课程、建立教室规则和生活常规、提供选择的机会、功能性沟通和合作行为的训练。这些方法将在第 6 章中有详细的论述。

实施前因调控策略虽然能减少问题行为的发生,但是它不能完全消除问题行为,所以,

---

[1] Kazdin,A.E..行为改变技术[M].陈千玉,译.台北:五南图书出版公司,1997:35-36.
[2] 陈郁菁.行为支持计划对中学自闭症学生行为问题处理成效之研究[D].高雄:高雄师范大学特殊教育学系,2003:34.

在使用前因调控策略时还应结合后果控制、发展新的替代行为等多元策略。

（二）发展替代性的新行为

前因调控策略虽然能有效地减少问题行为、增加恰当的行为，但是环境中的前提事件不可能完全受到人为的控制，所以，还需要教导儿童某些新的行为来应对环境中的各种要求，这其中就包括教导儿童社会可接受的适当行为来替代原有的问题行为。

前文中我们提到，任何行为对个体而言，可能都有其存在的价值，是个体特定的沟通形式，具有其特定的目的。问题行为也一样，它也可能具有特定的功能和目的。如果我们能教给儿童具有同样功能，且被社会所接受的恰当的行为，一旦儿童发现替代性行为更容易获得预期的后果时，问题行为的发生率就会大大降低。儿童透过替代性新行为的学习可以学到有效处理困难情景的技能，并减少对教师干预的依赖、长期减少问题行为。所以，发展新的替代性行为在行为干预策略中是一个非常重要的策略。

当我们在为儿童选择替代性行为时，应尽量选择与问题行为具有同样功能的，而且是儿童有能力发展、得到社会所认可以及更容易使用的行为。发展新行为的方法有塑造、提示、渐隐和链接，具体可以参见第7章的内容。

（三）后果处理策略

后果处理策略就是在问题行为出现以后，安排立即的后果，使问题行为无效，而使恰当的替代性行为有效，并达到与问题行为相同的功能。它的主要目的是增加良好的行为和减少问题行为。在增加良好行为方面，主要是运用强化技巧，使良好行为的运用能达到与问题行为一样的后果，包括正强化、负强化和差别强化等。在减少问题行为方面，主要是教导儿童，他的问题行为是不能获得他预期的结果的，而且是不被社会所接受的，包括差别强化、消退以及惩罚等。

在使用后果处理策略时，应注意较少使用限制和负面的策略，多利用正向的后果，且生态环境的改善、个人能力的提高要同样被重视。在使用负面的后果时，也应注意不要给儿童带来痛苦和羞辱的体验，负面的后果应该是与行为自然或合理相关的。比如，玩具玩坏的自然后果就是不能再玩了。总之，一个好的后果处理策略是需要依据儿童的能力、行为评估的结果等"量身定做"的，具体的处理技巧详见第8章。

使用后果处理策略能快速且有效地减少问题行为，但是它基本上属于"外在控制"，而不是儿童本身的"内在控制"，所以，它很容易导致儿童依赖于他人来处理自己的行为问题，而且也无法达到长期的效果。在使用后果处理策略时应该与其他干预策略合并使用，才能达成长期的效果。

（四）危机处理策略

当儿童的情绪或生理出现较大波动、行为干预计划刚开始实施、出现没有预料的新刺激或是发生其他突发事件时，特殊儿童会因其自身的特殊性，经常出现严重伤害自己、他人，损害物品或严重干扰教学的行为。当遇到这些紧急情况时，就应该使用恰当的危机处理策略去进行应对。比如，保持冷静、消除引发问题行为的前因、运用地理形势的庇护来保护自己、缓和儿童激动的情绪、转移其注意力、运用权威人士遏制行为、必要时采用身体制服等。详细的处理措施可见第8章。需要注意的是，当危机处理策略的使用太过频繁时，就应该重新评估行为干预计划的有效性了。

（五）其他相关技能的发展策略

如前所述，问题行为产生的前因中，除了立即前事、环境因素之外，还与儿童的生理和心理因素有关。尤其与儿童自身能力的发展，如认知、情绪、社交、沟通等的发展息息相关。相关技能发展策略就是教导儿童降低问题行为相关的技能，以扩展儿童的能力，使他们能自行处理所面对的问题情境，预防问题行为的发生。从广义上说这些训练也属于以前因为基础的干预。但是，前面我们所谈到的前因处理策略、后果处理策略等，基本上是建立在操作性条件反射和应答性条件反射理论的基础上，是通过处理儿童行为和环境刺激之间的关系来改变个体的行为，可以说是借助外部力量来促使行为发生变化的过程。而相关技能发展策略主要强调通过发展儿童自身的相关技能，促使其从自我的逐步完善过程中，建立起良好的行为以及降低不良行为的发生频率。该策略是一个利用内部力量促使行为发生变化的过程。本书用专门的一章对其进行论述，以凸显其重要性。

减少问题行为和增加良好行为的相关技能非常多，包括社会技能、情绪控制、问题解决、自我管理、做选择和决定、沟通技能、辨别情况的能力、学习能力和休闲技能等，限于篇幅，本书不可能穷尽这些方法，我们主要从提高社会技能以及学会自我管理这两个方面来谈对行为的影响和改变，详见第9章。

（六）行为的泛化策略

在巴甫洛夫的古典制约理论中，他将铃声作为条件刺激，肉作为无条件刺激，经过数次配对后，铃声对狗能独自引起唾液分泌，因此建立了制约反应。后来巴甫洛夫通过控制不同频率的铃声，发现不同频率的音调同样都有制约的反应。斯金纳的操作制约理论中也有同样的反应，在鸽子学习啄亮片而得到食物的实验中，原先只学习啄黄色亮片，之后见到红色亮片也会表现啄击的反应，这就是刺激物的泛化现象。

"泛化"是制约反应建立之后，与制约条件刺激相似的其他刺激，该刺激也能引起制约反应，简单而言就是指在训练情境中发生的行为，在日常生活中也能表现出来。这是行为干预中一个非常重要的策略。前文我们提到的"社会效度"一词，其中就包括行为干预的结果要具有社会性，意即经过干预后的行为能恰当地运用到社会当中去，这就需要对干预后的行为进行泛化。尤其对特殊儿童来说，在训练场所所建立的行为很难泛化到日常情境中去。比如，很多智力障碍儿童在学校学会打招呼与表达情感后，会经常不恰当地运用到别人身上，如走上前就直接说："我喜欢你"。他们不知哪些情境适合打招呼与表达情感，而哪些又是不适合的。因此，为他们选择恰当的泛化策略是非常必要的。具体的行为类化的方法详见第10章。

以上谈到的这些策略主要是从影响行为问题发生的三个主要因素入手，既有长期的预防，又有短期的干预；既有立即的结果，又有替代行为训练，全方位对问题行为进行处理的结果。我们在为儿童制订行为干预计划时，还需根据儿童的能力和需求，灵活选择恰当的策略，才能收到良好的效果。下面就是一个为非典型性广泛性发育障碍儿童问题行为设计的干预策略实例。[①]

---

① 本案例由武汉麟洁健康咨询中心孔娟、李丹提供。

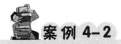

案例 4-2

个案基本资料

乐乐,男,6岁,非典型性广泛性发育障碍的儿童。乐乐就读于某幼儿园大班,在幼儿园他总是做出一些奇怪的动作,不遵守课堂规则,在与小朋友交往的过程中总是推人,以至于他没有办法跟随学习,小朋友也不和他玩,老师也总是批评他。

界定其目标行为

吐口水:上课时,边看着老师边往地下吐口水,并且大声地告诉老师。

发出怪声音:上课时,看着老师发出哼哼唧唧的怪声音。

推人:当他和小朋友说话,小朋友不理他时,他便跑过去推人家。

目标行为的基线水平:(略)

行为干预的目标:(略)

行为处理策略如表4-3所示。

表4-3 行为处理策略

实施策略		训练内容	选择此策略的原因和功能
前因控制策略	调整情境	安排时间表	根据孩子的情况在家里安排孩子的学习、娱乐时间表	1. 让孩子明白无论在什么环境下都要遵守一定的规则 2. 不会因为无聊而做一些奇怪的行为
		约定行为合同	与孩子约定加入奖惩措施	1. 减少不当行为的出现,并增加正向行为的产生 2. 增强孩子自我控制的能力
		家长和老师改变方法	大量表扬孩子好的行为,禁止以打骂等形式惩罚孩子	1. 通过强化孩子恰当的正向性的行为来消除其不恰当的行为 2. 增加孩子恰当的引起别人关注的行为,满足孩子希望得到他人关注的愿望
	正向提示	正向语言、动作或图片提示	以正向语言、动作或图片引导孩子恰当地表达自己的想法或表现出恰当的社交行为	1. 教导孩子运用恰当的语言来表达自己的需要 2. 强化孩子通过举手发言来得到老师的关注 3. 减少孩子因不懂如何表达自己的想法而导致问题行为的出现
教导新行为及相关技能训练策略		提高语言理解及表达的能力	理解基本的物品功能、动词及在情境中表达自己的想法	1. 提高语言理解能力,避免上课因听不懂而做出一些逃避性的行为 2. 提高语言表达能力,一方面在与小朋友交往中能够表达自己的想法,另一方面可以消除不恰当的推人的行为
		提高社会交往的能力	1. 运用恰当的语言来表达自己的需要 2. 运用录像、角色扮演教导其恰当的社交技能	1. 教导他运用恰当的方式引起别人的关注,满足孩子希望得到他人关注的愿望 2. 让孩子能够掌握一定的社交技能,能够恰当地与小朋友交往

续表

实施策略		训练内容	选择此策略的原因和功能
后果处理策略	强化正向行为	对正向性的行为进行口头上的赞美或实际的物质奖励	1. 建立自信心、增加其表现适当行为以引起注意的动机 2. 能够促进孩子以恰当的方式与小朋友交往
	消退	当孩子以不恰当的行为吸引别人的注意力时	目的在于告诉孩子这样的行为得不到任何人的关注，减少不恰当行为出现的次数
	剥夺强化物或权利	执行行为合同里的条例	让孩子明白不遵守规则所带来的后果
	短时隔离	1. 直接把孩子带入隔离区（家长协助执行） 2. 冷静后与孩子讨论刚才发生的事情，并向小朋友道歉	让孩子明白打人之后所带来的后果，减少攻击性行为的出现

四、建立行为干预效果评价方案

在行为干预方案的设计中，建立行为干预效果评价方案是必不可少的。因为对儿童的目标行为实施干预后，需要对干预的效果进行评价，才能得知干预方案是否有效，是否有助于提高儿童的生活品质。因此在行为干预之初，就应该详细设计出行为干预效果的评价方案。

一般而言，对行为干预效果的评价可以分为主观评价和客观评价两类。

主观评价主要是通过访谈法，咨询那些经常跟儿童接触的人，让他们判断儿童的行为是否有变化、儿童的进步情形是否令人满意等；还可以通过观察法，观察儿童的问题行为在日常生活中是否减少或不再发生，观察儿童在前因出现时是否能预防问题行为发生，并以适当行为应对等。当然还有自我评定法、同伴评定法等，通过这些方法搜集数据，经过整理和编码后，形成对行为干预效果的主观评价。

行为干预效果的客观评价，就是通过实验研究对行为干预的效果进行评价，主要采用第1章谈到的"单一被试实验设计"，这个方法是应用行为分析学者们最常用的评价设计。具体而言，在实验设计中，一般将行为干预的过程分为三个阶段：第一个阶段称为基线期，主要是在对目标行为进行干预之前，观察测量目标行为现有的表现水平，前文已经提到过；第二个阶段为干预期，这个阶段主要运用行为干预的原理、方法和策略对问题行为进行干预；第三阶段即追踪期，也就是当行为干预完成以后，重新对目标行为进行观察测量的阶段。

在每个阶段，都会对行为进行详细的观察和记录，以获得具体的数据。在最后搜集到追踪期的数据以后，可以将记录结果绘制成折线图，并进行目视分析，以评价目标行为从基线期至追踪期是否有显著的改变，从而了解行为干预计划实施的成效。当然，虽然目视分析很实用，只要简单对比一下三个阶段的图形就知道干预是否有效，但是有些研究者提出目视分析的评分者信度较差，还需要补充其他数学统计的方法。由于本书所涉及的范围有限，在此就不对这些方法一一介绍了。

在具体的实验设计中，很多时候都不是按照简单的基线期—干预期—追踪期这个程序进行的。有些设计中,基线后面跟着多个干预期,还有些设计,干预之后又呈现基线条件,当然还可以呈现不同的干预条件。根据不同的需要,应用行为分析学者们已经发展出很多具体的实验设计的类型,如,逐变标准设计、多重基线设计、倒返实验设计等,有关实验设计的具体方法详见第 5 章。

当然,进行实验研究除了可以验证干预的效果之外,还有另一个目的就是证明行为干预方案是行为发生改变的唯一原因,而不是因为一些非控制变项引起的,这对学者们进行行为改变的研究是非常重要的。

下面就是一个对视觉障碍兼智力障碍儿童的实验设计和实验结果分析的简略案例。①

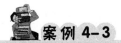

案例 4-3

研究对象:个案 A,女,就读于中学三年级,中度视觉障碍兼中度智力障碍

目标行为:不专注行为(具体描述及计数方法略)

研究设计:采用单一被试研究法中的撤回设计(withdrawal design),包含以下几个阶段。

1. 基线期。个案不专注的行为资料会在基线期搜集完成,并显示个案的行为问题出现频率。在基线期稳定后则进入干预期。
2. 干预期。实施行为干预计划,直到达成预定的目标。
3. 追踪期。保留符合自然情境下出现的策略,撤除部分行为干预计划,以了解行为支持计划对个案不专注行为的影响。

研究结果与分析:

1. 阶段内的目视分析

个案不专注行为在基线期、干预期与追踪期的阶段内变化表现如图 4-3 所示,个案不专注行为出现次数的分析摘要表如表 4-4 所示。

具体分析(略)

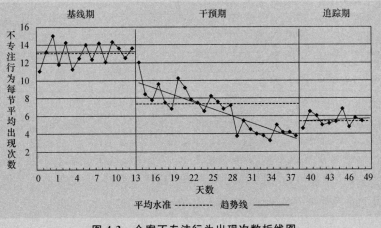

图 4-3 个案不专注行为出现次数折线图

---

① 修改自戴官宇.行为支持计划对中学视多重障碍学生不专注行为之处理成效[D].高雄:高雄师范大学特殊教育学系,2006:57-92.

表 4-4　个案不专注行为阶段内变化分析摘要表

处理阶段	基线期	干预期	追踪期
1. 处理阶段	A	B	C
2. 阶段顺序	一	二	三
3. 评估天数	15	25	10
4. 趋势走向	—(=)	＼(＋)	／(－)
5. 水准范围	11～13.6	14.3～3.2	4.6～6.8
6. 水准变化	2.6(－)	11.1(＋)	2.2(－)
7. 平均水准	13.03	6.60	5.55
8. 水准稳定度	100%	56%	80%

注：＊趋势走向所代表的是资料所呈现移动变化的方向。本研究／表示趋势向上,以＼表示趋势向下,以—表示没有变化。并以(＋)表示进步,(－)表示退步,(＝)表示无变化。

＊水准变化是阶段内的第一个与最后一个资料的数值的差额。(＋)表示进步,(－)表示退步,(＝)表示无变化。

＊平均水准即是阶段内所有资料点数值的平均值。

＊水准稳定度是阶段内的资料点数值与趋势线彼此间的变化范围。本研究以阶段内趋势线 80% 的资料点落在平均值的 15% 的范围内则视为稳定的水准。

2. 阶段间变化

个案不专注行为阶段间变化分析摘要表如表 4-5 所示。

具体分析(略)

表 4-5　个案不专注行为阶段间变化分析摘要表

阶段比较	干预期/基线期 B/A		追踪期/干预期 C/B	
1. 趋向走势	—(＝)	＼(＋)	＼(＋)	／(－)
2. 效果变化	正向		负向	
3. 趋势稳定度	稳定至不稳定		不稳定至稳定	
4. 水准变化	＋		－	
5. 重叠百分比	4%		100%	
6. 平均数变化	－6.37		－1.05	

注：重叠百分比指后一阶段资料点,有多少比例资料点落在前一阶段资料点的范围内。一般而言,重叠的比例越低,表示介入的作用越大。计算方式为：$\frac{\text{后一阶段资料点落在前一阶段资料点范围内的点数}}{\text{后一阶段资料点数}} \times 100 =$ 重叠百分比。

整体而言,由视觉分析的结果可知个案不专注行为经过干预后明显减少,平均水准从 13.03 降到 6.60,在干预期间,其不专注行为呈正向递减的趋势,且追踪期还是能维持干预期中的成效,平均水准更降低为 5.55,仍是稳定状态,未因撤除部分行为干预计划而明显增加。因此此行为干预计划能有效减少个案的问题行为。

在评价行为干预的效果时,主观评价方法与客观评价方法是需要结合进行使用的。一般而言,主观的评价方法为我们提供行为改变"质变"的数据,而客观的评价方法则为我们提供行为改变"量变"的数据。将质的分析与量的研究相互综合,才能准确评价出行为干预的效果。

我们强调制订行为干预效果的评价计划,就是将采用什么样的评价模式,选取什么观察的方式、访谈的内容,试验设计的模式等,都预先设计好,并详细地列出步骤等,这样才能在实施计划时按部就班,搜集到比较全面的观察或研究数据,正确地评价行为干预的效果。如果经过评价后,干预的效果不甚理想,我们就要考虑:行为干预方案是否设置合理?是否所使用的强化物已经失去吸引力?是否不正确地执行了方案?是否有外在阻碍干扰方案?是否有主观的变项影响方案?根据这些问题分析可能的原因,修订原有的方案或者重新制订新的方案。

综上所述,行为干预的目的是促进儿童的综合发展,并最终提高儿童的生活品质。一项合理的行为干预方案的制订,在观念上需要树立以特殊儿童为中心,从前因、个人技能及后果各方面进行综合干预的理念;在内容上需要清楚地设定行为干预的目标,根据行为评估的结果精心地选择行为干预的策略,制订合理的行为干预效果评价计划等;在人员上需要汇集各方面的经验和智慧,共同合作。当我们的方案制订完成以后,还应参考家长、任课教师以及儿童本身的意见,并调查方案的适切性,依据实际情况随时进行修订。

本章小结

本章首先讨论了在制订行为干预方案时应具备的理念,接着讨论了在这些理念的指导下,根据行为评估所得到的结果,如何设计行为干预的方案,包括如何测定目标行为的基线、如何建立行为干预的目标、如何选择行为干预的策略以及如何制订行为干预效果的评价计划等。方案的制订需要包罗各方面的智慧和经验,并结合各方面的力量,才能设计出一套多元性的干预计划,以满足个人的特别需要。

思考与练习

1. 多元行为干预模式较之传统的行为干预模式有哪些优点?
2. 如何为特殊儿童设计一个恰当的行为干预目标?
3. 行为干预的策略有哪些?
4. 为什么要建立行为干预效果评价方案?

第 5 章　应用行为分析的实验设计

学习目标

1. 掌握单一被试实验设计的三个阶段。
2. 掌握倒返设计、多基线设计、交替处理设计、逐变标准设计的方法。
3. 根据研究需要，选择并进行适当的实验设计。

在对个体的行为实施干预措施后，研究者要对干预效果进行评价，不仅要确定行为向好的方向发生明显的变化，而且需证明确实是所采取的干预措施导致了目标行为的改变。这就需要实验设计来控制干预的实施和重复，以此来证明干预措施和目标行为之间的关系。如果目标行为的改变只发生在实施某种干预时，那么目标行为的改变是由干预措施引起的。要想对干预措施与个体特定行为之间的关系进行定量研究，单一被试实验设计是首选的方法。正如新行为主义的创始人斯金纳在文章中提到，研究者应该选择花费 1000 小时研究同一只老鼠，而不是选择研究 1000 只老鼠，每只仅研究 1 小时，也不是研究 100 只老鼠，每只仅研究 10 小时。① 基于以下两点原因，斯金纳所提倡的单一被试实验设计非常适于特殊儿童的应用行为分析，一是特殊儿童间的异质性较大，即使是相同类型的儿童间个体差异性也较大，例如不同智力损伤程度的智力障碍儿童间差异非常明显，异质性更大的自闭症儿童在各方面的特征甚至可以用千差万别来描述；二是样本数量小，难以找到同质性较大的大样本，传统的实验设计中对被试的同质性要求很高，并且统计方法需要保证一定的样本容量，即同质性越强，样本容量越大，研究结论就越可靠。当研究对象为特殊儿童时，既要求同质性强又需要大样本是很难做到的。因此，与传统的实验设计相比，单一被试实验设计在特殊儿童应用行为分析中更为合适。本章主要介绍单一被试实验设计的各种模式。

第 1 节　单一被式实验设计概述

单一被试实验设计是应用行为分析最常应用的研究范式。本节主要对单一被试实验设计的含义、类型、基本实验设计模式等问题进行总体的描述，以便更好地了解特殊儿童应用分析中的单一被试实验设计。

---

① Skinner, B. F.. Operant behavior. In W. K. Honig(Ed.), Operant behavior：Areas of research and application [M]. New York：Appleton Century Crofts, 1966：21.

一、单一被试实验设计的含义

单一被试实验设计又称小样本实验设计(Single-subject Design,有些研究也称为受试内设计、单一个案研究设计、时间序列设计)以一个或几个被试为研究对象,通过相关的实验设计对被试进行实验处理,分析实验处理前后行为的变化,以了解干预措施是否有效,并做出选择。例如,研究者选择一个有课堂扰乱行为的个体,通过对其行为进行一段时间的观察与测量,设计一套干预措施并且实施,持续地观察和测量其课堂扰乱行为,通过行为的变化以检验干预效果。

二、单一被试实验设计的类型

单一被试实验的逻辑是在引入实验处理(干预措施)前和引入实验处理后(干预措施)持续地观察和测量个体的行为改变情况,以验证行为的改变是否由实验处理导致。单一被试实验设计主要包括倒返设计、多基线设计、交替处理设计、逐变标准设计,以及各种设计的变化模式。具体内容将在后文详述。

三、单一被试实验的构成要素

(一)被试

单一被试实验设计可以只有一位被试,也可以有多位被试,但是每位被试的行为表现需要被单独分析,被试是以自身为基准,对未实施干预措施和实施干预措施后,目标行为的表现进行纵向比较,而不是横向比较各个被试间的行为表现。当然也可以分析多位被试在实验处理下总的效果,但是必须建立在分析每个被试数据的基础上进行,否则,多位被试总体干预效果并不能代表其中任何一位被试的表现。例如,选取两名智力障碍儿童作为被试,对其自伤行为进行干预,如果分析两名被试的总体数据,是有积极的干预效果的,但是分别分析每一名被试,得出的结果却是一名被试的自伤行为已经消除,干预效果好,另一名被试的自伤行为没有明显变化,干预无效。所以,总体效果不能对研究结果进行有效的说明,必须对每一名被试的数据进行单独分析。

(二)实验处理

在应用行为分析的研究中,实验处理是指由研究者在实验中控制旨在使目标行为发生变化的量,通常指干预措施。通过控制应用干预措施和移除干预措施,观察和测量目标行为,以证明二者之间是否存在功能关系。具体的干预方法详见本书后面的章节。

(三)目标行为

目标行为是指研究者要观察、测量和干预被试的某种行为,例如,自闭症儿童的大声喊叫行为。目标行为是实验中的因变量,研究者通过引入或移除干预措施,达到改变目标行为的目的。关于目标行为的选择请参考本书第3章。单一被试实验设计需要收集数据并进行统计分析,所以要求对目标行为能够持续地反复观察、测量。一般情况下,研究对一个目标行为进行测量,但是在一些研究中也可以测量多个行为,这种实验设计的模式就是跨行为多基线实验设计。

四、单一被试实验设计的基本阶段

在单一被试实验设计中一般包括三个阶段:基线期、干预期(处理期)、追踪期。如图5-1所示。

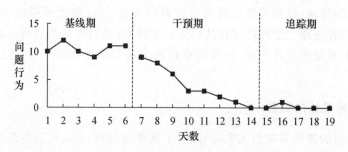

图 5-1 单一被试实验设计的三个基本阶段

(一) 基线期

在实施干预措施之前,先对目标行为进行一段时间的观测,掌握目标行为的发生状况,这一阶段被称为"基线期",实验设计中通常用 A 表示。在此期间所测量的目标行为表现称为基线数据(简称行为的基数)。值得注意的是:基线期并不代表什么都不做,而是没有引入本次研究的实验处理(干预措施),例如被试可以像平常一样参与课程或接受其他干预措施。

建立基线期的主要目的有三个:一是将实施干预措施前被试的行为表现作为基础,以便与实施干预措施后行为的表现相比较,确定二者间是否存在相互关系,这是基线期最首要的目的。二是对目标行为进行客观的、全面的观察与描述,不仅可以系统地了解行为本身的发生状况,还能够掌握行为发生的背景因素、行为发生前的环境事件以及行为发生后的结果,有助于分析行为,以便制定有针对性的干预措施。例如,通过基线期的观察发现个体用头部撞击桌面的行为是为了获取教师的关注,则在制订方案时考虑到如果个体发生撞击头部行为,教师则不给予关注,同时在个体表现良好行为时(如坐在座位上、认真听课等)教师给予关注。三是在逐变标准实验设计中,基线数据可以为设定初始所要强化的行为标准提供参考,具体参见本章后面逐变标准设计的内容。

关于基线期要进行多久目前并没有一个一致的结论,实际上,基线期的测量没有一个固定的时间期限。理论上来讲,当然是较多的测量总是要比较少的测量所得数据更为可靠,但是实际操作起来,不能一直持续基线的测量,毕竟基线期只是实验的开始,最终是要对行为采取干预措施。而且,如前所述,基线期最重要的作用是了解行为的发生状况,过多的测量会导致浪费时间,所以,基线阶段测量直到行为达到稳定的状态即可,但是在实际运用中,观察和测量一个阶段的长度,最少包括三次观察以获得三个数据点。所谓行为的稳定状态是指在一段时间内对行为所测量的值呈现极小的变化,这被认为是行为的稳定状态,可以从水平稳定和趋势稳定两个方面衡量,即经过一系列观测呈现出持续一致的水平或趋势的程度。图5-2、5-3、5-4显示了行为的稳定情况。其中图5-2为水平稳定,指经过一段时间的观察和测量得到大致相同的数值;图5-3和图5-4分别代表了趋势稳定中的上升和下降,是指一系列的观测所得值之间的差异在上升或下降趋势中持续一致,即一系列数据点聚集在斜线周围。

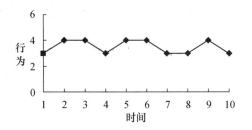
图 5-2　行为的稳定状态(水平稳定)

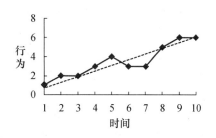
图 5-3　行为的稳定上升趋势

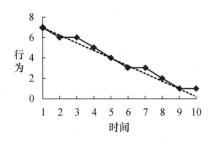
图 5-4　行为的稳定下降趋势

如果目标行为是要建立的新行为,此时在基线阶段目标行为是不可能出现的,例如,要教会儿童用钥匙开锁的行为,在基线阶段,这种行为是零,因为儿童不会用,所以无论基线阶段设定为多长时间,都是在反复测量一个没有的行为,基数均为零。显然,没有必要重复测量不存在的行为来做无用功。另外,对于一些行为,反复测量还可能产生"练习效应",例如,反复测量个体穿衣服的行为基数,个体在测量过程中经过练习,会出现练习效应,如此便不能够代表基线期行为的真实表现。

(二) 干预期

干预期也称为实验处理期,是指根据所收集行为的基线数据,采取有效的措施对目标行为进行干预的阶段,实验设计中通常用 B 表示。

行为表现稳定在比较差的情况下,此时便是介入干预措施的时期。行为在基线期如果表现得不稳定,忽高忽低,并且行为表现的数值并没有落在较小或较大的范围(如图 5-5 显示,行为表现的数值忽高忽低),那么就难以预测和推断目标行为变化的趋势,即不应用干预措施,目标行为将会变差还是变好又或是稳定在一定的范围内。在这种情况下,我们应该暂缓引入实验处理。如图 5-5 所示,行为表现的数值有时大有时小,行为表现不稳定,可能是

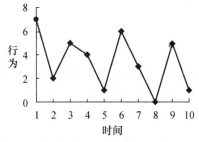
图 5-5　行为的不稳定状态

因为行为在此期间受到环境等因素的影响,所以,一定要先移除或控制这些影响因素,越好地控制无关因素,行为表现就越有可能趋向于稳定,而后才能进入干预期。

研究者在行为表现平稳前引入干预措施,会产生混乱,倘若行为发生改变,将难以判断是由引入的干预措施导致的,还是那些没有被移除和控制的无关因素引起的。倘若行为没有发生改变,我们也不清楚是因为干预措施没有效果还是受到其他因素的影响。所以,在行为表现趋于平稳状态时引入干预措施是最佳时机。

然而,在实践应用中,有些问题行为的程度较为严重,从而无法等到行为表现趋于平稳时才引入干预措施,这些行为的干预具有迫切性,如攻击性行为、自伤行为等会对他人或自己造成危险。在这种情况下,应该先引入干预措施,以观察和测量行为是否能向好的方向达到稳定的状态。有时在干预过程中,出现现实中难以控制的环境因素,例如在课堂的环境中,同伴的关注就是较难撤除的环境因素,尤其在特殊学校的课堂中,同伴可能是各种障碍类型和损伤程度的儿童,面对这种困境时,可以变换实验情境,或者变换实验设计如采用交替处理设计,或者将环境因素一起纳入实验处理加以分析。

干预期的持续时间需要综合考虑行为的基线数据、被试的具体情况等。在此期间,一直持续着对行为的观察和测量,如果行为朝着好的方向发生变化,那么可以继续当前的干预。如果与之相反,目标行为没有随着干预措施的引入而发生变化或是朝着不好的方向改变,又或者是时好时坏,这就需要考虑是否是受到无关因素的干扰,或者是干预措施无效,应该停止干预,并分析无效的原因,根据具体情况控制无关变量或调整干预策略。所以,为了尽量避免干预期发生此类情况,在基线期的观察和测量就显得尤为重要。

(三)追踪期

在所采取的干预措施完全停止后,仍然对行为进行一段时间的观察和测量,了解目标行为在移除干预措施进入非实验的环境下(自然情境)是否能够保持干预效果,这一时期称为追踪期。追踪期发生在干预期完全结束后。

追踪期可持续1~2周的时间,有些实验设计甚至长达1~2年。[①] 追踪期,行为在自然情境中能够长期保持干预期的效果,此时就可以结束实验了。如果在追踪期,目标行为又回到基线期的状态,应该考虑再次引入实验处理,直到干预效果能够在自然情境中保持为止,稳定而持久的积极变化才是真正有实际价值的。

第2节 单一被试实验设计模式

本节主要介绍单一被试实验中常用设计模式的操作原理、设计方法、特点以及评价等。

一、简单的设计模式

(一)单独观察设计

单独观察设计是指仅在基线期对目标行为进行观察和测量,不引入任何实验处理,因其只有基线(A)阶段,也被称为 A 设计。A 设计模式适用于仅了解和分析目标行为的发生情

---

① 李祚山,陈小异.行为改变技术[M].北京:北京师范大学出版社,2013:77-78.

况。例如有一名8岁智力障碍儿童总是在课堂上推或者拍打同学,对该名儿童进行为期5天的观察并且记录,时间选取在每天上午的第一节课和第二节课,观察结果表明,儿童平均每天发生3次目标行为,行为通常发生在老师表扬某名同学后,该儿童便推打被表扬的同学。

（二）单独处理设计

单独处理设计是指没有基线期,只有在实施干预措施后对目标行为进行观察和测量的干预期,也称其为B设计。例如采取区别强化结合录像示范法对一名10岁自闭症儿童在课堂站在椅子上的行为进行干预,共干预10天,干预时间为每天上午第一节课和下午第一节课。由于只有干预期,研究者只能从引入干预措施后分析目标行为的发生状况,没有基线期或者其他数据作为比较,无法准确地获得干预措施是否有效的结论。如上述案例中测得干预期被试平均每天发生站在椅子上行为3次,但是没有基线期的数据作为比较,所以不能确定目标行为是否真正地减少。

（三）A-B设计

单一被试实验设计至少应该包括两个阶段,我们称其为A-B设计,是单一被试实验设计中最简单、最基本的设计模式,只有基线期（A）和干预期（B）。由于A-B设计模式容易操作,可以在较短的时间内检验某项干预措施的有效性,所以在实践中很受教师和家长欢迎。A-B设计适用于有明确的时间限制,或者仅需要了解实施干预措施前后目标行为之间的比较,而无须查明原因的行为干预。例如,有研究者采用积极行为支持的干预措施对一名自闭症儿童课间哭闹行为进行干预,研究者首先对其哭闹行为进行了6天的观察和测量,从第7天开始引入实验处理,干预期持续10天,被试的哭闹行为明显减少。图5-6为A-B设计模式示意图。

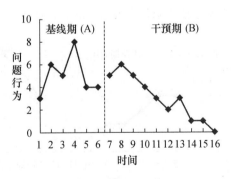

图5-6　A-B设计

与A设计、B设计只收集一个阶段目标行为的数据,没有可以纵向比较的其他资料相比,A-B设计改进了二者的不足,可以对干预措施前后的数据进行纵向的比较,其所得结论也较二者更为可靠。

A-B设计的基本假设是:如果没有实施干预措施,基线期所观察的目标行为不会发生变化,也就是如果行为发生改变,那就是由实验处理（干预措施）引起的。这个假设有其不合理性,在A-B设计中,目标行为可能会受到很多其他因素的影响。例如A-B设计将时间作为一个变量,进行纵向研究,所以被试的自然成熟是否会影响行为发生改变是需要考虑的一个影响因素。除此之外,行为还可能会受到其他因素的干扰,例如经验、临时事件等,这些问题都是难以控制和预测的。总之,A-B 设计的缺点在于无法有效排除无关变量的干扰,从而确定行为的改变是由干预措施引起的,所以严格意义上来说,A-B 设计并不是真正的实验设计。

此外,实践中常用的设计模式还有一些变式:如 B-A 设计,干预期在前、基线期在后;B1-B2 设计,没有基线期,只有干预期,将干预期分为干预初期(B1)和干预后期(B2)两个阶段,便于比较干预初期和干预后期两个阶段的行为表现,以评价干预效果。

二、倒返设计

在实施单一被试实验的过程中,研究者常采用倒返设计(Reversal Design)模式检验所应用的干预措施是否引起了行为的改变。倒返设计的实验逻辑是在特定的环境下反复测量行为,通过干预期与基线期的比较验证干预措施是否有效,包括三个或更多的阶段。倒返设计有多种变式,下面介绍各种模式的设计方法、适用情况及其评价。

(一) A-B-A 设计

A-B-A 设计是在 A-B 设计的基础上发展的,包括三个阶段。第一个阶段是 A1,指最初的行为基线期,在此阶段,没有对行为进行任何处理,对基线数据的观察和测量持续到行为表现趋向于稳定,不会随着时间的变化而变化时;B 阶段是指目标行为在 A1 阶段状态表现平稳后引入干预措施,持续观察和测量目标行为,直到行为发生明显的改变并趋于稳定后,或与基线阶段的变化趋势出现相反为止;此时,撤除干预措施,进入后面的 A 阶段即第二个基线期 A2,A2 阶段代表当行为在阶段 B 显示出效果后,撤除干预措施,使程序回到没有实验处理的基线状态,此阶段即是"倒返期"。如果行为在 B 阶段明显向好的方向改变,在倒返期又回复到基线水平 A1,或者与之相近,这说明干预措施是有效的。图 5-7 为 A-B-A 设计示意图。

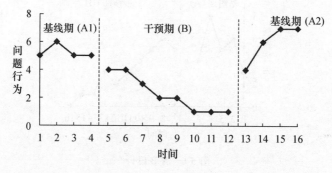

图 5-7 A-B-A 设计

(二) A-B-A-B 设计

A-B-A-B 设计是倒返设计的经典模式,在 A-B-A 设计之后再次引入实验处理,进入第二个干预期,称为 B2,此设计共包括四个阶段,其模式为:基线期 1——干预期 1——基线期 2——干预期 2,即 A1-B1-A2-B2 设计。相继观察和测量目标行为在基线期、引入干预措施阶段、撤除干预措施阶段(或者是返回到原来的条件)以及再次引入干预措施阶段的变化情况。如果第一次引入干预措施(B1)后,目标行为表现与基线期 1 发生反方向变化,而在撤除

B1 后进入第二个基线期时与基线期 1 所测得的目标行为表现大致接近,再一次引入 B2 后,目标行为又发生与基线期反方向变化,并且与干预期 2 的表现相近,则说明行为的改变是由干预措施引起的。以采用积极行为支持干预一名 7 岁智力障碍儿童的尖叫、大声笑的行为为例,①基线期 A1 持续 5 天;第 6 天起引入干预措施,直至第 10 天结束,此为干预期 B1,行为明显减少;第 11 天至 13 天撤除干预措施为基线期 2 或称倒返期(A2),行为表现回升,与A1 阶段表现一致;第 14 天至 19 天为干预期 2(B2),再次实施干预措施,目标行为再次减少,与 B1 阶段表现一致,说明干预措施对减少目标行为有效。研究结果如图 5-8 所示。

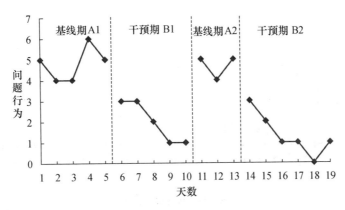

图 5-8　A-B-A-B 设计案例

在 A2 阶段之后再次在 B2 阶段引入干预措施有两方面原因:第一,加强结论的可靠性,A-B-A 设计只是对基线期进行重复,并没有对处理期重复,如果能再次复制处理期,两次处理获得相同的效果,能够使干预措施是否有效的结论更为可靠。第二,进行单一被试实验设计的目的不仅仅是为了证明干预措施是否有效,更为重要的目的是要改变个体的问题行为,因此要再一次引入干预措施,使实验停止于干预期而非基线期,要比 A-B-A 设计停止在基线期更符合实际生活。

如果有必要,可以再次重复实验,即 A-B-A-B-A-B 设计,重复测量次数越多并且能够复制之前的效果,所得关于干预措施是否有效的结论就越发可靠。但是,如果增加的倒返处理不能再加大行为改变的程度,就没有必要再重复了。此外,通过倒返设计已经证明干预措施有效后,可以逐步撤除干预措施,以巩固目标行为。

例如,卡卡是一名 4 岁的发展性障碍儿童,具有一些攻击性行为,如踩同学的脚、踢人、用书本等物品扔老师或同学。在基线期对卡卡的目标行为进行观察并通过功能分析得出结论:卡卡攻击性行为的功能是社会性正强化,当他想要物品而得不到时,就会发生攻击性行为。由于被试的问题行为具有沟通功能,故而选择功能性沟通训练作为干预措施,研究设计为 A-B-A-B-A-B 多次倒返模式,其中 A 为基线阶段,B 为引入功能性沟通训练阶段。结果显示,功能性沟通训练有效地减少了卡卡的攻击性行为,如图 5-9 所示,在基线期 A1 阶段,攻击性行为平均发生 4 次;第一次引入功能性沟通训练(B1),行为的发生有效减少;撤除

---

①　改编自天津市东丽区明强特殊教育学校提供的案例。

干预措施(A2)后,攻击性行为增加;第二次引入干预措施(B2),行为显著下降,再一次撤除干预措施(A3),攻击性行为再次增加,从第三次引入干预措施(B3)开始直至研究结束,卡卡的攻击性行为已经完全消除。[①] 经过多次倒返,更加证明了应用功能性沟通训练对个案的攻击性行为干预有效。

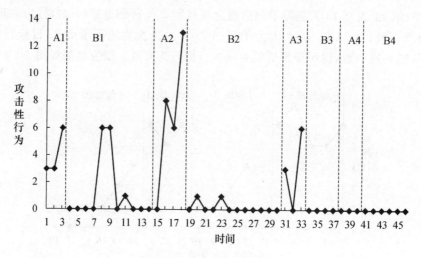

图 5-9 倒返设计案例

(三) B-A-B 设计

B-A-B 设计包括三个阶段,从干预期开始,先引入干预措施(B1),当目标行为表现趋于平稳后,而后移除干预措施返回到基线期(A),直到所测量的数据达到稳定状态,再次引入干预措施(B2),持续观测目标行为的变化情况。如果在 B1 和 B2 阶段行为维持在向好的方向改变,与 A 阶段的表现相反,则说明干预措施是有效的。

B-A-B 设计适合于以下三种情形:第一,如果个体存在的问题行为亟须干预措施,否则会对个体自身或他人产生危险,例如程度较为严重的攻击性行为、自伤行为等,在此种情况下,不宜从基线期开始,应直接从干预期开始,B-A-B 设计较符合实践需求。第二,有些情况下干预措施已经介入,所以实验只能从干预期开始。第三,有些实验由于一些原因(如应特殊学校要求等)有时间限制,研究者需要在较短时间内拿出有效的干预方案,从干预期开始较为快捷。

从实践应用的角度来说,B-A-B 设计比 A-B-A 设计更加符合实际生活的需要,因为前者在行为干预措施还在实施的阶段结束研究。然而从实验设计的角度分析,由于在 B-A-B 设计中,没有最初的基线阶段,只有引入实验处理后再撤除的基线期,此时行为在 A 阶段的表现发生在实验处理之后,可能会受到实验处理的影响,无法代表实验处理前行为的发生情况,即无法对基线期的数据预测,即使行为发生改变,没有之前的比较,由此而得出干预措施是否有效的结论其可靠性尚显不足。如果能多次重复,即 B-A-B-A-B 的设计,就可以弥补原有设计的不足,增加结论的可靠性。[②]

[①] 本案例根据天津市残联康复中心提供的案例进行修改。
[②] Cooper,J. O.,Heron,T. E.,Heward,W. L.. Applied behavior analysis[M]. 2nd ed. Upper Saddle River,N. J.: Person Prentice Hall,2007.

(四) 多重处理倒返设计

A-B-A-B 设计只包括一种实验处理 B，如果经过研究发现 B 干预措施无效，应该停止原来的干预措施，及时引入其他干预措施，并逐一检验实施效果。多重处理倒返设计（Multiple Treatment Reversal Design）是指采用倒返设计的方法引入两个或两个以上的干预措施，比较每一个实施干预措施阶段与基线阶段行为的变化情况，验证哪一种干预措施对行为改变最为有效，其他的干预措施阶段可以用 C、D 等字母表示。例如，以一名 6 岁的自闭症儿童为研究对象，目标行为是咬书、撕书、毁坏玩具行为，经观察该儿童破坏性行为的功能是获得想要的事物和逃避不喜欢的任务，采用功能性沟通训练结合延迟强化的措施进行干预，目的是探讨在功能性沟通训练中强化是否有延迟及延迟的时间对于干预效果的影响，研究选择多重处理倒返设计，模式为 A-B-A-B-C-D-E-F-G。[①] 在研究中，第一阶段 A1 为基线期，在没有引入干预措施的条件下观察和测量儿童的破坏性行为，目标行为的发生频率较高；B1 阶段采用功能性沟通训练，目标行为发生率有一定程度下降，在处理后期，行为发生率为 0；第三阶段 A2 撤除功能性沟通训练，破坏性行为再次出现；第四阶段 B2 引入功能性沟通训练，破坏性行为完全消除；第五阶段 C 采取功能性沟通训练结合延迟强化时间 15 秒，行为的发生率仍然为 0；第六阶段 D 介入功能性沟通训练结合延迟强化时间 30 秒，由于强化延迟时间延长，破坏性行为又出现而且显著增加；第七阶段 E 为功能性沟通训练，结合延迟强化 1 分钟，行为完全消除；第八阶段 F，介入功能性沟通训练结合延迟强化时间 2 分钟，强化物中增加游戏机（是被试最喜欢的活动），目标行为没有发生；第九阶段 G，介入功能性沟通训练结合延迟强化时间 5 分钟，强化物为游戏机，目标行为没有发生，所以功能性沟通训练结合延迟强化有效消除了被试的破坏性行为，并且使干预措施的有效性得以保持。研究设计及结果如图 5-10 所示。

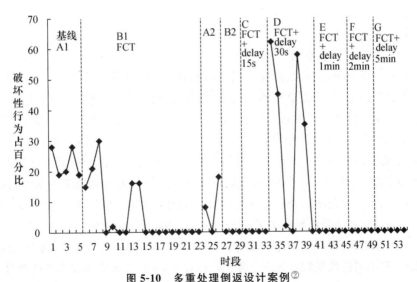

图 5-10　多重处理倒返设计案例[②]

---

① 根据天津市残联康复中心提供的案例进行设计，干预结果为假设数据。
② 注：图中 FCT 表示功能性沟通训练；delay 15s 表示延迟强化 15 秒；delay 30s 表示延迟强化 30 秒；delay 1min 表示延迟强化 1 分钟；delay 2min 表示延迟强化 2 分钟；delay 5min 表示延迟强化 5 分钟。

多重处理设计的优势是可以比较不同干预措施的效果,以便选择最为合适的干预措施。但是这种设计模式也具有局限性的,由于先后引入多个干预措施,容易产生序列效应,即前一次干预措施对后面的干预措施可能产生影响。例如,在 A-B-C-D-A-D-C 设计中,第一个 A 阶段后先引入 B 阶段的干预措施,而后进入 C 阶段的干预措施,接着再引入 D 阶段干预措施,如果 C 阶段行为发生改变,较难确定这种改变是由引入 C 阶段干预措施导致的,因为它还受到 B 的影响,同样如果 D 阶段行为发生改变,可能受到 C 的影响。因此,为了避免产生序列效应,可以增加基线期以及改变实验处理的呈现顺序,例如在第二个基线期后,先引入 D,再引入 C。然而,要想达到这样的条件,需要耗费较长的时间和精力,更易受被试的成熟程度或是其他无关因素的影响。

应用多重处理倒返设计,不一定是事先设计好的,可能是在实验过程中,通过观察和测量目标行为表现,原计划引入的干预措施效果不好,对行为的改变影响不大或使行为朝着与预期相反的方向改变,此时要考虑引入其他的实验处理,以期寻找有效的干预措施。

值得注意的是,多重处理设计涉及多种干预措施,并不是随意操作多个干预措施。如果研究中有多个干预措施,每次进入不同的实验阶段只改变一个干预措施,如此研究者才能确定行为的改变是否是由所实施的干预措施引起的。如果同时变化两个或两个以上的干预措施,行为发生变化,就无法确定是哪一项干预引起了行为的改变。有可能两种干预措施对于行为的改变有同等的作用,还有可能其中一种干预是引起行为改变的主要原因或是全部原因,当然还有可能一种干预可以导致行为向反方向改变,而另一种干预措施导致行为向正方向改变并且作用大于前一个干预。

为了更有效地改变个体的行为,研究者常常会采取多种干预措施相结合的方法,如采用社会故事法、区别强化、视觉提示策略结合应用。尽管如此,在每次进行实验处理时,包含的是所有的干预措施,所有的干预措施是作为一个整体共同呈现或撤除,最后评价的也是多个措施共同参与的整体效果。

(五)倒返设计的注意事项

如果目标行为是危险的,那么撤除干预措施回到第二个基线期是不道德的。例如儿童的自伤行为经干预后减少,此时撤除干预,使其自伤行为再回到干预前的水平,从伦理或教育角度来看这是绝对不容许的。在实际应用中,通过干预使个体不良行为发生改变后,当然期望其不良行为不会再出现,倒返设计中要使已改善的行为重新回到原来的水平,是违反教育期望的。所以应用倒返设计时,必须谨慎考虑目标行为的性质,而后再决定倒返设计是否合适。

在对行为实施干预措施后,是否能真正地将其撤除,使行为回到原来的水平,这一点受到质疑。例如,采用录像示范法结合强化法增加个体使用礼貌用语的行为(包括问好、对不起、谢谢等),这个学习过程和结果已经发生了,这样就无法撤除已经学习到的行为,回到干预前的水平。因为经过干预措施后,即便撤除干预措施,它的行为表现也不会完全回到干预前的基线水平了。因此,一些不可逆性质的行为不宜使用倒返设计,可以考虑应用多重基线设计。

三、多基线设计

研究者对单一被试实验设计的质疑主要集中在其可推广性差方面,这可以通过跨被试、跨行为、跨情境的不断复制,证明实验处理在不同个体、不同行为和不同情境之间的有效性,来增加其可推广性,这便是多基线设计。

(一) 多基线设计的基本原理

多基线设计(Multiple Baseline Design)是在倒返设计的基础上发展而来的,其基本设计模式与倒返设计类似,同样包括基线期和干预期,但是不同基线期和干预期发生在不同的被试,或是不同的行为,又或是不同的情境,即在多基线设计中可以干预两个或两个以上的行为,或有两个或两个以上的被试,又或者是在不同的环境下观测目标行为在基线期和干预期的变化。其设计逻辑是干预措施介入的时间点逐渐后移,先建立基线期,当一条基线稳定后引入干预措施,如果行为发生改变,其他基线的行为没有发生改变,则可以证明是干预措施导致了行为的改变,那么可以将此干预措施用于其他的基线,复制之前的效果。贝尔等人提出当目标行为不能倒返时,或者如果目标行为倒返、行为没有向好的方向发生变化,又或者行为倒返不符合伦理规范时,可以采用多基线设计。① 图 5-11 显示了多基线设计的基本模式。

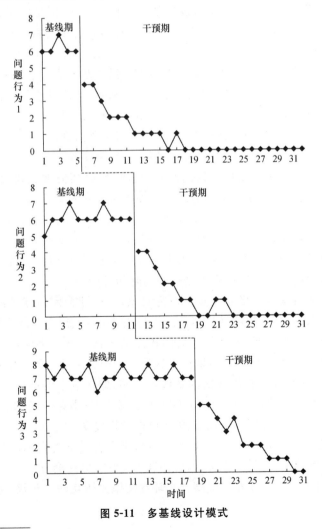

图 5-11 多基线设计模式

---

① Baer,D. M.,Wolf,M. M.,Risley,T. R.. Some current dimensions of applied behavior analysis[J]. Journal of Applied Behavior Analysis,1968(1):91-97.

（二）多基线设计的模式

多基线设计有三种设计模式：跨被试多基线设计，跨行为多基线设计和跨情境多基线设计。

1. 跨被试多基线设计

当多个个体在相同的情境下存在相同的问题行为，或者有共同的良好行为需要培养时，为了提高效率，可以将这些个体同时作为研究对象，采取相同的干预措施，以观察和测量每一位个体的行为变化，这种设计模式即为跨被试多基线设计（Multiple Baseline Across Subjects Design）。跨被试多基线设计是多基线设计三种模式中特殊教育实践应用最广泛的一种，因为教师通常要面对多个不同的儿童需要学习相同的技能（如生活自理能力等）或者是减少相同的问题行为（如课堂扰乱行为、不顺从行为等）。例如，在同一间教室里针对2名自闭症儿童的随意离座行为进行干预。

跨被试多基线设计中每一位被试都包括基线期和干预期，但是每个被试基线期的长度不同。在基线期，观察和测量目标行为达到稳定状态后，第一步先将干预期引入基线期最先达到稳定的被试，这里假设被试1的行为表现最先达到稳定状态。将实验处理引入被试1，此时被试1进入干预期，其他被试仍然处于基线期。第二步，当被试1在其干预期内行为发生反方向改变并且达到稳定后，再将干预措施应用于被试2（这里假设被试2是余下几位被试中基线最为稳定的），此时，被试1仍然处于干预期，被试2开始进入干预期，其他被试仍处于基线期，直到被试2的行为变化达到稳定后，再将干预措施应用于被试3，依此类推。直到每个被试的行为都发生显著改变并且趋于稳定，才结束实验。

如果被试1在介入干预措施后，目标行为发生改变，而其他被试在没有接受干预时，目标行为没有发生改变，则说明干预措施有效。其他被试在介入干预措施后，与被试1的行为改变方向一致，则说明复制了被试1的干预效果，更加证明了干预措施有效。

基线期多个被试同时开始，干预阶段依次开始，此为跨被试同时多基线设计。另外，还有的研究采用跨被试非同时多基线设计，被试基线期不是同时开始的，而是有不同的基线长度，干预是在不同基线长度下进行，而不是在不同时间进行。[①]

有研究者曾以3名亚斯伯格症儿童为研究对象，探讨社会团体互动的干预措施对儿童社会互动行为的影响，研究采用跨被试多基线设计模式，3名被试接受每周2次，每次40分钟的团体互动干预。在基线期，不进行社会团体互动干预。被试小申进行为期2周共4次的观察和测量；2周后进入干预期。被试小申首先接受团体互动干预，此时，另外2名被试仍处于基线期；被试小峰共进行4周8次的基线期观察，即在对小申进行2周的干预后，被试小峰开始接受团体互动干预，此时，被试小芬仍处于基线期；小芬经过13次的基线期观察和测量后进入干预期，开始接受团体互动干预，3位被试均接受16次的干预，而后结束干预期。在追踪期内，3位被试不再接受社会团体互动干预，研究者分别观察和测量5次3名被试的社会互动行为。研究结果如图5-12所示，经过干预，小申的社会互动行为在干预期内未呈现出明显的提升，直至追踪期才有所提高。小峰在实施团体互动干预后，社会互动行为有显

---

① Raymond, G. Miltenbeg. 行为矫正——原理与方法（第五版）[M]. 石林, 等译. 北京：中国轻工业出版社, 2015：46.

著的增加,并且具有积极的维持效果,小芬的目标行为有所增加,但是表现不稳定。①

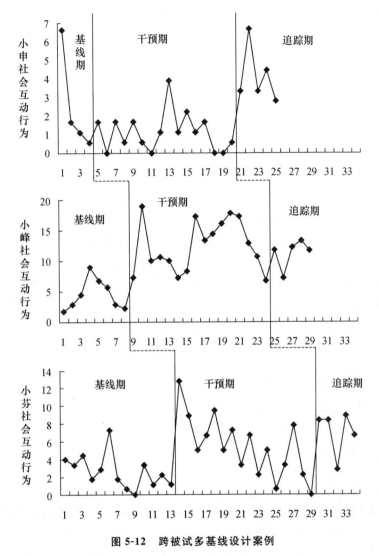

图 5-12 跨被试多基线设计案例

2. 跨行为多基线设计

当同一个个体在同一情境下具有多种行为问题时,同时对个体的不同行为进行干预,以期行为会向好的方向发生变化,这种设计模式为跨行为多基线设计(Multiple Baseline Across Behaviors Design)。例如,在学校情境中,同时对一名自闭症儿童的拍打桌子、逃离教室、破坏物品行为进行干预。

在跨行为多基线设计中,对于每一个行为而言,都有一个基线期和一个干预期,但是每一个目标行为基线期的长度不一致。首先,在基线期观察和测量所有行为,直到行为表现平

---

① 李萍慈. 动物辅助即社会互动团体方案对亚斯伯格症儿童社会互动行为成效之研究[D]. 新竹:台湾新竹师范学院,2005.

稳状态(以行为 1 为例),将干预措施应用于行为 1,即行为 1 进入干预期,而行为 2、行为 3 仍处于基线期,当行为 1 的变化达到稳定后,行为 2 进入干预期,此时行为 3 处于基线期,依此类推。各个目标行为开始实施干预措施的时间是错开的,三个目标行为在时间上依次进入干预期,处于基线期的时间是依次延长的。

需要注意的是:每一个目标行为都是独立的,介入实验处理时,使用时间延迟技术,按照基线期的稳定情况依次介入。从理论上来讲,只有进入干预期的行为才开始改变,没有采取干预措施的其他目标行为不应该发生改变。如果在对第一个目标行为进行干预时,其他的目标行为在尚未实施干预措施前,就随着第一个行为的改变而改变,应该暂时停止实验,查明出现此种情况的原因,控制无关变量,改善实验设计。如果某一个目标行为在实施相应的干预措施后,并未发生变化,那么证明该措施对个体的目标行为无效,应另寻其他的有效措施。

研究者以一名 6 岁亚斯伯格症儿童为被试,探讨社会故事法对于被试社会能力的影响,以上课时手上玩东西、老师说话时没看老师、老师带读时没跟着读三个行为作为目标行为,每周一、周四、周五第一节语文课 8:40—9:20 在教室对目标行为进行基线期的观察。上课时手上玩东西行为的基线期共观察 5 天,老师说话时不看老师的行为基线期为 8 天,老师带读时不跟着读行为的基线期为 11 天。在干预期,根据目标行为设定三个主题的社会故事,分别为上课时手上不玩东西、老师说话时看老师、老师带读时跟着读,每周一、四、五上语文课前 8:00—8:30 让被试朗读和理解社会故事,而后观察和记录语文课上三个目标行为的发生情况。上课时手上玩东西行为从第 6 天开始引入社会故事的干预措施,此时其他两个目标行为处于基线期,玩东西行为的干预期持续 12 天;不看老师行为从第 9 天开始实施社会故事法,此时不跟读行为仍处于基线期,不看老师行为的干预期为 9 天;不跟读行为的干预期从第 12 天开始,持续 6 天的时间。在追踪期三个目标行为均持续 6 天。从图 5-13 中可以看出,被试的三个目标行为在接受社会故事干预后,均显著地减少,并在追踪期维持较好的效果。[①]

3. 跨情境多基线设计

跨情境多基线设计(Multiple Baseline Across Settings Design)是指在不同的情境下,观察和测量同一个体某项特定行为的变化情况。例如,在感觉统合课、自由活动、数学课这三种不同的情境下对一名智力障碍儿童的自伤行为进行干预。当目标行为在基线期表现稳定时,将干预措施应用于一个情境下,其他情境仍然维持基线状态,当行为改变已趋于稳定,接着在第二个情境下引入干预措施,依此类推。不同的情境可以指时间上的安排,如一天中不同的时段;也可以是不同的教学、活动安排(如个别教学、小组教学、集体教学、活动教学等);[②]还有可能是不同的物理环境(如集体教室、康复室、个训室、操场等);又或者行为发生后获得不同的效果(如注意、要求、无注意等);还有可能是不同的参与人员,例如,在同一个训练室,以他人的出现和不出现作为不同的情境因素。[③]

[①] 萧丽珠. 社会故事教学对亚斯伯格症幼童社会能力之影响[D]. 屏东:屏东师范学院,2003.
[②] 伍新春,胡佩诚. 行为矫正[M]. 北京:高等教育出版社,2005:66.
[③] Parker,L. H.,Cataldo,M. F.,Bourland,G.. Operant treatment of orofacial dysfunction in neuromuscular disorders[J]. Journal of Applied Behavior Analysis,1984(17).

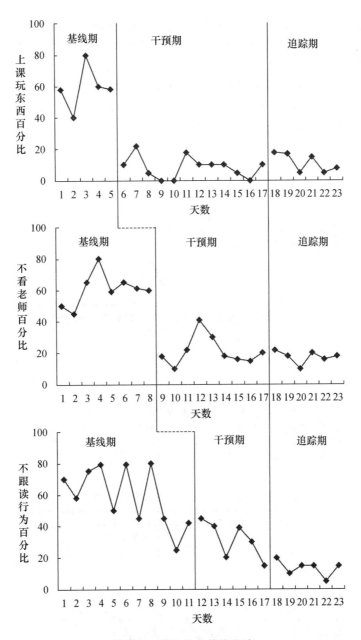

图 5-13 跨行为多基线设计

例如,采用跨情境多基线设计对一名 5 岁智力障碍儿童的不顺从行为进行干预,探讨运用功能性沟通能力训练结合社会故事教学对不顺从行为和功能性沟通行为的干预效果。研究在家中进行,设置三个活动情境,分别是吃饭、穿鞋、上厕所,每个情境活动都包括基线期和干预期。在基线期,观测不顺从行为和功能性沟通行为,行为表现稳定后,依次在上述三个情境中引入功能性沟通训练结合社会故事教学。在基线期后,首先在吃饭情境下,研究者通过社会故事教儿童学会表达,"我完成了"或者"请帮我一下",而后对他提出吃饭的要求,如果他吃完 10 勺指定食物并且说"我吃完了",那么就可以让他离开座位并且给予他关注和奖励,如果在此期间发生问题行为,则忽略问题行为,并且辅助他继续吃饭。在此期间,行为穿鞋和上厕所的情境仍然处于基线阶段。第二步,当问题行为在吃饭情境变化稳定后,将干预措施引入穿鞋的情境,具体处理措施同第一步,此时,吃饭情境处于干预期,上厕所的情境处于基线期。第三步,在穿鞋情境中儿童的不顺从行为减少并表现稳定时,再将干预措施引入上厕所的情境。研究结果表明,经过干预,被试在三种情境下的不顺从行为消失,使用功能性沟通行为的频率增加。① 干预结果如图 5-14 所示。

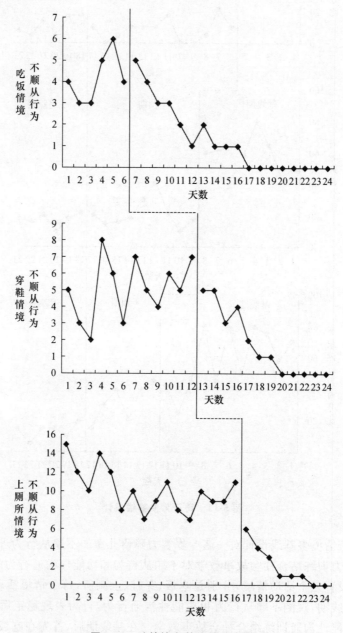

图 5-14 跨情境多基线设计案例

① 本案例由天津残联康复中心提供。

（三）多基线设计的注意事项

各个基线必须是独立的，同时又必须有一定的关联，也就是实施干预措施后有改变的可能。在多基线设计中，采用的实验处理是同一种干预措施，期望一种干预措施同时对完全不同的个体、不同的情境或是不同的行为都有效果显然是不可能的，所以各基线间必须是有关联的，但是关系过于紧密，实验干预容易产生类化效应，干预措施是否有效的结论就会受到质疑。

在保持其他条件不变的情况下，首先选择稳定的基线引入实验处理，待行为发生显著的改变并且稳定时再介入第二条基线，不能过早介入，后面的基线要保持足够的长度。一般而言，不同基线期的长度差异越大，实验所得结论就越为可靠，因为多基线设计的逻辑不仅是个体自身的干预期与基线期比较，而是相对于其他变量而言，建立在干预措施介入后，行为才发生变化，干预措施未介入的行为不发生改变。

（四）多基线设计的评价

多基线设计的优点是：不用撤除干预措施来验证是否有效，弥补了倒返设计的不足；多基线设计较为简单容易，也适用于教师和家长操作；设计比较符合实践的需求。

多基线设计中可能会产生行为共变现象，还未应用干预措施的行为发生部分改变或完全改变，跨情境与跨行为多基线设计如果产生共变现象可能是由于多种情境或多种行为间的关联过于密切，跨被试多基线设计的行为共变可能是已经接受实验处理的被试影响到还未介入措施的被试，可以分离被试。[①] 多基线设计所需时间较长，一方面耗时耗力，另一方面，实验期间容易混入其他无关变量，所得结论会受到影响。多基线设计的结论来自介入干预措施的行为改变，其他行为维持不变，而倒返设计是基于被试自身，目标行为在基线期和干预期的比较，所得结论的可靠性胜于多基线设计。

四、交替处理设计

（一）交替处理设计的基本原理

交替处理设计（Alternating Treatments Design）是指快速地交替使用两种或两种以上的干预措施，观察和测量目标行为的变化情况，以比较哪种干预措施更为有效，一旦证实哪种措施最有效，后期仅实施该措施直到实验结束。交替处理设计可以设置基线，也可以不设置基线。在实践中，促使某项行为改变的措施可能有几种，这就需要教师和家长能够比较各种干预措施的效果，从而选择最为有效的干预措施。虽然多重处理倒返设计也可以介入几种实验处理，但是如前所述其自身存在不足，在一些情况下并不适用，所以在比较几种干预措施的有效性时交替处理设计是较为合适的设计模式。根据实际情况可以选择适合的交替方式：第一，隔天交替，例如在单数日期实施一种干预措施，双数日期实施另一种；第二，同一天内不同时段交替使用不同的干预措施；第三，在同一时间段内先后引入不同的干预措施。[②] 图5-15显示了交替处理设计的逻辑曲线。

[①] 杜晓新，宋永宁. 特殊教育研究方法[M]. 北京：北京大学出版社，2011：128-129.

[②] John, O. Cooper, Timothy, E. Heron, William, L. Heward. 应用行为分析（第二版）[M]. 美国展望教育中心，译. 武汉：武汉大学出版社，2012：202.

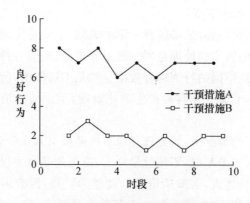

图 5-15　交替处理设计的逻辑曲线

应用一种干预措施，观察和测量引入这种干预措施之后行为是否发生好的变化，而后再实施这种干预措施，这是为了复制先前该干预措施的干预效果。如图 5-15 所示，每次应用干预措施 A，行为的发生频率依次为 8,7,8,6,7,6,7,7,7 次，所有的数据点均在 6～8 次之间，应用干预措施 A 前后表现一致，与实施干预措施 B 时的行为表现有较大差异；实施干预措施 B 时，行为发生的频率依次为 2,3,2,2,1,2,1,2,2 次，所有的数据点均在较低的数值上（1～3 次之间），引入干预措施 B 时行为的表现前后一致，与实施干预 A 有较大差异，这说明干预措施 A 优于干预措施 B。当两种干预措施数据各自呈现稳定的或相反的走向，并且没有重叠，两种处理之间的差异较大，所以比较容易从视觉上看出哪一种更加有效。两种处理垂直距离越大，证明两种措施的干预效果差异越大，一种干预措施对行为的干预效果超过另一种干预措施。[①]

如果实施两种干预措施下所获数值有小部分重叠，其中一种干预措施的数值与这种处理下其他的数值不一致，而与另一种干预措施的数据表现比较一致，那就证明实验中介入了无关变量，需要检查并对无关变量加以控制。以图 5-15 为例，假设在实施干预措施 A 时，行为的发生分别为 8,7,8,6,3,6,7,7,7 次，第 5 次引入干预 A 后，行为发生了 3 次（不是图中的 7 次），与其他数值不一致，却与引入干预措施 B 时行为表现的数值一致，说明在第 5 次实施干预措施 A 时，行为受到了其他因素的影响。如果两种干预措施的数据几乎完全重合，那就代表两种干预措施对目标行为的影响没有差异。

例如，有一名 8 岁的自闭症儿童，没有口语交流的能力，可以用简单的手势沟通，具有较为严重的沟通障碍，为了提高他的沟通能力，研究采用交替处理设计比较图片兑换沟通系统训练与语言生成设备训练对于被试沟通能力的干预效果。首先，通过调查选择被试喜欢的食物、玩具，在基线阶段观测被试在想要获得喜欢的事物时主动提出要求的行为，每周 4 天，每天上午、下午各 20 分钟，共观测 5 次；在干预期内与基线期的时间一致，每周 4 天，每天上午、下午各 20 分钟，分别进行图片兑换沟通系统训练和使用语言生成设备训练（为了避免序列效应，两种干预措施在上午、下午随机进行，例如第一天上午进行图片兑换沟通系统训练，

---

① John,O. Cooper,Timothy,E. Heron,William,L. Heward. 应用行为分析（第二版）[M]. 美国展望教育中心，译. 武汉：武汉大学出版社，2012：202.

下午进行语言生成设备训练,第二天顺序调换,上午应用语言生成设备,下午应用图片兑换沟通系统),观察和测量儿童在想要获得喜欢的食物或玩具时主动提出要求的行为,两种措施分别进行 10 次干预。干预结果如图 5-16 所示,被试在图片兑换沟通系统训练和语言生成设备训练两种措施干预下主动提要求行为均有显著提高,两种措施没有显示出差异。[①]

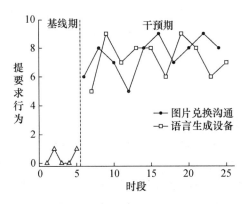

图 5-16 交替处理设计案例

(二)交替处理设计的类型

根据是否设置基线期可以将交替处理设计分为三类。

1. 没有"基线期"的单一阶段交替处理设计

设计包括一个阶段,没有基线期,只有干预期(交替处理期),两种或两种以上干预措施快速地交替使用,进而比较几种干预措施对目标行为的干预效果。图 5-15 即为此种设计模式。

2. 两阶段交替处理设计

设计包括基线期和干预期(交替处理期)两个阶段,基线期一直持续到行为变得稳定,干预期有两种或两种以上干预措施快速地交替使用。该设计可以在同一时间比较行为在干预期和基线期的变化,如此,即使是实验中有无关变量介入,由于在同一时间段内,无关因素也不会是产生行为变化的原因,可以较好地控制无关变量的影响。图 5-16 即为此种模式。

3. 三阶段交替处理设计

这种设计模式包括三个连续阶段,基线期、交替处理期和有效干预措施处理期。在基线期,不介入任何实验处理,观测行为的情况,直到呈现平稳状态;而后进入交替处理期,在此期间快速地交替介入两种或两种以上干预措施,比较干预措施的效果;在第三个阶段,继续引入第二阶段被证明的有效干预措施,直至实验结束。

(三)交替处理设计的评价

交替处理设计能够有效地比较多种干预措施的效果,从实验设计的角度,具有许多优点。第一,在交替处理设计中,没有"倒返"的阶段,倒返设计所涉及的社会、伦理问题不存在。第二,效率较高,相对于其他实验设计,交替处理设计能够快速地比较实验处理的效果,从而获得最有效的干预措施。第三,降低序列效应的影响,快速、随机地交替实验处理,最大

---

① 研究案例为假设性案例。

限度地减少序列效应的产生。

交替处理设计的优点是显而易见的,但是在实际运用时有一些局限性。第一,由于交替处理设计是快速地交替两种或两种以上实验处理,难以判断这种情况下获得的效果能否与单独实施该措施相一致。第二,在实际应用中,由于对各种环境因素要求较高,引入实验处理的数量是受到限制的,例如交替实施三种以上的干预措施实际操作起来较难实现。第三,当干预措施之间的差异较小时,交替处理设计较难比较出哪一种更为有效,有时即使存在差异,所得数据也有可能产生重叠,不能获得可靠的结论。①

五、逐变标准设计

(一)逐变标准设计的基本原理

逐变标准设计(Changing Criterion Design)指在实验处理阶段分成若干个小阶段,要求逐渐提高,逐步达到每一阶段的标准,最后完成目标行为。由于每个阶段的标准是逐渐提高的,所以称为逐变标准设计。逐变标准设计包括基线期和干预期两个阶段,在基线期对目标行为的基线水平进行观察、测量,直到行为表现稳定后,进入干预期,将实验处理划分为几个阶段,在第一个阶段行为达到标准并呈现平稳状态时再进入第二个阶段,依此类推,所以前一个阶段的稳定数据又可以作为下一个阶段的基线,用以比较,以验证干预效果。若第一个阶段不能完成标准,则重复做第一个阶段的干预,如果仍然不能完成,则应该考虑降低标准,或者是改变强化策略,又或者在第一个阶段与第二个阶段间细分出一个阶段。当个体能够稳定地达到第一阶段的标准后,再强化第二个阶段标准的行为。依此类推,直到达到目标行为为止。

例如,以一名 6 岁自闭症儿童为被试,探讨同伴运用脚本干预结合视觉提示策略对被试社交行为的干预效果。② 研究采用逐变标准设计,选取三名同龄发展正常儿童作为同伴,与被试一起参与活动,并提供视觉提示。研究设计了三个主题活动,在基线期和干预期,被试和同伴参与过生日和超市购物主题活动,在追踪期,被试和同伴参与去公园活动。研究持续 5 周的时间,每周 4 天,每天 40 分钟,5 分钟划为一个干预的序列。首先将脚本分句写在卡片上,在基线期后、干预期前,分别对自闭症儿童及同伴实施 20 分钟的脚本教学。干预期内,在相应的情境下,由发展正常同伴向被试呈现相应的视觉提示卡片,以引导被试运用脚本(即卡片上的短语或句子),在干预阶段逐渐提高标准。第一步的标准为能够在一个干预序列(5 分钟)内应用卡片上的一个相应的脚本,如果被试能够达到要求,则增加一个序列应用相应的脚本。第二步的标准为每个脚本短语或句子从在两个序列内分别应用两张脚本视觉提示卡片上的短语或句子开始,再增加另外两个序列,每个序列分别应用相应的脚本短语。第三个阶段的标准,每个脚本短语分别在三个独立的序列使用,再增加三个序列。被试连续三次达到当前的标准后,则可以进入下一步的标准。经过 5 周的实验,被试在脚本用语使用率上有了较高的提升,并且在追踪期较好地维持了积极的干预效果。图 5-17 显示了被

---

① Patrick,J. Schloss,Maureen,A. Smith. Applied Behavior Analysis In the Classroom[M]. Boston:Allyn and Bacon,1994:264.

② 改编自天津市残联康复中心提供的案例。

试的干预结果。

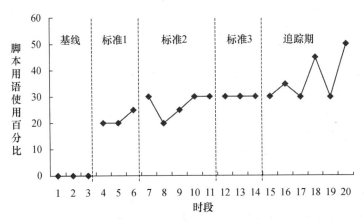

图 5-17　逐变标准设计案例

（二）逐变标准设计的应用原则

1. 阶段的数量

根据基线水平以及目标行为所要达到的终点行为的难易程度决定实验处理应划分为几个阶段，每个阶段的标准是什么。不仅如此，划分阶段时还应考虑到个体的能力水平。一般来讲，阶段的数量越多，所得结论就越可靠。此外，划分阶段的数量还与阶段的长度、所达标准改变的幅度相关。如果干预总长度不变，划分的阶段越多，每个阶段的长度就越短。

2. 阶段的长度

关于每一个阶段应该持续多长时间并没有一个固定的标准，因为在逐变标准设计中，前一个阶段是作为下一个阶段的基线期，因此每个阶段应该达到该标准并且行为表现趋于稳定，才能进入下一个阶段。

3. 标准改变的幅度

由于在逐变标准设计中，将目标行为的标准由易到难分成若干个小阶段，标准逐步提升，因此，标准改变的幅度应该符合个体不需要付出过多的努力，就能够达到每个小阶段的标准，从而获得强化。如果标准定得太高，个体通过努力也难以达到，会增加个体的失败体验，放弃训练；如果定得太低，干预过程就会变得非常缓慢，想要得到的预期结果时间会延长或是达不到预期结果。有研究者提出，标准改变的幅度小适用于行为表现很平稳时，标准改变的幅度大适用于行为表现变化较大的情况。[①]

（三）逐变标准设计的评价

逐变标准设计较难排除无关因素的干扰，难以证明目标行为的改变是由干预措施导致的。由于划分为若干个小阶段，因此，达到目标行为的标准耗时较长，在此期间行为的改变可能受到其他因素而非干预措施的影响。

在确定每个小阶段行为的标准时，需要考虑个体自身的能力、行为的基线水平等多方面

---

① Hartmann, D. P., Hall, R. V. The changing criterion design[J]. Journal of Applied Behavior Analysis, 1976(9): 527-532.

因素,对研究者的要求较高,而且难以避免主观影响,给实验设计带来不小的难度。

综上所述,四种实验设计各有优势和劣势,关于如何选择,有研究者提出,如果干预的目标行为具有可逆性,最好选用倒返设计,以提高评价结论的内部效度;如果干预的目标行为不具有可逆性,最好选用多基线设计,以提高评价结论的外部效度;①如果因数据不稳定而不宜使用倒返设计和多基线设计时,可以选择交替处理设计;逐变标准设计适用于当目标行为的出现率较低或者还没有出现的情况,②使用逐变标准设计要求基线数据处于相当稳定的情况。总之,要根据具体的研究问题即考虑到行为、被试、情境选择最为合适的实验设计。没有现成的实验设计能解决所有的研究问题,研究者不应该被书本所限制。

 本章小结

单一被试实验设计的基本阶段包括基线期、干预期和追踪期。实验设计的模式有倒返设计、跨基线设计、交替处理设计、逐变标准设计及这四种设计的变化模式。倒返设计通常包括两个或两个以上的基线期和干预期,在特定的环境下反复观测同一被试的同一行为,比较干预期与基线期的行为变化。多基线设计包括三种类型:多个被试的一种行为(跨被试)、一个被试的多种行为(跨行为)、一个被试在不同环境下的一种行为(跨情境),干预分别在被试、行为、情境中错开进行。交替处理设计是指快速地交替使用两种或两种以上的干预措施,通过行为的变化比较哪种措施有效。逐变标准设计包括基线期和干预期,干预期由多个不断逐渐提高标准的小阶段组成。

 思考与练习

1. 请描述行为的稳定状态。
2. 单一被试实验的设计有哪些模式?各自的特点是什么?
3. 运用本章知识,在实践中选择一个研究问题,设计一个合理的实验。

---

① 韦小满,刘宇洁,杨希洁. 单一被试实验法在特殊儿童干预效果评价中的应用[J]. 中国特殊教育,2014(4).
② Jennifer,B. Ganz,Margaret,M. Flores. The Effectiveness of Direct Instruction for Teaching Language to Children with Autism Spectrum Disorders: Identifying Materials[J]. Journal of Autism and Developmental Disorders. 2009(39): 75-83.

第6章 特殊儿童问题行为的前因调控

学习目标

1. 理解前因调控的理论基础。
2. 熟练掌握前因调控的主要技术。
3. 熟悉前因调控的优劣,能在实际应用中进行合理取舍。

行为心理学从斯金纳开始就一直强调前因—行为—后果的有机联系。从理论上说,前因和后果对行为都有影响和控制作用。因而在对特殊儿童的问题行为进行干预时,有必要强调以前因控制技术为主并结合后果调控的全面干预的方向。值得强调的是,以前因为基础的干预方法不仅有着预防性的作用,而且这些方法有着简单易行的特点,因而实践表明干预的效果往往很好。然而到目前为止,在中、英文的特殊教育文献中,对以前因为基础的干预方法的讨论,都相对欠缺。所以,在本书中对以前因为基础的干预方法及其理论基础作专门探讨,很有必要。

本章我们先讨论以前因为基础干预方法的理论基础。然后,我们将具体介绍前因控制的各种技术和方法。最后一节将就这些方法的优势和局限再作些分析。

第1节 前因调控的理论基础

行为分析是一种社会科学,其各种干预方法都以一定的理论基础和科学实验为依据。以前因为基础干预方法的理论基础,至少包括以下三个方面。第一是斯金纳关于"区别性刺激"(discriminative stimulus)和"刺激控制"(stimulus control)的论述,第二是堪托(J. R. Kantor)补充的有关"环境要素"(setting events)的分析,第三是由迈克尔(J. Michael)提出的"激发性操作"(establishing operations)的概念。在这一节中,我们先对这些概念和理论,作概述与简评。

一、"区别性刺激"和"刺激控制"

为了理解"区别性刺激"和"刺激控制"的概念,让我们先来看一个日常生活中的例子。当驾驶员开车到达一个交通路口时,其行为一般处于交通灯的影响和控制之下。具体说来,驾驶员看到绿灯时会继续开车,而看到红灯时则会停车等候。从表面上看,交通灯的颜色直接导致了驾驶员的特定开车行为。但更深层的原因在于,如果驾驶员看到绿灯时继续开车会得到好的结果,即不会被警察抄牌罚款。而驾驶员看到红灯时继续开车可能会得到不好结果,即被警察看到后会抄牌罚款。这样,如果行为之前的某个刺激或者信号的出现倾向于

87

为特定行为带来特定的结果,那么,这个刺激或者信号对行为的发生与否就具有一定的控制作用。

斯金纳在其1953年出版的《科学与人类行为》一书中,提出了"区别性刺激"和"刺激控制"的概念来解释这种现象。斯金纳把行为之前出现的某个变量称为区别性刺激或S^D。"区别性刺激"(如以上例子中的交通灯)并不是行为发生的根本原因,因为人们的行为(如驾驶员的开车行为)从根本上说是该行为所带来的特定结果所长期影响的结果。但因区别性刺激的出现倾向于为特定行为带来特定的结果,所以到了一定的阶段,区别性刺激对行为的发生与否就具有控制作用,也就是说在这个时候,一个区别性刺激的出现就会引起一个特定行为的发生,而行为者的特定行为好像不再受制于行为的后果似的。斯金纳把这种现象称为行为处于"刺激控制"之下。①

在教育实践中,"刺激控制"在一定意义上可以纳入以前因为基础的干预方法的范畴之中。这是因为,一旦行为处于"刺激控制"的条件之下,是行为的前因而不是行为的后果在直接意义上影响着行为。例如,有些学生在家里不愿意做作业,而在教室里就显得乐此不疲。从学生做作业行为的历史上看,也许学校里老师的要求比家里家长的要求更严格。因此,如果学生做作业不认真的话,在家里也许不会受到处罚,而在学校里就会有一定后果。久而久之,教室里的环境本身就会促使学生去认真地做作业。从而,教室环境成了区别性刺激或S^D,而做作业的行为处于这种区别性刺激或S^D的控制之下。当然,如前面所说"刺激控制"在最终意义上还是离不开后果而起作用。也正因为如此,斯金纳关于"刺激控制"的理论,与下面讨论的堪托有关"环境要素"和迈克尔有关"激发性操作"的概念和突出纯粹前因的理论,还是有一定的区别的。

二、关于"环境要素"的理论

行为心理学历来强调环境对行为的影响作用。这一特点也许在行为主义的理论先驱达尔文的进化论中就有渊源,在其之后,华生、斯金纳和班图拉都有类似的观点。20世纪50年代后期到70年代初期,行为分析理论家堪托在这一方面做出了更进一步的论述。

堪托强调了"环境要素"的多面性和丰富性。"环境要素"不仅是指具体直观的区别性刺激,而且还包括其他有关条件,如行为者的年龄状况、健康条件、周围人们和客观情况等因素。根据这样的认识,堪托批评了行为分析中的两种倾向。第一,堪托指出有些行为心理学家仅仅用环境条件或者外界刺激来解释某一特定的行为。而在堪托看来,人们行为和环境条件是相互作用的。环境当然会影响人们的行为,而人们的行为也可以改变环境。堪托的这种认识,使得行为主义心理学具有辩证的性质。第二,堪托批评有些行为心理学家过分强调行为后果对行为的决定作用,而忽视了行为发生的前因即丰富多样的环境要素。②

堪托关于环境要素的理论,有着显然的实际应用意义。从20世纪70年代以后开始,应用行为分析家们在对对象行为进行评估和干预时,对行为前因的多面性和丰富性,给予了越

---

① Skinner, B. F.. Science and human behavior[M]. New York: Macmilan, 1953: 108.
② Kantor, J. R.. An analysis of the experimental analysis of behavior (TEAB)[J]. Journal of Experimental Analysis of Behavior, 1970(13): 101-108.

来越多的关注。例如,有些行为心理学理论家们在20世纪70年代后期提出一套对问题行为由以产生的环境因素进行"生态评估"(ecological assessment)的方法。这些行为心理学家们用"生态评估"的方法分析有些发展性障碍患者的自伤行为,发现诸多环境因素包括患者与工作人员的人际互动,生活作息的时间安排,住房与起居的客观条件和患者家庭中的意外变化,都可能导致和影响患者的自伤行为。由此得出的结论是:教育人员和干预人员在处理这些行为时应该对环境要素与目标行为的联系作全面考察,并通过对有关环境变量进行控制的方法来帮助患者改善行为。

三、"行为动力操作"的提出及其内涵

从斯金纳开始,行为心理学的传统是用前因—行为—后果的模式来认识行为。在这一模式中的前因往往是指区别性刺激或 S^D。但 S^D 在本质上是必须通过行为的后果来影响行为的。而20世纪80年代由美国密歇根大学的迈克尔教授提出的"激发性操作"的概念,主要是指行为由以产生的动因。在"激发性操作"这个理论模式中,行为的动因并不一定通过行为的后果来影响行为。迈克尔指出有许多时候与情况,在行为与其后果的关系保持不变的条件下,行为的动因的存在与否本身就可以左右行为的概率。

与此有关的一个例子是"缺乏"或者"丧失"的条件。例如,一个自闭症儿童本来不愿说话沟通,但他特别喜欢玩皮球,如果自闭症儿童有很长时间没有玩皮球了,而一下看到教者手上拿着一个皮球,出于对玩球的渴望,儿童会有更大的可能说"我要皮球"之类的话,而教者用皮球作为奖励获得训练成功的可能也就更大。迈克尔认为,儿童有很长时间没有玩皮球这一条件首先可能增加儿童与皮球有关的行为,其次可以增加皮球的奖励性。而他所谓的激发性操作,就是利用这一原理建立行为由以产生的动因和增加奖励物当时有效性的方法和技术。

行为动因本身就可以左右行为的另外一个例子是令人"反感"或"痛苦"的条件。例如,一个人由发烧头疼而往往形成一个行为动因,就是去看医生或者吃退烧药等。反过来说,一个人没有去看医生或者吃退烧药的行为,是因为没有发烧头疼的问题这一行为动因,而不是因为什么行为的结果在起作用。由此可见,在这一例子中,主要是前因而不是后果在影响着行为。[①]

到21世纪初,迈克尔与其同事在此认识的基础上进一步提出了行为动力操作(motivating operations)这一包容性更大的概念。行为动力操作包括激发性操作和消除性操作。所谓激发性操作(establishing operations),如上第一个例子所表明是建立行为由以产生的动因和增加奖励物的当时有效性的方法和技术。而消除性操作(abolishing operations)则是消除行为由以产生的动因和减少奖励物的当时有效性的方法和技术。如在上面的第二个例子中,患者有时候可能用自伤行为来应对发烧头疼的问题,而有些自伤行为如用头撞桌面等确实也能暂时地压抑由于生病而导致的头疼。但是当医生给患者服药以后,就"消除"了患者因为感到头疼而去用头撞桌面止痛的动因;或者也可以说,用头撞桌的自伤行为失去了暂时止痛的奖励性和有效性。

---

① Michael,J.. Establishing operations and the mand[J]. Analysis of Verbal Behavior,1988(6):3-9.

第2节 前因调控的主要技术

在理解了"区别性刺激""刺激控制""环境要素"和"行为动力操作"的理论的基础上,我们就可以进一步地学习有关的干预方法和技术了。以前因为基础的干预主要包括刺激控制、环境机制的调控、考虑与控制生理性因素、给学生以选择机会、对课程作个别化的调整、无条件强化和对学生进行合作等行为的训练。以下在介绍操作方法时所列举的示例,都是符合一定的科研设计标准和科研伦理要求的具体实验及其发现。

一、刺激控制(stimulus control)的实际应用

在教育实践中,如果一个学生仅仅在一种信号或者刺激的条件下发出特定的行为,而在另外一种信号或者刺激的条件下不发出这种行为,那么就可以说这一行为是处于刺激控制之下。或者更严格地说,如果一种行为的频率、长度、强度和持续时间受某一种信号、刺激的影响或者与这种信号、刺激的存在与否具有规律性的联系,这一行为就可以被认为是处于刺激控制之下。例如,一个学生在墙上挂有大钟的教室里往往会掌握时间完成作业,而在墙上没有大钟的教室里则往往不能够掌握时间完成作业,那么这个学生的行为就被认为是处于与大钟有联系的刺激控制之下。

从操作方面来说,刺激控制的实现所需要的条件包括一个行为和两种刺激。具体说来,教师要准备或者确定两种信号,一种为区别性刺激(discriminative stimulus)或 S^D,另外一种为中性刺激(stimulus delta)或 $S^\triangle$。每当学生在 S^D 的条件下表现出一个特定行为时,教师便给其奖励与强化;而每当学生在 $S^\triangle$ 的条件下表现出这一特定行为时,教师则不给予奖励与强化。如果教师能够非常一致并持久地使用这一原则方法,则随着训练的进展,在 S^D 的条件下学生便有可能表现出这个特定的行为。相反,在 $S^\triangle$ 的条件下学生则较少有可能会表现出这个特定的行为。

在实验例子方面,我们可以举康罗伊(Conroy)、阿斯慕斯(Asmus)、塞勒斯(Sellers)和拉德维希(Ladwig)的实验来说明刺激控制训练方法对控制自闭症学生在教室里表现出来的刻板行为有良好的效果。在这个实验中,研究者们对一位名叫马修的自闭症学生的自我刺激行为(如舞动手掌)进行了功能分析。研究者们发现这些行为背后的功能在于马修由此得到感官刺激。而这些行为在比较枯燥的课时(如算术课上)表现得特别频繁。于是,研究者们为马修准备了两张三英寸见方的视觉卡片,一张卡片上印有一个红色圆圈,而另外一张卡片上印有一个中间穿杠的红色圆圈。研究者们告诉马修,在教室里有的时候(如课间休息时)自我刺激行为是被允许的;而有的时候(如教师讲课时)自我刺激行为是不能够允许的。研究者们又进一步告诉马修,当教师在马修课桌上放上那张印有红色圆圈的卡片时,自我刺激行为是被允许的;而当教师在马修课桌上放上另一张印有一个中间穿杠的红色圆圈的卡片时,自我刺激行为不能够被允许。随后,在研究者们的指导下,马修的教师和助手在课前提醒马修这种区别,并在课上和课间又根据情况在马修的课桌上放上不同的卡片。如果马修在课桌上出现印有中间穿杠的红色圆圈的卡片时表现出自我刺激行为,教师或其助手就会提醒他马上停止。否则的话,教师或其助手对马修的行为不给予额外的干预。研究结果发现,通过刺激控制训练方法的一段时

间的干预,马修的自我刺激行为,在桌上放有中间穿杠的红色圆圈卡片的条件下接近于零,而在桌上出现仅有红色圆圈卡片的条件下则相对较多。① 教师和家长对此结果都表示满意,因为马修的问题行为在刺激控制之下尽管没有绝迹,但是对己对人都影响不大。同时,教师和助手发现刺激控制训练方法在教室里的运用,既方便又实际。下面为一个运用实例。

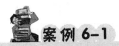案例 6-1

> 达达,5岁,是一个重度的自闭症男孩。他有一个让人头痛的问题行为——撕纸。不管在什么时候、什么地方,只要他看到纸就会拿过来撕,家长对此行为防不胜防。我们通过对他该行为的观察、记录、分析,发现该行为的功能是自我刺激。在行为干预计划中,老师首先要教会他什么纸可以撕,什么纸不能撕;在什么地方可以撕纸,什么地方不能撕纸。于是,老师在教室的角落放置了一个装满了废纸的纸箱,在纸箱的上方贴有一个醒目的标示——一张画有撕纸动作的漫画。每当达达在教室的其他地方准备拿纸撕时,老师就迅速将他带到纸箱前,指着标示对他说:"你可以从纸箱中拿纸撕。"并提示他完成指令,给予强化。如果达达撕的不是该纸箱中的废纸,老师就会让他自己清理他撕碎的纸片。十几天之后,达达在教室中随意撕纸的行为有所减少,在指定的纸箱里拿纸撕的行为增加。②

二、环境调控的各种方法

环境机制的调控是通过对外界的与行为有关的条件的改变,达到减少或削弱特殊儿童特有的问题行为的目的。环境机制调控的要素主要包括以下几个范畴和相应的方面。

第一,结构性程度。考察一个教育环境的结构性程度如何,可以看在这一环境中是否有特定的方法去规定什么人在什么时候做什么事情,是否有条件(如教师的存在及其对学生的辅导等)保障活动和事情会按计划发生,在此环境中的人们是否可以对将要出现的活动有所预料以及教师是否会事先提醒孩子为将要发生的活动做好准备等。一般来说,环境的结构性程度越高,对特殊儿童行为的影响也就越有积极性。

第二,社会性环境。社会性环境可以包括在一定环境中人员的数量是否恰当,孩子在此与周围的人们是否相容,人们相处的情况如何,教师与孩子的比例是否恰当,教师与孩子的关系如何以及教师是否鼓励特殊儿童与正常儿童之间的交往等。与物质性环境相比,社会性环境对孩子的影响,也许是更为直接的。

第三,物质性环境。物质性环境的具体成分可以包括环境是否干净安全,室内温度是否适宜,环境周围是否充满视觉材料,进出来回是否方便,是否便于教师观察,环境内是否有与孩子年龄相宜的玩具和器械以及环境是否有利于特殊儿童与其他人群的交流等。也许很少有物质性环境是完全理想的,但物质性环境中上述正面条件的存在,显然会对学生的行为产生积极的作用。

---

① Conroy, M. A., Asmus, J. M., Sellers, J. A., Ladwig, C. N.. The use of an antecedent-based intervention to decrease stereotypic behavior in a general education classroom: A case study[J]. Focus on Autism and Other Developmental Disabilities, 2005, 20(4): 223-230.

② 本案例由武汉麟洁健康咨询中心刘荣连、沈薇提供。

在实证性材料方面,仅举一例。在斯蒂克特、哈得森(Hudson)和萨索(Sasso)的实验中,两名年龄为11岁的具有情绪与行为障碍的学生在上训练课时都不能够认真学习,同时表现出各种行为问题,如离开座位或侵犯他人等。研究人员通过结构分析发现,这两名学生的学习表现和行为问题与以下环境因素有着规律性的联系,第一是任课教师对学生有没有明确的要求,第二是教师给学生的任务或者问题是不是非常具体,第三是上课时教师与学生之间的在身体方面的距离,第四是上课时教室里有没有其他令人分心的因素。针对这些发现,研究人员设计了两种教育环境:在第一种教育环境中,教师给学生难度适当的学习材料,教师在学生开始完成作业任务前先对问题作具体解释,上课时教师与学生之间的距离较近使得学生始终能够看见教师,教室里其他学生都行为中性而不是令人分心(如没有随便进进出出等);在第二种教育环境中,各种情况基本相反,例如,教师在布置了学生的学习任务后并没有具体解释与必要指导等。实验结果表明,在第一种教育环境中,两名学生的学习表现在接近100%的时间单位中令人满意,而他们的问题行为趋于零。在第二种教育环境中,他们的学习表现在30%左右的时间单位中令人满意,而他们的问题行为有明显的增加。① 研究者们据此告诉教师:环境的调控是对这两名特殊儿童行为干预的重要一环。教师根据研究的发现而调整了教育环境,并且对由此带来的学生表现的进步非常满意。以下为一个运用实例。

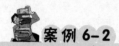
案例 6-2

童童,5岁,是一名自闭症儿童,他一到上语言课时就开始讲废话同时还不停地挪板凳或频繁地拥抱老师等。通过功能分析,童童学习中出现的行为问题和教学环境因素有关。具体分析现有的教学环境后,我们为其设计了另一种教学环境:第一,老师给童童发指令时要求指令简短、清晰、声音大小适中,每个小目标都给童童大量视觉上的提示,并在教新目标时给童童夸张的、多次的鼓励或口头表扬;第二,上课时老师与童童面对面坐着,童童始终能够看见老师,老师与童童间的距离适中,在老师可以控制教学的范围内,教室的玩具、书等全部用布盖起来,等童童表现好的时候拿出一件给予奖励;第三,老师在上课时通过玩游戏的形式介入童童要学的目标,老师要保证在玩游戏时的安全,并确保在游戏中的道具有利于童童玩耍。结果证明在我们设计的教育环境中,童童的学习表现有了很大的进步。②

三、适度的体力运动

适度的体力运动是一个常用的前因控制技术方法。大量的临床观察和实验性研究证明,在特殊儿童那里,缺乏运动和问题行为之间往往有着相关的联系。由于许多特殊儿童常有的问题行为有其满足感官刺激、提高心理或生理兴奋程度的功能,而具有一定激烈程度的体力运动可以达到同样的效果,因此可以成为问题行为的替代行为。这些体力运动应根据个人的健康与兴趣而定,但主要包括跑步、爬高、游泳以及在走步机上运动等。适度体力运动的另外一个特点是,教师可以用它作为一种干预方法,但又不一定要等在问题行为出现后

---

① Stichter,J. P.,Hudson,S.,Sasso,G. M.. The use of structural analysis to identify setting events in applied settings for students with emotional/behavioral disorders[J]. Behavioral Disorders,2005,30(4):403-420.
② 本案例由武汉麟洁健康咨询中心李俊提供。

这一具体时间中加以实施,教师因此就有了一定的主动性。这一优点,对于一位教师面对许多孩子的教室环境,是尤为重要的。在具体的操作上,教师要注意以下几个方面。

第一,教师对特殊儿童的问题行为要有一定的功能分析。从理论上说,如果这些问题行为是以感官刺激为功能的,那么用适度体力运动来作为干预方法往往比较有效。而如果问题行为的目的在于其他方面(如抑制不适或痛苦),则适度体力运动不一定是合适的干预方法。另外,教师在干预过程中也要持续地观察分析,如果通过一定阶段的干预后没有明显的效果,教师就要考虑适度体力运动是不是问题行为的恰当的替代行为。

第二,教师在以适度体力运动为干预方法时,最好能与有医疗知识的人员合作,在干预开始前对特殊儿童各方面的身体功能进行检测,并在干预过程中对特殊儿童心跳等状况进行测量,这样有助于帮孩子选择恰当的运动项目和适度的激烈程度。一般来说,激烈程度的体力运动对各种问题行为有削弱作用。但是,体力运动的激烈程度也不宜超过一定的度。

第三,如果特殊儿童有一定的作息表和固定的社区活动,则教师可以把适度体力运动作为预防性的干预方法,安排在这些活动之前进行。有文献表明,有些特殊患者在有了一定的工作后,先做20分钟左右的适度体力运动再去上班,他们在工作时的问题行为如自我刺激性行为等会有明显减少。

特殊儿童进行适度的体力运动对他们的行为有正面的效应,这是被许多科学实验所证实了的。例如,在埃利奥特(Elliott)等的临床实验中,治疗人员收治了六名有严重行为问题的特殊患者。治疗人员比较了适当激烈程度的体力运动、一般性的运动以及非运动等三种状态对特殊患者问题行为的不同作用。实验结果表明,只有适当激烈程度的体力运动对各种问题行为有显著的削弱作用。[①] 例如,当这些特殊患者在走步机上运动了20分钟以后,他们的心跳达到每分钟平均144次,在此后的一段时间通过对他们观察发现,他们以前所有的大声叫嚷、摇摆身体等问题行为,可以降低60%左右。

究其原因,有些特殊儿童有时候可能用大声叫嚷、摇摆身体等问题行为来得到感官满足。当这些儿童可以从体力运动中得到类似的感官满足以后,他们用大声叫嚷和摇摆身体等问题行为来得到感官满足的动因就被"消除"或者降低了。所以,这一干预符合行为动力操作或消除性操作的原理。以下为一个运用实例。

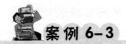

案例6-3

贝贝是一个患有自闭症的7岁男孩。他有一些问题行为,表现为嘴巴里不断地发出呜呜哇哇的声音,坐着的时候乱扭动身体等。我们做了为期两周的行为观察记录后,通过功能分析发现,该生的问题行为的主要功能是自我刺激行为。结合该生的实际年龄及身体状况,我们尝试在课前20分钟与该生进行球类运动和追逐游戏,然后再进行正常的教学。干预两周后,根据对该生问题行为发生频率的记录显示,该生问题行为由原来每分钟14次降低到每分钟5次,而且上课的情绪比较稳定,也比较配合老师的教学。[②]

---

① Elliott,R. O.,Dobbin,A. R.,Rose,G. D.,Scope,H. V.. Vigorous,Aerobic exercise versus general motor training activities: Effects on maladaptive and stereotypic behaviors of adults with both autism and mental retardation[J]. Journal of Autism and Developmental Disorders,1994,24(5): 565-574.

② 本案例由武汉麟洁健康咨询中心柯丹提供。

四、给特殊需要学生以选择机会

给予特殊儿童以选择活动项目和奖励物品的机会是一种能直接导致行为变化的前因控制技术方法。首先,给予特殊儿童选择的机会,能加强他们自我控制的感觉,从而减少这些儿童因控制环境而产生的问题行为。其次,给特殊儿童以选择机会,又能为他们提供机会接触到自己感兴趣的活动和物品,从而有可能提高儿童参与有益活动的动力。最后,如果儿童有了选择的机会,他们就有可能通过选择而避免那些令他们反感的环境和事物,因此能在一定程度上消减了问题行为由以产生的行为动力。而为了达到这一目的,教师在干预中必须注意以下几个方面。

第一,教师要为儿童提供进行选择的手段。对有些能力程度较高的儿童,教师可以用直接发问的方法来得知儿童喜欢的活动和物品。有的时候,教师还可以让儿童填写有关的问卷,来搜集这方面的信息。但是,对残障程度较为严重的儿童,教师就要借助其他的手段来了解儿童的兴趣。例如,教师可以借助对比性的图片,来了解儿童的选择倾向。有的时候,这种选择过程要进行数次,才能确定儿童到底要什么。当然,与熟悉儿童的人进行访谈,也有助于搜集和核实有关信息。

第二,为了收到较好的效果,教师不仅要尽可能地让儿童选择活动,而且还应该让儿童选择为良好行为准备的奖励物品。这是因为,有些儿童有问题行为是为了逃避做不喜欢的活动;而有些儿童有问题行为是因为大人为他们的良好行为准备的奖励物品没有他们从问题行为中得到的感觉更有刺激。所以,如果儿童不仅能选择自己喜欢的活动,而且能选择为此而得到的奖励物品,那么他们进行问题行为的可能性动因就可以得到更大程度的控制。

第三,教师还要用其他训练方法培养儿童的各种技能。许多研究表明,给特殊儿童以选择机会能减少儿童的问题行为,但这并不一定能帮助特殊儿童提高功能性技能。因此,在理论上和实验中可以证明给特殊儿童选择机会可以减少他们的问题行为;但在临床实践中这种方法往往只是综合治疗中的一个部分。

在克恩(Kern)、班巴拉(Bambara)和福格特(Fogt)的实验中,五位患有注意力障碍和多动症的学生(13~14岁)因为在科学课上表现出严重行为问题而被学校要求暂时停学。在评估阶段,研究人员首先通过访谈和观察的方法,发现了这些学生对科学课上的教师按照教材讲课然后学生回答课本上问题的教学方法少有兴趣。接下来,研究人员让这些学生先后处于有选择机会和没有选择机会的不同条件。具体地说,选择机会包括集体选择和个人选择两个层次。在集体选择阶段,教师让学生们就有关的教育材料(如"看有关环境污染的电视录像还是读有关环境问题的调查文献")、教育活动(如"调查当地的环境污染状况还是做有关环境污染的科学实验")和教育顺序(如"先做这一活动还是那一活动")进行投票。教师按照投票的结果适当调整教学的方法。在个人选择阶段,学生可以在完成作业的方式等方面有所选择(如"你要与同学一起还是在电脑上做有关练习")。结果表明,这些学生的问题行为,在有选择机会的条件下显著地少于没有选择机会的条件(从在平均8%的时间单位中表现出问题行为减少到有选择机会的条件下的在平均1%的时间单位中表现出问题行为);而他们认真学习的行为在有选择机会的条件下显著地多于没有选择机会的条件(从在平均57%的时间单位中表现出认真学习增加到有选择机会的条件下的在平均89%的时间单位中表现出认真学习)。① 特别值得提出的是,在这个过程中,研究人员并没有用任何后果调控的手段,这就证明了前因控制技术本身往往能有效地控制问题行为。下面是一个运用实例。

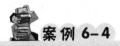

案例 6-4

我们接触到一位语言障碍伴多动的学生楚楚(7岁),因为他在体育课上表现出严重行为问题而常被老师停课。在整个评估阶段,我们首先通过访谈和观察的记录方法,发现了这位学生对体育课上老师的目标要求不愿意遵守,在体育比赛中不愿意接受失败。接下来,我们让这位学生处于有选择机会的条件下。在常规性体育课上,老师先告诉楚楚这节课程有哪几个目标活动(包含学生喜欢的和不喜欢的),让他选择先做什么活动再做什么活动,老师根据他的选择结果适当调整教学过程;在竞赛性体育课上,老师也会先告诉楚楚他要和哪几个同学参与竞赛活动(包括比他好的学生和比他差的学生),让他选择先和谁比赛再和谁比赛。经过一段时间的干预,楚楚的问题行为明显减少。②

五、对课程作个别化的调整

安排难度适宜的个别化教育项目并使之富有变化性是前因控制技术的另一种行之有效的方法。在实践中,这一方法往往在学校和其他教育环境中得到实施。以下是这一干预方法的具体操作步骤。

第一,干预方法以功能分析为起点。有些特殊儿童和发展性残障儿童在学校里有时行为很好,有时行为有问题。这往往意味着这些问题行为与一定的外部条件和学习内容有某种联系。教师必须通过长期细致的观察分析,确定这种联系所反映的问题行为的功能。例如,有的儿童在上课时间较长的情况下,比在上课时间较短的情况下,要有更多的问题行为。这很可能是与有些特殊儿童注意能力较为有限有关。教师在必要时可以通过实验方法来证实或者修正这种关于条件与行为联系的假说。然后,用任务分析的方法或者调整上课时间的方法来对症下药地帮助学生。

第二,根据功能分析所提供的信息,教师为特殊儿童的教育程序作适当的调整,使之更能反映他们的水平和需要。例如,有的儿童由于书写能力有限而在与写字相关的课程与任务中会有问题行为,那么教师可以让儿童在电脑上打字或用录音机来完成某些任务。有的特殊儿童在人比较多的环境中会有问题行为,那么教师可以把儿童安排在一个学生较少的环境,或者在教室里为儿童设置一个相对安静的小角落等。

第三,与此相应,教师在与特殊儿童交流时,要恰当使用任务变化的方法,也就是把不同的训练项目或者儿童已经学会的任务和新的任务夹杂在一起,而不是让儿童持续地学做同一个新的任务。这是因为,特殊儿童往往是注意能力有限,时间较长地教其同一新的任务可能会使他们有问题行为,而且学习的效果也不会很好,所以有可能的话应该避免。此外,教

---

① Kern,L.,Bambara,L.,Fogt,J.. Class-wide curricular modification to improve the behavior of students with emotional or behavioral disorders[J]. Behavioral Disorders,2002,27(4):317-326.

② 本案例由武汉麟洁健康咨询中心刘荣连提供。

师在为特殊儿童选择任务时,要注意这些任务既要与儿童的功能水平相吻合,又要与他们的自然年龄相协调。例如,有些任务所要求的注意力持续时间大大超过了学生的发展阶段和自然能力。如果这样的话,教师可以用调整时间长度的方法来帮助学生获得成功并防止他们用问题行为来逃避任务。

穆尔(Moore)等的实验很好地说明了对课程作个别化的调整对特殊儿童问题行为有矫正的效果。研究人员收治的一名6岁的学生,不仅有学习障碍,而且在教室中还有许多问题行为,如擅自离开座位、上课时大声讲话或哄笑以及拉其他学生的衣服或身体等。研究人员通过几周的观察,提出了关于问题行为的一个假设:这名儿童通过上述问题行为来实现逃避学习的目的。研究人员接着又用功能分析方法验证了这个假设。在此基础上,研究人员与学校教师一起,对这名儿童的课程作了必要的调整。如研究人员用任务分析的方法,将原来需要连续工作15分钟的算术题分解为三个步骤,而每个步骤大约需要5分钟的时间就可以完成。同时,教师根据研究人员的建议在一开始时就给这位学生发出具体明确的指令,如"你先完成这一步,等你做完这一步后,我会告诉你下一步做什么"。特别值得指出的是,研究人员并没有使用任何后果调控的方法,来干预他的问题行为。实验结果表明,该名儿童在干预后能在更多的时间内集中注意力于学习任务方面。更重要的是,他的问题行为,由原来的平均为46%的发生率减少到16%的发生率。[1] 这一研究所取得的干预效果,后来被许多类似的实验一而再再而三地所重复证实。

在这里必须强调的是,对课程作个别化的调整,并不等于降低对患有特殊障碍的儿童应有的标准。因为教师调整的并不是对儿童进行教育训练的目标,而是调整教育训练的具体方法。通过这种调整,使得与某些教育训练方法相关联的一些负面条件得到一定的控制,从而更有利于特殊儿童的学习。

六、无条件强化

无条件强化是以一种前因为基础的干预方法。从操作上来定义,无条件强化指的是教师可以定期地给学生提供其所喜欢的活动或者实物,而在此过程中基本不考虑学生的行为表现。从本质上分析,无条件强化是一种消除性操作(abolishing operations),因为这种方法可以消除问题行为由以产生的动因和减少对问题行为奖励物的当时有效性。

无条件强化又可以分为无条件正强化和无条件负强化两种技术。无条件正强化,简单来说就是通过"满足需要"(satiation)而消除行为动因。为了说明无条件正强化的道理,我们可以看一下卡恩(Kahng)、艾瓦特(Iwata)、汤普森(Thompson)和汉利(Hanley)的一个实证研究。这一研究的被试是三位患有发展性障碍的成年人,长期以来他们表现出频繁的自伤行为和攻击性行为。研究者们通过功能分析而得出结论:这些自伤行为和攻击性行为由以维系的强化物是其后出现的所欲食物和社会关心。以此认识为基础,研究者们设计了一个无条件正强化的干预方法。在研究者的指导下,工作人员定期频繁地与这三位发展性障碍患者接触,并给予他们少量的食物。很显然,这种方法因为消除了问题行为由以产生的动因

---

[1] Moore, D. W., Anderson, A., Kumar, K.. Instructional adaptation in the management of escape-maintained behavior in a classroom[J]. Journal of Positive Behavior Interventions, 2005, 7(4): 216-223.

而属于一种消除性操作。然后,在这些患者的问题行为得到缓解后,工作人员又逐渐拉开了无条件强化的时间,由原来的每过五秒到以后的五分钟后再去与这三位患者接触并给予他们以少量的食物。结果表明,这三位发展性障碍患者的自伤行为和攻击性行为在无条件正强化的干预后都逐渐地趋向于零。①

在另外一个方面,如果问题行为的功能在于避免或者逃避,而干预人员如果可以为行为者创造一个机会以脱离令其不适的条件或者环境,则干预方法就属于无条件负强化的性质。例如,多动症的学生把在一节课中坐45分钟看作是一种苦难和折磨。他们往往在课上到一半时做出一些出轨的动作,目的是为了逃避上长课坐板凳的"苦难和折磨"。如果教师能够根据个别化教育的原则,在教学初期为这些学生创造一个缩短课时或者增加活动的条件,这样的无条件负强化很可能帮助学生避免用问题行为来逃避上长课坐板凳。当然,教师在达到初期的教育目的以后,还可以慢慢地要求这些学生增加课时与缩短休息,从而使得他们逐渐地适应与其他学生一样的教学条件。

在教育实践中,教师应该为特殊儿童安排各种结构性的活动。通过丰富而有意义的活动,特殊儿童可以得到各种正常的感官方面的需要,也可以得到来自大人和伙伴的关注。从而,他们也就可能不必再诉诸包括暴力行为在内的问题行为来满足自己的那些本来是正常的需求。以下是一个运用实例。

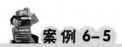

案例 6-5

豪豪,6岁,是一位自闭症的男孩,老师发现他在小组课上总是找机会推别的同学。老师对他的这一行为进行了观察记录并通过功能分析而得出结论:他是为了得到妈妈的注意力(注:他的妈妈陪读,在课堂上每次他推了同学之后,妈妈总是过来说:"你这样不对。"而他也会马上认错说:"不能推小朋友。")以此认识为基础,老师设计了一个无条件正强化的干预方法。老师仍然让他身处在小组课的教室中,最初在1分钟的单位时间内,只要他能够有任何好的行为,老师都让妈妈马上表扬他,说:"豪豪表现得很好。"渐渐地,在豪豪的问题行为得到缓解后,老师就逐渐拉开了无条件强化的时间,由原来的每1分钟逐渐地过渡到以后的每5分钟定期的强化他的任何好的行为。结果,豪豪推人的行为逐渐消失了。②

七、合作行为的训练

训练学生掌握各种功能性技能,对预防特殊需要学生的问题行为有极为重要的作用。本书第10章将比较系统地阐述发展学生的社交技能、情绪控制和自我管理的具体方法。这些训练目标和方法,在广义上说也属于以前因为基础的干预。在这里,我们先对以训练技能为特点的前因控制中的一种方法进行讨论。

例如,教师可以用训练学生合作行为的方法,来防止他们表现出各种问题行为。在临床

---

① Kahng,S. W.,Iwata,B. A.,Thompson,I. G.,Hanley,M. D.. A comparison of procedures for programming non-contingent reinforcement schedules[J]. Journal of Applied Behavior Analysis,2000(33):223-231.

② 本案例由武汉麟洁健康咨询中心沈薇提供。

实践中经常看到的一种现象是,大人要教育训练特殊儿童去学习技能或知识,而特殊儿童却用各种行为问题,如自伤、打人或发脾气等来对抗,不与大人合作。例如,艾瓦特等通过对大量特殊文献的统计归类发现,在特殊儿童的各种自伤性行为中,有38%是由于特殊儿童想以此来逃避大人或教师对他们的要求;有26%是因为他们想得到他人的关注或实物而发生的;另外还有26%是因为各种生理性原因而导致的;最后,有10%左右的自伤性行为是由多种原因或不明原因所导致的。[①] 换句话说,造成特殊儿童各种自伤性行为的最大原因,是他们不愿与大人或者教师合作。由此也说明,对特殊儿童进行合作行为训练,是非常重要的。

合作行为的训练,包括以下步骤。

第一,在训练的开始阶段,教师只要求儿童做最简单的同时也是他最可能配合的动作。例如,教师可以拿一个玩具飞机对儿童下指令说"把飞机拿去",教师以后再逐渐地提出一些其他要求。

第二,教师要把儿童的合作和他所得到的奖励之间的因果关系,表达得非常简单明了。例如,教师可以拿着儿童喜欢的玩具汽车对他说,"你过来,我给你汽车"。或者"你坐下,我们一起玩开汽车"。教师应该毫不含糊地执行这些条件。

第三,有时候,教师可以给儿童以有条件的选择。例如说,"你要看书还是写字?"在有选择的情况下,儿童会感到自己对自己的活动有一定的控制,从而更有可能配合。

第四,教师在一定的时间内不要提过多的要求。教师在提出要求以前首先要引起儿童对自己的注意,如先叫儿童的名字。教师对儿童提要求的用语应该简短明了并符合儿童的语言发展程度。这些做法都可以增加儿童合作的可能性。

第五,如果儿童能与教师配合,教师要注意给其以经常的和有效的奖励。如果儿童没有与教师配合,教师要保持冷静。教师任何情绪化的反应,都只能使得儿童的不合作变得更加严重。

第六,在儿童不合作或不听话的时候,教师可以用"行为态势法"(behavioral momentum)来创造儿童可能合作的条件。行为态势法的具体做法是,教师先让儿童做几件他最有可能做的动作并因此而给予奖励(high-probability 或 High-P),接着再要求儿童做一件他应该做而又比较难做的事情(low-probability 或 Low-P)。例如,教师可以先要求儿童"把饼干吃了""咱俩拉拉手"等,并在儿童听从指令时给予热情的表扬和奖励,然后,教师再对该儿童说,"好,现在把玩具还给小朋友"。

下面的实例说明了前因控制技术在这一过程中同样重要的地位。戴维斯(Davis)等认为,为了得到特殊儿童的合作,教师必须善用前因控制技术的方法如行为态势法。参与他们实验的两位特殊和发展性残障儿童也有以问题行为来对抗教师要求的历史。治疗人员通过观察确认了一系列他们所喜欢做的事情,如"让我们来击个掌""摸摸你的头发""大家来拍手""碰碰桌子上的玩具",等等。治疗人员也确认了一些他们所不太常做的事情,如坐在小椅子上和从地上把玩具捡起来等。治疗人员在此认识的基础上使用了行为态势法,即每次在要求儿童做不太常做的事情(Low-P)之前,先让他们做三到五件他们所喜欢做的或经常

---

① Iwata,B. A. ,et al. The functions of self-injurious behavior:An experimental-epidemiological analysis[J]. Journal of Applied Behavior Analysis,1994,27(2):215-240.

做的事情(High-P),然后对他们的相应合作给予热情的表扬鼓励。在这种行为态势法实行了15天左右的时间以后,两名儿童的不合作行为相继出现了变化,具体表现为当教师在先让他们做喜欢做的事情然后要求他们做不太常做的事情时,两名儿童都表现出80%到90%的合作与听从大人要求。[①] 从分析教师的要求来说明这些变化的原因,在于这些要求常常与表扬鼓励相结合使用而成为具有特殊的积极意义的区别性刺激,而使儿童容易接受。其他的实验也同样表明,如果教师在发出要求的同时对儿童的合作动作经常地作些正面积极的评论和表扬,也可以增加儿童的配合度。因为,教师的这些正面语言有助于使教师的其他指令具有积极意义或者至少成为中性化,从而减少了儿童对其有负面行为反应的可能性。

第3节 前因调控的优势与局限

本章的第1节和第2节分别讨论了以前因为基础进行干预的理论和方法。在这一节中,我们要对这些理论和方法的优势与局限,作一简单的评论分析。

一、以前因为基础的干预方法的优势

行为心理学越来越注重以前因为基础对目标行为进行干预。这是因为以前因为基础的干预方法有着明显的优势。

第一,因为以前因为基础的控制技术的各种方法比较简单易行,所以它们能够在一般的教育环境和自然环境中得到应用。

例如,在齐哈克(Cihak)、阿尔伯特(Alberto)和弗雷德里克(Fredrick)的实验中,被试是4名年龄为15～21岁的智障者。他们作为中学生,定期到社区参加就业训练。在这过程中,这4名特殊需要学生往往表现出发脾气、自我刺激和高声叫嚷等问题行为。研究者通过功能分析而发现,因为有些就业训练任务(如在商店里把商品放到架子上)对于这些学生来说具有一定的难度,所以他们用这些问题行为来逃避就业技能的训练过程。根据这一认识,研究者设计了一个干预方案。其中,主要的干预方法是根据"区别性刺激"和"刺激控制"的原理而提出的。研究者们为这4名特殊需要学生准备了MP3及耳机,研究者又让学校教师和工作教练在MP3中录下与工作有关的指令,如"走近货架""商品上架"和针对以前问题行为的功能而设计的提醒如"完成任务后就可以休息了""马上就到休息时间了"。这里,与工作有关的指令通过提供辅助而降低了工作的难度,而针对问题行为功能而给的提醒使得这些学生对自己行为的后果有所意识。实验结果表明,通过一段时间的刺激控制训练和其他相关干预,这4名特殊需要学生的问题行为都明显下降了,有些学生的问题行为接近于零。[②] 总而言之,在许多教育环境和自然环境中,对于问题行为的后果调控,往往比较被动与困难。如果能够用以前因为基础的干预方法,预先防止问题行为的发生,则干预的临床效果和社会

---

① Davis,C. A.,Brady,M. P.,Williams,R. E.,Hamilton,R.. Effects of high-probability request on the acquisition and generalization of responses to requests in young children with behavior disorders[J]. Journal of Applied Behavior Analysis,1992,25(4):905-916.

② Cihak,D.,Alberto,P. A.,Fredrick,L. D.. Use of brief functional analysis and intervention evaluation in public settings[J]. Journal of Positive Behavior Interventions,2007,9(2):80-93.

效果可能更好。

第二，前因控制技术既可以有效地改善一般学生与特殊需要儿童的行为，又能够消减对惩罚性后果方法的依赖。

例如，给学生以选择机会并让他们有机会做其喜欢的任务和活动是以前因为基础干预的一个重要方法。美国宾夕法尼亚大学的摩根（Morgan）对这一方法的有效性作了一次综合性回顾，即荟萃分析（meta analysis）。这位研究者汇集了自20世纪80年代起至21世纪初为止发表在专业杂志上的所有实验报告。他通过对已有研究发现的综合分析而得出的结论是，给学生以选择机会并让他们有机会做其所喜欢的任务和活动，对于防止和改善学生的问题行为确实具有普遍性的积极效果。摩根进一步指出了这种以前因为基础干预的积极效果的原因在于，一是给学生以选择机会做其所喜欢的任务无疑是让学生有机会接触正面强化物，二是给学生以选择机会做其所喜欢的任务，可以使得他们不用依赖于问题行为就可能脱离对他们而言具有惩罚性的任务或者刺激。[1] 可以补充的是，以前因为基础的其他干预方法，一般来说也具有这些特点和效果。

最后，有些前因控制技术因为涉及行为问题的生理机制而可收到治本的效果。这一优点，在许多实验性文献中已经得到验证。

二、以前因为基础的干预方法的局限

在临床上，前因控制往往还须有后果控制的配合才能取得充分的效果，在特殊教育文献中不乏这样的例子。例如，在阿里森（Allison）、巴西勒（Basile）和麦克唐纳（MacDonald）所进行的实验中，治疗人员对一名有暴力行为的特殊患者进行了功能分析。他们发现这位患者的问题行为是以得到感官方面的刺激为功能的，而且他为此服用抑制过度兴奋的药物但效果并不理想。治疗人员就用适度体力运动为干预方法，在每天下午5点钟时与该患者一起跑步达20分钟。观察发现，在患者没有体力运动时每天晚间会有平均两次的暴力行为，而在进行体力运动后每天晚间平均的暴力行为为0.9次。[2] 在这个实验中，尽管对象行为在干预后所出现的正面性的变化是显著的，但干预还没有能够完全消除问题行为，这需要由后果控制来加以补充。特殊儿童的问题行为往往与许多变数有关，在每个儿童身上又有独特的表现。所以，前期干预往往还须与各种基于后果的干预方法结合使用，才能取得矫治问题行为所可能达到的理想效果。

在研究方面，有时对前因控制的各种变数及其作用难以精确地评估与分析。例如，康罗伊和斯蒂克特对有关基于前因的干预方法的科学文献作了一次综合性回顾而得出的结论是，这些干预方法具有预防性和有效性，但是对前因进行评估的过程和结果还没有一个大家都可认同的标准，而且对干预过程中哪一种因素在对目标行为起积极作用也往往难以确

---

[1] Morgan, P. L.. Increasing task engagement using preference or choice-making: some behavioral and methodological factors affecting their efficacy as classroom interventions[J]. Remedial and Special Education, 2006, 27(3): 176-187.

[2] Allison, D. B., Basile, V. C., MacDonald, R. B.. Brief report: Comparative effects of antecedent exercise and Lorazepam on the aggressive behavior of an autistic man[J]. Journal of Autism and Developmental Disorders, 1991, 21(1): 89-94.

定。① 这些研究者的看法是中肯的。行为心理学的关于以前因为基础的干预方法要达到其以后果为基础的干预方法相同的水平，还有很长一段路要走。

 本章小结

　　以刺激控制、环境要素和激发性操作为理论基础，应用行为分析提出了以前因为基础的各种干预方法。在本章中，我们讨论了刺激控制、环境要素和激发性操作等基本概念，特别分析了区别性刺激和各种行为动力操作之间的区别。在这个基础上，我们又具体介绍了刺激控制的实际应用、环境机制的调控、考虑与控制生理性因素、给学生以选择机会、对课程作个别化的调整、无条件强化和训练学生的合作行为等以前因为基础的各种操作方法。其中，环境机制的调控是通过对外界的与行为有关的条件的改变而达到减少削弱学生问题行为的目的；无条件强化作为一种消除性操作，可以削弱或消除问题行为由以产生的动因；而训练学生掌握各种功能性技能特别是合作行为，对预防特殊需要学生的问题行为有极为重要的作用。这些都是在临床上经常使用而在科学研究中被证明为有效的干预方法。根据实践是检验真理标准的原则，本章的最后一节对以前因为基础的干预方法的优势和局限作了一些评价。

 思考与练习

1. 什么是刺激控制？
2. 什么是激发性操作？
3. 试述无条件强化的主要操作方法。
4. 举例说明行为态势法的操作过程。
5. 以前因为基础的干预方法有什么优势？

---

① Conroy, M. A., Stichter, J. P.. The application of antecedents in the functional assessment process[J]. The Journal of Special Education, 2003,37(1): 15-25.

第7章 特殊儿童问题行为的积极干预

 学习目标

1. 理解对特殊儿童问题行为进行积极干预的理念。
2. 掌握对特殊儿童问题行为进行积极干预的四种主要技巧。

当儿童表现出问题行为时,父母或者老师多半会采取一些"减少不良行为"的策略(包括惩罚,详述可见第8章),来对问题行为进行干预。但是,利用惩罚这种方式虽然可以立即改变儿童的行为问题,却往往不能维持行为改变的效果。因此,很多行为分析学家通常会采用"积极干预"的方法来改变问题行为。积极干预策略是一种全新的解决问题行为的方法,也是一种全新的行为干预哲学观。积极干预策略倡导的是,当我们遇到问题行为时,首先要做的是通过系统的观察、资料的搜集等来辨别这个问题行为的功能和目的,然后,通过传授给儿童功能相同的替代行为来代替儿童的问题行为,而不是去惩罚不良的行为。当积极策略实施时,问题行为的改变既可以长期维持,也能在社会中被接纳。

过去,我们对待"问题行为""不受欢迎的行为""适应不良行为"或者"困难行为"的目标就是简单地消除它们。所以,我们经常会去惩罚个体表现出来的问题行为,而从来没有试着将了解或者查询这个行为为什么会发生放在首位,也从不去了解这个人出现这种行为有什么"目的",又或是为了去"适应"什么。其实,如果当某个行为在过去一段时间里经常发生,而且已经持续很长一段时间了,同时我们还能预测出它什么时候还会再发生时,我们就不能认为这些行为只是"偶然"发生的,它很可能就具有某些目的或功能了。

如果这个观点是正确的,那么我们的目标就应从消除问题行为而转向理解这个行为的功能,我们采取的干预技巧就应该是教授一种能被社会接受的、符合年龄的、最易成功的、新的行为模式,这种改变在观点和方法上是革命性的。我们不应该去责备那些表现出问题行为的人,因为是我们的社会及其他各种原因让他们学会了以这种方式来应对问题。[①]

基于"积极干预"的哲学观,行为分析学家们普遍注重新技能的传授。同时,他们也相信"个体的学习主要通过改变环境变量而产生"[②]。而这些环境变量的改变,是可以通过运用在实验室和真实生活中发展出来的行为原理和技巧来精心控制的。这些原则和技巧既可以单独使用,也可组合使用。本章我们主要介绍这些发展新行为的技术,包括塑造、提示、渐隐和链接。

---

① Carr,E.G.,Levin,L.,McConnachie,G.,Carlson,J.I.,Kemp,D.C.,Smith,C.E.. Communication-based intervention for problem behavior[M]. Baltimore:Paul H. Brookes Publishing Co.,Inc,1994.

② Skinner,B.F.. The technology of teaching[M]. Cambridge:B.F. Skinner Foundation,1968/2003:9.

第1节 塑 造

一、塑造的定义

塑造(shaping)是一种通过使用连续渐进式差别强化来建立终点行为的技术。当我们期望的行为出现频率比较低,甚至为零时,我们就会采用塑造的策略。"通过这种方法我们能够帮助有机体建立起复杂的操作技能。"[①]在进行行为塑造时,我们会选择"已经存在的良好反应进行差别强化,因为这些反应与终点行为更接近"[②]。所谓"差别强化"就是只对达到特定要求(如行为的次数、持续时间、反应时间、等级等)的反应进行强化,而对其他的一切反应都进行消退。[③] 也就是说,塑造是逐步强化与终点行为最为接近的一连串反应,而不是只强化终点行为。

二、塑造的应用

塑造经常被运用于增加正常儿童或者特殊儿童的发声。以一个没有任何语言的儿童为例,当他开始发出任何声音时家长或教师就对他进行强化,并以此作为塑造的起点。当这个儿童开始不断地发出声音时,家长或教师就只对达到他们要求或接近他们要求的声音进行强化,而对其他没达到要求的声音或是没有发声的行为不进行强化。也就是说,对那些简单的而没有达到标准的发音,不再有开始时那么多的回应和强化了,而只强化达到要求的发音。

塑造还可运用在逐渐增加学生的作业时间上。如果一个学生只能坚持做作业大约1分钟,而我们对他的目标是坚持做作业10分钟。开始时,只要这个学生能坚持做作业1分零10秒,我们就给他提供强化。当这个学生能坚持做作业1分零10秒时,我们就可以在这个学生能坚持做作业1分零20秒时他提供强化。这个程序可以一直这样持续下去,直到达到10分钟的目标。需要注意的是,当坚持做作业的时间达到一定标准时,其他没有达到标准的反应都应该被消退。也就是说,如果坚持做作业的时间已经达到8分钟,那么任何持续时间超过8分钟的行为就应该被强化,持续时间没有达到8分钟的行为就应该被消退。

塑造程序同样还可以用来有效减少社会或个人的问题行为。在这些案例中,塑造经常被用于教导恰当的、具有适应性的行为,以取代问题行为。在一些实例中,塑造的程序曾被用于教授年轻人在面试时或在约会时应该如何表现。恰当的"面试"反应应该包括与考官握手、注视考官的眼睛、微笑、提出恰当的问题等。在这些训练项目中,只要出现与恰当反应相似的行为就会得到社会性强化。

塑造也常被运用于增加进食的行为。塑造可以被用于那些挑食的儿童身上,给挑食儿

---

① Skinner, B. F.. Science and human behavior[M]. New York: The Macmillan Company, 1953:92.
② Cooper, J. O., Heron, T. E., Heward W, L.. Applied Behavior Analysis[M]. New Jersey: Pearson Education, Inc, 2007:424.
③ Zbid., P. 425.

童介绍新的食物之前,训练者可以首先将这种新的食物放到他面前(这种食物可能与儿童最喜欢的食物的味道或者质地相似)。接下来,当儿童有触碰到这个新食物时训练者就可以给他最喜欢的食物。接着,当儿童拿起这种新食物放到鼻子或嘴巴前时,训练者可以给儿童最喜欢的食物。当儿童开始舔新食物时,训练者就应该改变提供喜爱食物的标准了。也就是说,当儿童的反应达到一定标准时,强化物的给予方式和标准也应该改变了,不应该再像开始时那么频繁。这个程序可以一直持续到孩子咬一口新食物为止。

同样的,塑造还能用在团体活动中。对具有不同个体反应的一群人用同一种方法对他们进行强化可以使他们变得相似。例如,一位教师要就每周要完成的作业量进行塑造。这位教师可以设计一项团体塑造计划来增加这个团体每周完成的作业量。

三、行为塑造的步骤

第一步是确定一个终极目标。这些目标应该以一个可测量、可观察、特定和客观的方式被清楚地界定。精确地界定目标行为能够"减少强化不相关行为的可能性,并增加强化恰当的、接近终极目标行为的可能性"[1]。

第二步是找到行为的起点。这个初始行为必须和目标行为多少存在关联,并且是个体已经在做,至少是偶尔做过的。找到行为起点的最好办法就是在自然环境中观察个体的表现。通过观察,我们会对个体行为的频率有一份清楚的记录,从中我们至少也可以发现一些与目标行为相似的东西。

第三步是确定适当的步骤大小和每一步持续的时间。也就是说我们确定的步骤要足够"大",以至于儿童能产生进步,同时也要足够"小",这样它才能够被达到。除此之外,步骤持续的时间要足够"长",这样行为成就的大小才能与强化的大小相匹配,持续时间要足够"短",这样才能取得进步。如何确定步骤的大小和每一步骤需要持续的时间,并没有固定的标准,应该根据个体的情况以及发展形势来决定。然而,有一点是应该记住的:提高标准的幅度要尽量小一些,这样学生才会有一个获得强化物的现实机会。"如果儿童取得的进步是持续的和令人满意的,我们可以断定这个步骤的大小和维持时间是合适的。相反,如果进步开始减弱或者开始恶化,那么我们就要重新确定步骤的大小和持续时间了。"[2]

第四步是实施差别强化。从初始行为开始,可以先对接近标准的行为进行强化,如果初始行为水平较低,甚至只要出现跟目标行为相关的行为就立即进行强化,直到确保这一行为能持续、稳定地出现。而当行为达到一定程度时,强化的频率就应该减弱,强化的标准就应该提高,只有当完全行为达到标准时才给予强化,而对其他未达到标准的行为进行消退。

---

[1] Sulzer-Azaroff B, Mayer R G. Behavior analysis for lasting change[M]. Orlando:Holt,Rinehart and Winston, Inc,1991:332.

[2] Zbid.,P.333.

四、塑造运用的实例[①]

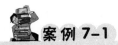

案例 7-1

曦曦,是一个 3 岁的小男孩,被诊断为运动性语言发展落后。干预前,他的基本状况为:舌部的灵活度不够,不能够随意地用舌头舔上下唇;唇部控制较弱,偶尔会有些流涎;有一定的认知能力,能提少许很简单的要求,但大部分要求都是以叠音为主,如"鸭鸭""水水""饼饼"等并配合一些手势,而且大部分的发音不清晰。他的妈妈反映他在家也是多用动作来表达自己的需求,口语使用得很少。在幼儿园里老师也发现曦曦不管是在上课还是课间,需要喝水或上厕所时通常都是自己去,不会像其他小朋友一样主动跟老师来表达自己的这些需求。

开始训练时,老师从对他的观察发现,他对薯片很感兴趣,于是给他定下了一个目标,就是能够仿说:"我要薯片。"给他设定这个目标是因为他在此之前无法使用完整的句子来进行要求,更多的是使用动作来进行要求,那么有时了解他的人可能知道他的要求是什么,但是幼儿园的同学和老师不了解他的需求,有可能带来的后果就是出现问题行为。让他学会仿说可以更好地为他以后主动用完整的句子来进行要求打下基础。

设定目标之后,就是确定教导起点。根据前面观察和评估结果,曦曦仅能发少量叠音,于是目标就从练习叠音开始。

在这个起点上,确定如下实施程序及步骤。

曦曦能够跟随老师发不同的叠音,如"shu shu""pian pian"。

曦曦能够跟随老师发长音,如"shu————""pian————"。

能够跟随仿说"shu……pian"。

能够跟随仿说"shǔ……piàn"。

能够跟随仿说"shǔ piàn"。

能够跟随发"要—薯—片"。

能够跟随发"我—要—薯—片"。

在上述的操作步骤中,老师始终将差别性强化的概念贯穿其中。当老师希望他发出"shu shu"或"pian pian"的音,如果他能够努力尝试或发出这些音,老师就给予强化,待稳定后,就在发出"shu pian"的音时才给予强化,而只是发"shu shu"或"pian pian"时就不再给予强化,如此下去,直到目标行为出现"我要薯片"。

经过 15 天左右、每天 1 小时的强化训练后,曦曦能较为清楚地跟随老师仿说"我要薯片"。

第 2 节 提 示

一、提示的定义

提示(prompting)是另外一种教导新行为的技巧。叙尔泽·阿扎罗夫(S. Azaroff)等

[①] 本案例由武汉麟洁健康咨询中心沈薇提供。

人将其定义为:"提示是呈现一种辅助性的区别刺激(discriminative stimulus),为的是帮助个体能够做出反应。"在生活中,我们都曾经使用过提示这种技巧,或者有过被提示的经历。例如,你的爱人在你出门之前对你说"记得拿钥匙"。在这个例子中,"离开家"这件事应该是"拿钥匙"的区别性刺激。然而,如果"离开家"不是"拿钥匙"的一个有效的刺激,那么你的爱人说"记得拿钥匙"就是一个提示,以便给"拿钥匙"这个反应一个发生的机会。在这个例子中,你的爱人对你说"记得拿钥匙"是一个提示,这个提示就是"将一个无效但恰当的刺激替换为一个有效但不恰当的刺激"[1]。提示在无错误的学习(errorless learning)中也是非常必要的。当学习者被要求完成一个全新的技能时,如果训练者能提供提示,那么学习者只会偶然犯点错误或不犯错误,使学习者能够更快、更有效地学习。

二、提示的类型

提示有很多种类型,在很多地方都会用到它们,如企业管理、训练、咨询等。使用它们的最终目的只有一个,就是达到我们的期望行为。那么如何决定使用哪种提示呢?要回答这个问题,我们应该"首先对行为进行评估,以确定是什么区别性刺激在控制我们所期望的反应。然后通过这些搜集到的信息,将刺激按照最自然的刺激到最人工的刺激进行等级排序,并据此来帮助学习者学习,最终将控制期望反应的区别性刺激转化为自然的区别刺激"[2]。例如,假设你尝试教导一个学生辨识字母"A",用最大的提示,我们可以放大或加强"A"的颜色;用最小的提示,我们可以只是改变一下字母的字体。在所有这些提示中,能将学生的注意力自然吸引到"A"的重要特征上的提示就是最好的提示,而将学生的注意力人为转移到字母的重要特征的提示就是高度的人为提示。

提示的种类包括身体提示、部分身体提示、示范提示、手势提示、视觉提示、口语提示、位置提示。下面以一个特殊儿童在不同课程中,老师给予的提示来解释不同的提示类型。

豪豪是一个10岁的男孩,被诊断为自闭症。结合他现有的能力,老师给他设计的课程均以提高生活自理能力为主。[3]

(1) 身体提示。身体提示是指训练者用身体指导学习者完成反应。以穿套头衫作为例子,老师在训练豪豪穿衣服时,首先是手把手地教他把套头衫平放在床上,双手抓住套头衫的下摆,然后将套头衫拿起套在头上,并手把手地教他将衣领套在脖子上,接下来,仍然是双手协助他穿左边的衣袖和右边的衣袖,最后将衣服整理好。在整个训练过程中,老师都是以手把手提示的方法来教导豪豪完成穿套头衫的过程。

(2) 部分身体提示。部分身体提示是训练者运用部分身体的指导来帮助学习者完成反应。部分身体提示可用在教授全新技能的开始,也可用在身体提示之后,当学生已逐渐获得此技能时。还是以穿套头衫为例,在训练了5天之后,老师在训练豪豪穿衣服时,开始只将一只手轻轻地放在豪豪的手腕或者手肘部,指导豪豪将套头衫平放在床上,轻推他的双手

---

[1] Touchette, P. E., Howard, J. S.. Errorless learning: reinforcement contingencies and stimulus control transfer in delayed prompting[J]. Journal of Applied Behavior Analysis, 1984(17): 175-188.

[2] Sulzer-Azaroff, B., Mayer, R. G.. Behavior analysis for lasting change[M]. Orlando: Holt, Rinehart and Winston, Inc, 1991: 278.

[3] 本案例由武汉麟洁健康咨询中心刘荣连提供。

提示他抓住衣服下摆并将套头衫拿起套在头上直至将衣领套在脖子上,然后分别轻抬他的左右手肘,提示他将左右手穿进衣袖中。最后,拍拍他的手肘提示他将套头衫整理好。在老师的部分身体提示下,豪豪穿套头衫的练习大部分已经可以独立完成了。

(3) 示范提示。示范提示是演示者演示一个技巧,然后让学生来模仿这个行为。以豪豪拿杯子接水喝为例,老师在发出:"豪豪,去喝水。"的指令后,老师会立即自己拿一个杯子来完成接水并喝水的动作,并让豪豪进行模仿。值得注意的是,学生要有模仿的能力才能使用示范提示。另外,在教导使用物品时,示范提示需要准备两套相似的物品(一套给老师,一套给学生)。

(4) 手势提示。手势提示是指类似于"指着"之类的提示,或使用任何动作来提示学习者对恰当的刺激做出反应。在部分身体提示的例子中说到,豪豪已经可以独立完成穿套头衫的大部分步骤,因此,在让豪豪完成穿套头衫的练习时,老师只是在穿左右衣袖时用手指点点衣袖,提示他手伸进来以及在整理衣服时点点下摆提示他将套头衫拉好。经过15天的训练,豪豪可以完全独立地自己穿套头衫了。

(5) 视觉提示。视觉提示是指类似于视觉刺激的提示。豪豪在接受干预的初期,每次不管是什么场合,把裤子脱下就随地小便。那么让他能到正确的地方小便也就成了当务之急。老师在课堂上教他认识卫生间的图片,并让他将图片与实际的卫生间进行配对(在卫生间的门上贴有与教学一致的图片),同时也大致记录了他小便的间隔时间。随后,在接下来的训练中,在临近他要小便的时间,老师就会将卫生间的图片展示出来,以此来提示他应该去卫生间了。

(6) 语言提示。语言提示一般是指语言指令或类似于听觉方面的刺激。还是以豪豪为例,他在完全可以看图片去卫生间小便之后,老师就开始要求他能够在听到指令后去小便。同样还是在临近他要小便时,老师给予指令说:"豪豪,去卫生间小便。"这时,豪豪独立走到卫生间小便。当然,决定是否要使用口语提示之前,应该对学生的语言能力进行一次评估,如果学生没有具备必要的语言能力,使用口语提示教学是不恰当的。对这些特殊的学生可以考虑用一些其他类型的提示。

(7) 位置提示。位置提示是在环境中减少错误反应的提示。比如,豪豪在去卫生间的过程中,由于从教室到卫生间有一定的距离,他总会被其他活动或事件所干扰,而不能径直走到卫生间,所以,老师在给予指令后,自己先站到卫生间的门口,以提示他按照老师的要求准确无误地走到卫生间。

三、运用提示减少问题行为

提示除了能够教导新技能以外,还能减少问题行为。提示常常用于减少儿童的过度行为。比如,可以用提示来指导学生使用替代反应去取代问题行为。华莱士(Wallace)、彭罗德(Penrod)和塔博克斯(Tarbox)曾使用三步提示法来增加几名儿童的顺从性行为。他们教导监护人执行这三个程序:第一,发出一个口头指令;第二,指令者示范指令;第三,指令者以身体指导来协助儿童完成这个任务。当监护者能够正确地执行这些程序时,监护者就不必对儿童的每次反应都去进行指导,而且儿童的顺从行为也明显增加了。

安格尔西(Anglesea)、霍克(Hoch)和泰勒(Taylor)也曾用提示来减少过度行为。他们运用寻呼机提示患有自闭症的青少年降低快速进食的行为。安格尔西等人首先用参与者在基线期每次吃饭的持续时间,除以他在固定时间内咬东西的次数来计算寻呼机振动的时间间隔。然后,训练老师运用身体提示指导参与者将他的手放在寻呼机上,待它振动时才能吃一块食物。在寻呼机振动之前,当参与者试图伸手去吃东西时,老师会阻止并指导参与者再次将手放到寻呼机上。这种身体的提示逐渐隐退为手势提示,直到不给予任何提示。所有参与者如果在五个阶段的练习过程中有两个阶段能够100%持续到寻呼机振动后才吃东西,那么就不再需要对他进行其他的训练了。最终达到参与者能够在没有寻呼机的提示下也做到始终用合适的进食频率吃东西的效果。

四、提示运用的实例①

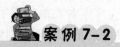

案例 7-2

  轩轩是一个4岁半的男孩,他被诊断为孤独症。在接受干预前,他只有一些仿说性的口语,如:问他任何问题时,他总是重复老师的问题;对老师的一些指令,如"去拿杯子""蹲下来"等,他没有办法执行;缺乏模仿的意识。根据他的情况,老师制订的计划中有:指认常见的名称词、模仿简单的动作、能向老师要求自己想要的物品或活动等课程。

  通过观察,老师发现轩轩很喜欢玩小汽车,就把小汽车作为目标在不同的课程中进行教授。在指认名称词的课程中,老师将小汽车和一个辨别物——笔放在桌面上,随后发出指令"给我小汽车",并立即在指令后用手指向小汽车,提示轩轩将小汽车拿给老师。轩轩按照要求执行后,老师马上将小汽车给他玩。5秒钟后,老师要求轩轩把小汽车放在桌上,老师继续教导此项目标,并在教授过程中,逐渐退去手势的提示,直至轩轩能够独立地在老师给出的指令后,将小汽车给老师。当然,在教授过程当中,只要轩轩每次将小汽车给老师,他就能玩小汽车,以此来强化他的行为。

  在教导轩轩模仿时,老师选择的目标是推小汽车。老师准备了两辆一模一样的小汽车并将其放到桌面上,老师拿起其中的一辆小汽车对轩轩说"和我做一样的",然后在桌面上推小汽车。同时,老师手把手地提示轩轩重复老师的动作,并在完成之后允许他随意地玩小汽车。5秒钟后,老师要求轩轩把小汽车放在桌子上,老师继续教导此项目标,并在教授过程中,由手把手地提示逐渐退到点点他的手背提示他模仿老师的动作,直至轩轩能够独立地在老师给出指令后,即时地模仿该动作。在教授过程当中,轩轩只要能正确模仿目标动作,他就能玩小汽车,以此来强化他的行为。

  轩轩喜欢玩小汽车,但是不会主动通过口语来要求,每次总是从老师的手上抢,因此,教会他如何用正确的方式来表达自己的要求也就变得尤为重要。老师将小汽车展示在他的面前,当他准备伸手来抢小汽车时,老师马上引导轩轩仿说:"要小汽车。"并给他小汽车。5秒钟后,老师要求轩轩把小汽车放在桌子上,老师继续教导该目标,直至轩轩在看到小汽车时,可以主动要求:"要小汽车。"当然,在此过程中,只要他能主动地说出这句话,就能得到小汽车。

---

① 本案例由武汉麟洁健康咨询中心刘荣连、沈薇提供。

第3节 渐　　隐

一、渐隐的定义

渐隐（fading）是系统地、逐渐地撤除人为提示，使全新的前因刺激也能自然地引起该项特定反应。[①] 提示渐隐对建立个体独立行为反应是非常重要的。以书写为例，如果一位老师运用身体提示教授学生书写的技能，到后来他就必须逐渐渐隐到部分身体提示或者其他任何一种提示，直到他能够完全撤除掉所有的提示。当学生能独立进行书写之时，也就是老师撤退他的所有提示之时，至此我们才可以说书写技能的学习已经成功。

二、渐隐的程序及运用

当训练者需要重建已经存在的技能时，我们都会推荐使用"从最小到最大"的提示。但是，当训练者在教授一项新技能时，最好使用"从最大到最小"的提示。"最大"的提示意味着对学生的"打扰"或指导最多，提示的人为性成分较多。"最小"的提示即对学生的"打扰"或指导最少，提示更为自然。要运用"从最大到最小"的提示，训练者可以将身体提示贯穿在任务的全过程中，随着试验或训练的发展，逐渐减少身体提示量。有时"从最大到最小"的提示，不仅是量的变化，也可以是从身体提示逐渐演变到视觉提示，再到语言提示，最后到没有任何提示下的独立完成。通过上面的论述可知，提示从最大到最小的过程就是渐隐的过程。

刺激物的渐隐同样也是一种渐隐程序，它"包括突出刺激物的特征（如颜色、尺寸、方位）来增加正确反应的可能性，但这种强调或夸大的特征会逐渐被渐隐掉"[②]。比如，要训练学生回答问题"2＋5＝_____"时，我们可以先呈现用黑墨水书写的粗体数字"7"这样一个提示，然后将数字"7"的颜色逐渐变成浅黑色、灰色、浅灰色，直至最后什么都没有，对此我们可以说数字"7"逐渐被渐隐了。

渐隐经常被运用在处理进食障碍方面。对一些严重挑食的孩子来说，他们可能会厌恶各种不同质地或者不同味道的食物（如当父母尝试给他们一些新食物时，他们可能会作呕），渐隐可以被用来引进新的食物品种。帕特尔（Patel）、皮安查（Piazza）、凯利（Kelly）、奥克斯纳（Ochsner）和桑塔纳（Santana）提供了一个刺激物渐隐的例子。他们给一个6岁的患有弥散性发展进食障碍的男孩介绍一种可用牛奶或水冲兑的即时性的早餐（Carnation Instant Breakfast，简称CIB）。刚开始的时候这个男孩只喝水，然后研究者开始将一袋CIB的20%加到240ml的水里，这样的混合物喝了3次以后，研究者在20%CIB的基础上又增加了5%，随后又增加了10%。当这个男孩能够喝掉一包CIB与240ml水的混合物以后，他们接下来开始将牛奶加到CIB与水的混合物里。牛奶以10%的比例逐步增加，而水则被逐渐渐隐，直到这个男孩可以喝没有水而只有牛奶与CIB的混合物。

[①] Sulzer-Azaroff, B., Mayer, R. G.. Behavior analysis for lasting change[M]. Orlando: Holt, Rinehart and Winston, Inc, 1991:311.

[②] Cooper, J. O., Heron, T. E., Heward, W. L.. Applied Behavior Analysis[M]. New Jersey: Pearson Education, Inc, 2007:405.

三、渐隐应用的实例①

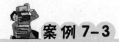

案例 7-3

小瑶,是一名诊断为精神发育迟滞的女孩,接受干预时 4 岁 2 个月。经过一段时间的训练后,她能随机仿说 5 个字的短语或句子,也能认识一些简单的汉字。由于句长不够,她只能表达一些简单的要求,像"我要薯片""我要喝水""我要出去玩"等,随着她理解能力的提高,这些简单的句子已经不能准确地表达她的需求了。

为了帮助小瑶更好地表达要求,老师开始教授她如何使用更长的句子。在教授要求的课程中,老师运用小瑶认识简单汉字的能力,将她所要表达的句子制成句子条幅,如:

我要吃大的薯片

同时给出一大一小的两块薯片,让她选择。这时,老师及时展示这个句子条幅,辅以语言提示,让小瑶能完整地说出这句话,老师马上给她大的薯片以强化这个行为。

在接下来的训练中,老师还是运用这种视觉提示,只是制作的句子条幅会有所不同,如:

在使用不同的句子条幅时,辅助的语言提示也会随着句子条幅而改变,老师只是提示所展示的句子条幅上的内容。

经过 3 天的训练,小瑶就能主动地运用这句话来要求大的薯片了。

第 4 节 链 接

一、链接的定义

行为链接(chaining)是一组有关联的反应,在这组反应中每一个反应会成为引起下一个反应的刺激变化,而这个变化既可以作为前一个反应的强化,同时也是这一链接中下一个反应的区别性刺激;在链接中,后一次的反应,都会保持前一反应所产生的效果。② 我们以洗手为例,洗手会包含下列一系列的反应。

第 1 步,打开水龙头。

---

① 本案例由武汉麟洁健康咨询中心刘荣连、沈薇提供。
② Cooper, J. O., Heron, T. E., Heward, W. L. . Applied Behavior Analysis[M]. New Jersey: Pearson Education, Inc, 2007: 435.

第 2 步,把手放在水下。

第 3 步,双手擦肥皂。

第 4 步,来回搓手至起泡。

第 5 步,把手放在水下冲掉肥皂。

第 6 步,将手擦干。

上述这一连串的分化反应就是一个行为链,在这个链接中最重要的特点是,这一系列中每一行为的完成,都会为前一反应产生条件强化,同时又为下一反应的区别性刺激的方式改变环境。也就是说"把手放在水下"既是"打开水龙头"的条件强化,又是"双手擦肥皂"的区别性刺激。在行为链中,反应必须以特定的顺序进行,常常在时间上是紧密相连的。[1]

二、链接中的任务分析

当训练者开始教导一个行为链之前,他必须对这个行为链做任务分析。任务分析是将一个复杂的技能或者一个连续性的行为分解为小的、易教导的单元。进行任务分析的目的"是确定一个行为顺序,这个顺序对有效地完成所给予的任务是必要的和充分的"[2]。这里杰罗姆(Jerome)、弗龙蒂诺(Frontino)和斯图梅(Sturmey)曾对进入一个特定网站的必要技巧进行了任务分析,包括以下 13 个步骤。

第 1 步,按电脑电源开关。

第 2 步,按显示器电源开关。

第 3 步,将手放在鼠标上。

第 4 步,用鼠标移动光标,直到它指在浏览器的图标上。

第 5 步,双击浏览器图标。

第 6 步,用鼠标移动光标至谷歌搜索窗口。

第 7 步,用左键单击这个窗口。

第 8 步,输入你感兴趣的搜索主题。

第 9 步,将手放回鼠标上。

第 10 步,移动光标至标有"搜索"字符的按钮。

第 11 步,单击这个按钮。

第 12 步,用鼠标把光标移到所选择的网页。

第 13 步,单击你所选择的网页。

至少有三种方法可以用来分析一个任务所包含的步骤。第一,训练者需要先观察有能力完成此项任务的个体是如何完成这一行为的,然后他才能够知道这个行为的步骤都包括哪些。第二,训练者可以去咨询专家或是能够熟练完成这项任务的人。第三,训练者可以自己演示这个行为。当我们在为学生设计一个基本学习技能或个人卫生技能的任务时,在确定任务的步骤之前,父母或老师最好能自己先将这个技能或行为演练一遍。当完成一项任

---

[1] Cooper,J.O.,Heron,T.E.,Heward,W.L.. Applied Behavior Analysis[M]. New Jersey: Pearson Education, Inc,2007:436.

[2] Zbid.,P.437.

务需要更复杂的技能时,比如一个特定的舞蹈步骤、操作一台机器、在图书馆组织书籍、给汽车换轮胎等,我们不仅要观察这些有能力的个体是如何完成这一行为的,还要咨询那些特定领域的专家。

三、链接的分类

当我们写好一项任务分析后,可以有两种不同的方法来教导个体完成一个行为链,它们分别是:正向链接和反向链接。这两种链接的方法,都是使用强化、提示和渐隐等手段,将间断的反应最终链接成一个连续性的行为链。

(一)正向链接

正向链接是一种教导新行为的方法。开始的时候训练者会用辅助的方法教导学生完成任务。当学生有一定的能力后,训练者开始从行为链的第一步撤退辅助,但仍然辅助学生完成后面的所有步骤。之后,依据学生的情况,训练者依次顺序撤退,直到学生能够独立完成整个行为链。

以用正向链接教导洗手为例,首先,训练者用身体提示来教导"洗手"的全过程。当学习者表现出有能力完成第一步"打开水龙头"时,训练者开始从第一步撤退提示,但接着提示学习者完成洗手的其余部分。之后再逐步撤退对第二步"把手放在水下"的辅助。这个方法一直持续到学习者能够独立完成整个链接。重要的是要记住:当学生和老师一起将整个步骤完成一遍以后,无论学习者能够完成哪一步,都必须要对已经能完成的行为进行强化。

(二)反向链接

反向链接是另一种教导新行为的方法。开始的时候训练者会用辅助的方法教导学生完成任务。当学生有一定的能力后,训练者开始从行为链的最后一步撤除辅助,但仍然辅助学生完成前面的所有步骤。之后,依据学生的情况,训练者依次顺序撤除辅助,直到学生能够独立完成整个链接。

再以洗手为例,在反向链接中,训练者首先将提示洗手中的所有步骤。然后,训练者以渐隐提示为开始,让学习者自己独立完成行为链的最后一步"擦手"。当学习者有能力完成最后一步时,他就会被教导最后两个步骤"把手放在水下面冲掉肥皂"和"擦干手",同时教导者"辅助"完成这两步之前的步骤。这个过程会一直延续,直到学生能够独立完成整个链接。再次强调,强化总是要伴随着已完成的行为链的。总体来说,反向链接要优于正向链接,因为在反向链接中,目标行为完成以后,训练者可以根据学习者的反应情况立即给予其强化,而在正向链接中,学习者会独立完成一些步骤,但是他要等到训练者完成其余的步骤之后,他才能得到强化,此时强化就被延时了。

四、连续性任务中的错误更正程序

在一系列行为链中,每一个行为都有两个作用,一是作为前一个行为的条件强化,二是作为下一个行为的区别性刺激。因此,错误更正程序应该指向每一步的链接点。我们经常会用到"退回上一步"这个程序去更正在行为链接中所犯的错误。"退回上一步"错误更正程序,要求训练者不仅要指出学习者出错的那一步,还要指出出错的前一步。假设一个学习者在"冲手"的那一步出错了,训练者就可以使用"退回上一步"程序对学习者予以纠正,他可以先用手势提示学习者重新做"双手搓肥皂"的动作,然后再提示他做"冲手"的动作。"退回上一步"用于教导两个步骤之间的链接。

虽然"退回上一步"对于连续性任务来说是一个非常有效的错误纠正策略,但是有时候我们无法停止一个序列,也没办法返回上一步。这种情况多半发生在公共场所,训练者不可能即时予以控制,比如乘公共汽车。在乘公共汽车时,学习者本应该从他的皮夹子里取出钱交给公交车司机,但是在这个事件中,学习者虽然拿出他的皮夹子却没有将钱给公共汽车司机,此时用"退回上一步"程序纠正这个错误是不可能的。因此,训练者只能在下一次带学习者乘公共汽车时,用"预设提示"的方法指出并更正学生的错误。也就是说,训练者会预料到错误的发生,通过提示正确的反应来预防错误的再次发生。当学习者拿出皮夹子时,训练者立即提示他将钱给公共汽车司机,从而阻止错误的再次发生。

五、链接应用的实例[①]

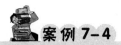

案例 7-4

现在我们以教授唱数为例说明链接的技能。通常,在唱数的课程中,第一个目标就是从 1 数到 10。

天天,是一名 3 岁 8 个月的儿童,老师正在教他唱数。在唱数的过程中,存在着先后顺序,因此,老师选择使用反向链接来教授这个课程,这里用表 7-1 来说明反向链接的程序。

表 7-1 唱数练习表

步骤	第一天	第二天	第三天	第四天	第五天	第六天	第七天	第八天	第九天
1	V	V	V	V	V	V	V	V	I
2	V	V	V	V	V	V	V	I	I
3	V	V	V	V	V	V	I	I	I
4	V	V	V	V	V	I	I	I	I
5	V	V	V	V	I	I	I	I	I
6	V	V	V	I	I	I	I	I	I
7	V	V	V	I	I	I	I	I	I
8	V	V	I	I	I	I	I	I	I
9	V	I	I	I	I	I	I	I	I
10	V	I	I	I	I	I	I	I	I

注:在表格中的字母 V 表示语言提示,字母 I 表示独立完成。记录均为每天表现最好的一次

从表格中可以看出,通过运用反向链接的方法,天天在第九天就能独立地从 1 唱数到 10。

整个过程中应注意:在每次让天天唱数前,老师都必须给出明确"数数"的指令。在天天完成整个程序后,都给予实物或语言的强化。

---

① 本案例由武汉麟洁健康咨询中心刘荣连、沈薇提供。

本章小结

在本章节中,我们论述了一些行为分析的基本法则,如塑造、提示、渐隐和链接。当一个技能在个体的行为技能中并不存在的时候,我们首先用塑造来发展这个新技能。塑造被定义为:使用连续渐进式差别强化来建立终点行为的技术。当需要用无错误的训练建立行为的新的刺激控制时,我们会用提示和渐隐。提示是一种暗示,是一种辅助性的区别性刺激,为的是帮助个体能够做出反应,提示有很多不同的种类。在教授一个新技能的时候,我们使用"从最大到最小"的提示程序,然而,在我们要训练一项已基本掌握的技能时,我们用"从最小到最大"的提示程序。渐隐则是逐步去掉提示。渐隐需要考虑到提高个体的独立性。当教授一项含有复杂步骤的技能时,我们经常需要先拟定一份任务分析表。写好任务分析之后,无论用正向链接和反向链接都可以来教导这一技能。最后,我们还讨论了"退回上一步"和预设提示策略,它们是连续任务的错误更正程序。

 思考与练习

1. 写出一个"从杯子里喝水"的任务分析。
2. 什么是提示?请给出一个提示的例子。
3. 什么是塑造?我们什么时候用塑造?
4. 如何区分正向链接和反向链接?
5. 什么是积极干预策略?
6. 当教导一个新技能时,我们用_____到_____的提示级别。
7. 当确立一个基本掌握的技能时,我们用_____到_____的提示级别。
8. 什么是渐隐?什么时候我们用渐隐?
9. 什么是"退回上一步"错误更正程序?

第8章 特殊儿童问题行为的后果处理

学习目标

1. 理解强化的含义,并能运用强化技术促进特殊儿童的适当行为。
2. 能熟练运用差别强化、消退、撤销强化刺激、呈现厌恶刺激等技术减少特殊儿童的不良行为。
3. 能综合使用代币制与行为契约等技术。
4. 掌握危机情况的处理技术。

后果处理技术是应用行为分析的重要组成部分,是指在目标行为出现之后,安排立即的后果,通过给予强化物,使个体的良好行为得到加强;或者通过施加与取消刺激物,使个体不良行为减少与削弱。有学者曾经按照强化物的类型(阳性或阴性强化物)和手段(给予或拿掉)将行为后果处理策略绘制成比较生动的关系图,这对于我们理解行为后果处理技术非常有帮助,详见图8-1。本章主要介绍正强化、负强化、差别强化、消退和惩罚等几种常用的后果处理技术,以及紧急情况下的危机干预技术。

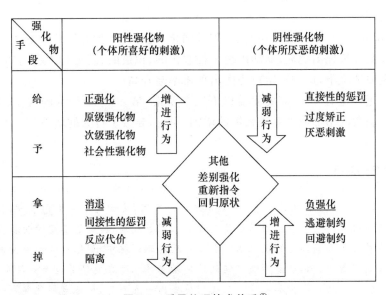

图8-1 后果处理技术关系[①]

---

① 钮文英.身心障碍者行为问题处理——正向行为支持取向[M].新北:心理出版社,2001:177.

第1节 运用强化促进适当行为

行为主义观点认为,强化是引起动机的重要因素。人的某种行为倾向取决于先前的学习行为与刺激因强化而建立的牢固联系,强化可以使人在学习过程中增强某种反应重复的可能性,任何学习行为都是为了得到某种报偿的。

一、行为强化的含义

强化(reinforcement)是一种跟随行为事件之后的某种刺激反馈,或者叫作行为的后果。其定义为,某项行为被紧随行为之后出现的直接结果加强的过程。[①] 当一个行为被加强后,就更可能在将来再次出现。它包括三个要素:一是一个具体行为的发生;二是有一个直接结果紧随着这个行为;三是此结果将导致这个行为在将来被加强,行为者更有可能在将来再次产生这一行为。

例如,一个孩子晚上上床后有哭闹的行为,她的父母就到其房间安慰她,结果这个孩子睡觉时,哭闹就更频繁了。因为她在晚上哭闹的直接后果是父母来安慰,父母对她的关心成为她哭闹的强化刺激,她的哭闹行为被强化了,将来她更有可能在晚上上床后哭闹。

二、强化的类型

强化也可以说是利用刺激反馈来改变某一行为出现概率的一种程序(或规则)。它可分为正强化、负强化和差别强化三种。本节主要介绍用以增加良好行为的正强化和负强化技术,而差别强化将在第2节里详细介绍。

(一)正强化

正强化(positive reinforcement)也称阳性强化,是行为干预的最基本方法。正强化是指当某一行为在某种情况出现后,立即出现一种愉快的、积极的、满足行为者需要的后果,则以后在同样或类似情境下,这一特定行为的出现概率会升高。

正确理解正强化的含义,需要涵盖以下三个要素:第一,一个行为的发生;第二,随着这个行为出现了刺激的增加或者刺激强度的增加;第三,导致了行为的增强。[②]

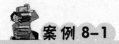

案例 8-1

3岁的健健是个重度自闭症儿童,由于多方面的原因,父母对他的干预很少,互动也很少,这导致了健健对他人的声音和互动活动毫无反应。家长反映,健健最喜爱的食物是海苔,于是训练老师将海苔作为近期训练的强化物。在应答反应的训练中,训练老师和健健面对面坐着,辅助老师坐在健健身后。训练老师喊:"健健!"辅助老师立即在健健耳边大声答应:"哎!"同时用手给健健的嘴型辅助以示意其发音。只要健健发出一点声音,训练老师就奖励一小块海苔,

---

① Miltenberger,R.G..行为矫正原理与方法[M].石林,译.北京:中国轻工业出版社,2004:58-59.
② 同上书,第62页。

同时大声夸:"健健真棒!"当健健能够发出一些声音时,便要求健健发出清晰的应答声,程序同上。如此每天训练3~5分钟(不包括穿插在其他活动中的练习),经过半个多月的训练,健健便能对他人的叫唤正确做出应答了。[1]

(二) 负强化

负强化(negative reinforcement)即撤除厌恶刺激来抑制不良行为从而建立良好行为。其定义为:在区别性刺激或情境下,行为者做出一种行为,结果可引起厌恶刺激(或称负强化物)的移去或取消,则以后在同样情境下,该行为的出现率会提高。[2]

正确理解负强化的含义,需要涵盖以下三个要素:第一,一个行为发生;第二,随着这个行为出现了刺激的消除或者刺激强度的降低;第三,导致行为的增强。[3]

由于厌恶刺激能使行为者产生极大的不适感,一旦出现某项良好行为,便立即减少或撤除其原来经受的痛苦、厌恶刺激、惩罚或情境,并使其日后在同样情况下,获得相同的"释放",最终增强其良好行为的出现率。负强化也是增进良好行为的有效方法。

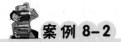
案例 8-2

小雨坐着的时候,脚总是往前乱踢,上个训课时甚至会踢到个训老师。一个星期下来,个训老师的腿被踢得青一块紫一块的。为改正小雨的这个坏毛病,以利于个训课的有效进行,个训老师和家长商量后对此制订了一项干预计划。该计划为在个训老师和小雨中间的桌子边缘,加一块小板,并调好位置,使小雨踢腿时踢到小板而产生轻微疼痛,同时将其中一只腿和凳脚绑在一起,告诉他乱踢会疼,等小雨不乱踢后,老师就可以撤除板子并把腿松绑。一周之后该问题行为有明显的改善,老师就撤除了板子,并不再绑腿。[4]

应用负强化可以建立替代的良好行为,这个过程是通过逃避和回避两个过程来实现其效果的。逃避是指行为者承受厌恶刺激后,只有从事某种特定的良好行为该厌恶刺激才能终止。回避是当某种厌恶刺激的信号出现后,行为者立即从事某种特定的良好行为,免受厌恶刺激的袭击。逃避程序并不是一个程序的终结,而是引进回避程序的准备训练。下面这个例子就很好地说明了逃避和回避的关系。

例如,我们将一只老鼠放在一个实验用的盒子中,盒子的两边用一个障碍物隔开。老鼠可以从障碍物上跳过,到达盒子的另一边。在盒子底部有一个电动装置,这个装置可以对盒子两边分别进行电击。当对盒子的右边进行电击时,老鼠就跳向盒子的左边以躲避电击。老鼠跳到左边躲避电击的行为就是逃避反应。当对左边的盒子进行电击时,老鼠又跳向右边。这只老鼠很快就建立起逃避反应。在建立回避反应时,每次电击前都对老鼠发出一个

---

[1] 本案例由天津体育学院健康与运动科学系特殊教育专业江桂熔提供。
[2] 吕静.儿童行为矫正[M].杭州:浙江教育出版社,2006:74.
[3] Miltenberger,R.G..行为矫正原理与方法[M].石林,译.北京:中国轻工业出版社,2004:62.
[4] 本案例由天津体育学院健康与运动科学系特殊教育专业江桂熔提供。

声音作为警告信号。经过几次试验后,老鼠学会了只要声音发出就立刻跳向盒子的另一边以躲避电击。[①]

上例中,逃避和回避的过程可以由下面的关系演示出来。

逃避条件反应:厌恶刺激(电击)→出现需要建立的良好行为(跳向盒子的另一边)→可终止厌恶刺激(终止电击)。

回避条件反应:听到信号(声音)→出现需建立的良好行为(跳向盒子的另一边)→可免受厌恶刺激(免受电击)。

上述两种反射都包括某种厌恶刺激,但逃避是在承受厌恶刺激的痛苦后才产生替代行为来除去厌恶刺激的。而回避只要接受信号刺激,就立即出现替代行为,从而免受厌恶刺激的袭击。因此可以说,两种反应同样是建立良好行为、消除不良行为的方法,但是逃避只是一种手段,其目的是为了建立回避反应。

尽管逃避和回避紧密相连,但对于人类来说,因为有第二信号系统,即有语言和意识所以不必事事都经过直接经验才学会良好行为。换言之,不必都亲身经历逃避过程,可以通过语言这一中介,直接获得回避反应。例如,儿童学习了学校的奖惩条例后,就知道如何遵守学校的规章制度来约束自己的行为,不必违纪等受到惩罚后再去躲避,从而改正不良行为。又如,儿童为了不遭受教师的批评而按时上交作业等。

(三)正强化与负强化的比较

正强化与负强化关系密切,都是用以增加良好行为发生率的强化过程。它们之间既有联系,也有很大区别。

相同之处是二者都是增加良好行为的有效方法,无论是正强化还是负强化,都是用来增进个体良好行为的,两种强化都使个体良好行为发生的频率上升。另外,二者都会激发个体的行为动机,两种强化都使个体清楚自己在行为表现上取得的进步,在多大程度上达到了目标,从而进一步激发个体行为再现的动机。

正强化与负强化的区别是:首先,强化物不同,正强化使用的是阳性刺激物,而负强化使用的是阴性刺激物;其次,强化物的应用程序不同,正强化是行为者产生良好行为之后,立即给予强化物,负强化是首先让个体承受厌恶刺激,产生良好行为之后,再予以撤除;再次,正强化要保持间断性,而负强化要保持连续性,在正强化实施的过程中,如果连续发放强化物,个体就很容易产生饱足感,影响到行为干预的效果,负强化使用较多的是厌恶刺激,只有当个体不断表现出良好行为时,厌恶刺激才可能移去或取消;最后,行为者的情绪体验不同,正强化使个体产生愉快的情绪体验,负强化由于要应用到厌恶刺激,行为者开始有不愉快的情绪反应,有时甚至出现敌对情绪,但到后来随着厌恶刺激的撤除,个体的情绪体验才转为积极的、愉快的。

通常负强化是一种"没有办法"的办法。当正强化物强度不够,无法吸引被干预者去从事所期望的行为以改正不良行为时,就需要利用厌恶刺激,用负强化的形式来建立被干预者的良好行为。

如何判断两种强化,可以思考以下三个方面的问题,一是这个行为是什么?二是行为之

[①] 王辉.行为改变技术[M].南京:南京大学出版社,2006:200.

后直接发生了什么(是否有一个刺激出现或者消失)？三是将来对这个行为有什么作用(这个行为是否加强、是否更有可能出现)？[①] 正强化是行为出现后立即给予强化物，使行为得到加强。而负强化是行为出现之后，原有的厌恶刺激会移去或取消，当不良行为减少的同时良好行为得到加强。

三、强化物

强化是按照人的心理过程和行为规律，对人的行为予以导向，并加以规范、修正、限制和改造的过程。强化必须要有某种强化物，强化物的选择和使用会直接影响强化的效果。

(一)强化物的定义

强化物是针对足以改变行为频率的刺激物而言，任何一个刺激物，如果它能增强一个反应的概率，该刺激物就是强化物。能起强化作用的刺激物可分为阳性强化物和阴性强化物。一个刺激物，如果它的出现能使某一操作性反应发生的概率加强，就是阳性强化物(又叫正性强化物)，如食物、水、教师的微笑等。一个刺激物，如果它被排除能使某一操作性反应发生的概率加强，就是阴性强化物(又叫负性强化物)，如黄连水、批评、教师的皱眉等。

显然，用于影响反应是否会发生极易发生频率的任何刺激物都是强化物。用来充当强化物的东西有许多种，它既可以是某一具体的物品，又可以是某一具体的活动(如玩滑梯)，还可以微笑、赞美等，这种令人满意的东西，不管是物质的还是精神的，都可以被称为强化物。

(二)强化物的分类

按分类方式的不同，强化物可分成不同的种类，比如依照在环境中自然发生的程度，可将强化物区分为自然强化物和人为强化物；依据结果的不同，可将强化物分为正强化物和负强化物；依据强化事件和过去学习经验之间的关系，又可将强化物分为原级强化物、次级强化物和社会性强化物。下面按最后一种分类方式来阐述强化物的分类。

1. 原级强化物

原级强化物是指本身具有强化作用的自然强化物，包括食物强化物(如糖果)、操作性强化物(如玩具)、拥有性强化物(如手机)以及活动性强化物(如看电视)等类型，它们都直接或间接地和机体的基本需求(尤其是生理需求)有关，所以被称为"原级强化物"或"非社会性强化物"。原级强化物容易使个体满足，很难在长期训练方案中维持强化效果，因而比较适用于较为短期的训练程序。

2. 次级强化物

次级强化物又称类化强化物、条件强化物，是指一个刺激开始不具备强化作用，通过和其他"原级强化物"的联系才获得强化力量的刺激物，如特殊学校教师惯用的分数、奖状、奖牌都属于次级强化物。代币(如积分、瓶盖、邮票、贴纸、笑脸、星号等)也是次级强化物，特殊儿童可以用代币来交换自己喜爱的东西，如食物、学习用品和喜爱的玩具。我们在第3节将详细阐述代币制。

次级强化物的主要特点表现为两个方面：其一是不容易受某一短缺状态的影响，即个体

[①] Miltenberger,R.G..行为矫正原理与方法[M].石林,译.北京:中国轻工业出版社,2004:63.

对这些强化物的需要程度比较一致,不被训练环境所左右;其二是由于次级强化物的强化价值是由原级强化物的强化价值累积而成,因此其吸引力比单独的原级强化物大得多,且个体不易引起饱足感。

3. 社会性强化物

社会性强化物包含个体喜欢接受的语言刺激或动作刺激,例如口语表达、非口语表达、接近或身体接触等。社会性强化物可以在目标行为出现之后立即给予。社会性强化物,如赞美或轻拍背部,通常很少会干扰到进行中的行为,因此较容易实施。除此之外,社会性强化物的给予经常在人们的日常生活中自然地就发生了。表 8-1 所示的为社会性强化物的一些实例。

表 8-1　社会性强化物的实例[①]

类　　型	实　　例
口语表达	是的、非常好、好孩子、很好、太美了、很聪明、很有想象力、好棒喔、对、你是最好的、很具有创造力
非口语表达	微笑、点头、拍手、一瞥、手势、睁大眼睛、竖起大拇指
接近	靠近某人坐下、走近某人、加入儿童的活动
身体接触	拥抱、触摸、挥动手臂、拍头、轻拍背部或肩膀

(三)强化物的选择

强化物的选择对于行为干预程序的有效实施起着至关重要的作用。有些刺激几乎对每个人都很有效,但效果不会长久;而少数刺激只对个别儿童有效,且刺激的强化作用持久。如食物对几小时没进食的人来说是一种极好的阳性强化物,糖果对大多数儿童来说也是阳性强化物。不同的个体通常又会有不同的爱好,如小男孩喜欢玩机关枪,小女孩喜欢玩洋娃娃,这就要求对强化物进行选择。

要选择有效的强化物,通常我们可以采用以下四种方法。

(1)特殊教育专家个人调查。专家个人调查法能较快获得调查结果,该方法主要是依靠专家的知识和经验,通过多种方式调查,找出适合儿童、效果较好的强化物,为教师提供参考。

(2)教师小组讨论。当教师们对个体强化物存在较大分歧时,召开教师会议是十分必要的。广泛听取教师的不同意见,分别提出自己的调查报告供会议讨论,这种做法是可取的。参加教师讨论会的人员一般有行为分析师、生活教师、班主任等。参加会议的人员可能带来许多信息,这些信息在会议讨论时也给教师提供了参考。

(3)教师观察。教师可以采用直接观察法和间接观察法。在日常生活中,教师可以有意识地接触儿童,搜集相关的行为资料,做好观察记录,如速记、卡片、记录、日志、声像记录等,并对观察记录进行检查,以便正确地找出对儿童最有效的强化物。

(4)访谈调查。访谈调查可以采用"强化物调查表",以书面提出问题的方式搜集资料,来了解该个体对各种强化物的喜爱程度。附录 14 就是一份特殊儿童强化物调查表。教师还可以直接选择个体或家长来进行谈话。

---

① 张世彗.行为改变技术:理论与实用技巧[M].台北:五南图书出版公司,2003:82.

此外,选择强化物应充分考虑到个体差异,这一问题教师尤应注意。教师自己所喜欢的刺激物,不一定适合儿童;儿童甲喜欢的小人书儿童乙并不一定喜欢,教师要根据不同的个体爱好选择不同的强化物。对某一特殊反应能产生强化作用的东西,在另一时期不一定能有效。某些强化物对个体所产生的强化强度如何,还要依据该个体缺少这一种强化物的时间长短而定,在选择强化物时这些因素都须考虑。

四、影响行为强化效果的因素

强化因素就是会使某种行为在将来重复发生的可能性增加的任何一种"后果"。强化对人的行为的影响是通过行为的后果反馈给行为主体这种间接方式来实现的。通常,影响行为强化效果的因素有以下六个方面。

(1) 直接性。一个结果要成为最有效的强化物,应该在行为发生之后立即给予。反应和结果之间拖延的时间越长,强化的效果就越小,因为两者之间的接触或连接被削弱了。二者之间的间隔时间太长以至于失去接触,结果对行为就没有强化效果了。另外,非目标行为也可能会随着目标行为之后出现,而延迟提供强化物的话,就可能会强化到非目标行为了。

(2) 一致性。如果直接结果一贯跟随着反应的出现,那么,结果就更有可能增加反应。通常,经过强化的行为趋向于重复发生。例如,当某种行为的后果一直受人称赞时,这种行为重复发生的可能性就增加了。

(3) 个体差异性。依照强化对象的不同,可采取不同的强化措施。由于儿童的年龄、性别、兴趣、爱好、经历不同,其需要就不同,强化方式也应不同。例如,有的儿童更重视物质奖励,有的儿童更重视精神奖励,对此就应区分情况采用不同的强化措施。

(4) 目标性。强化与目标密切相关,对于儿童首先要设立一个明确的、鼓舞人心而又切实可行的目标,如果目标一次定得太高,会使他们感到不易达到或者觉得能够达到的希望很小,这就很难充分调动儿童为达到目标而做出努力的积极性,从而影响强化效果。[①]

(5) 及时反馈。信息反馈是强化人的行为的一种重要手段,利用信息反馈将会增强强化的效果。信息反馈就是通过某种形式和途径,及时将行为结果告诉行为者。通过儿童自己看到或听到的行为结果,儿童可以及时发现问题,分析原因,修正所为。

(6) 强度。一般来说,在适当的已形成事件的作用下,强化物的强度越大,其强化效果也就越好。例如,在获得大量强化物的刺激下会比在少量的同样的强化物的刺激下强化效果持续时间更长。但是,一旦强化物提供过量,则会减小强化的效果,这种现象即所谓的饱足。当然,这种饱足感是暂时的,一旦强化物减少时,这种强化物又会变得很有效。

五、有效应用强化的基本要求

应用强化手段,可以使特殊儿童的行为被定向塑造,增强其所希望行为的强度,减弱或消除所不希望的行为强度,达到改变行为的目的。在应用强化手段时,应遵循以下基本原则。

---

① 钟力平.斯金纳的强化理论及其应用[J].企业改革与管理,2008(2):70.

（一）选择合适的强化程序

强化的程序主要指目标行为出现以后呈现强化物的频率及时间。强化物的呈现可以是连续的，也可以是间歇的。

1. 连续强化程序

连续强化程序即所需要的行为一旦发生，就予以强化，而且行为每次发生，每次都给予强化（即时强化）。当面临的对象是年幼的特殊儿童，或者要教授一种新行为的时候，连续强化程序是比较有效的。

例如，中度智力落后儿童茗茗不肯吃药，老师说："每吃完一颗药，就给一块巧克力糖。"当她吃完一颗药时，老师就发给她一颗巧克力糖，以后她吃药的行为就会增加，这就是连续强化。在连续强化程序中，每个反应都得到了加强。

2. 间歇强化程序

间歇强化程序是一种偶然地（或间歇地）而不是每一次都对所发生的行为进行强化的程序。当儿童已经习得了目标行为和强化物之间的联系，而且教师将它简化为更加自然的强化方式时，间隔强化程序就会被使用。

例如，张老师在训练智力落后学生萌萌手指动作的协调性活动中，老师要求她用筷子把玻璃球从一个盘子夹到另一个盘子，训练时间为40分钟。因和萌萌一起训练的还有一个同学，这个同学比萌萌的协调性要差，需要老师帮助，为此，老师就要求萌萌自己练习。看见萌萌夹得比较好时，老师就说："萌萌真努力。"这就是间歇强化，因为教师的鼓励是偶然给予的，而不是萌萌每夹一颗玻璃球时都给予夸奖。因此，当一个行为被间歇强化，就意味着强化的是此行为的部分反应而不是全部。

间歇强化程序可以分为固定比例强化、可变比例强化、固定时间间隔强化和可变时间间隔强化程序四种基本类型。

（1）固定比例强化程序

固定比例（fixed ratio）强化程序是指只有当行为者作出的反应达到所要求的特定次数时，该反应才能得到强化，简称 FR 程序。

例如，家长想训练轻度智力落后儿童养成认真写字的习惯，就规定儿童放学后，必须练1张纸的字后才能出去玩。家长所用的方法就是 FR 程序，即只有当孩子的反应（练字）达到父母所要求的数目（1张纸）时，他才能得到强化（出去玩）。当然对于不同的行为可以规定不同的反应数目，如每次强化要求有 2 次反应，就为 FR_2 程序，或者每次强化要求 10 次反应，即为 FR_{10} 程序，以此类推。

每次程序中所要求的反应数目过多，或反应数目增加过快，强化程序就会中断，最终导致行为者很少作出反应或不作反应。为了避免这种现象出现，在增加反应数目时，要采取循序渐进的方法，切忌操之过急。

（2）可变比例强化程序

可变比例（variable ratio）强化程序中，每次强化所要求的反应数目不是固定的，而是在不可预测地变化着，简称 VR 程序。

例如，刚刚在今天的数学课堂上举了2次手才得到一次发言的机会；第二天的数学课堂上举了2次手也得到一次发言机会；第三天的数学课堂上举了3次手，第四天举了一次手都得到了一次发言机会。这样,他在数学课堂上平均举 2 次手就能得到一次发言的机会(强化),故称 VR_2 程序。

可变比例强化程序中所要求的反应数目是按照一个平均值变化的。从上例中可以看出,尽管在课堂中并不是每次举手都能发言,但为了得到强化,儿童还是积极地举手,因为他们无法知道这次举手是否有发言机会,所以只有不停地举手,以期得到强化。

(3) 固定时间间隔强化程序

固定时间间隔(fixed interval)强化程序是指需要强化的行为在上次强化后,经过某段固定的时间,再次发生就给予强化,简称 FI 程序。如每隔 2 分钟产生一次行为可得到强化,就称 $FI_{2分钟}$ 程序。

例如,训练自闭症儿童的控制不自主发出语音行为,教师规定其间隔时间为 5 分钟,即如果在 5 分钟内不发音,就可以得到他想要的橡皮。在他得到了一块橡皮后,如果他又坚持了 5 分钟,并且没有发出怪音,那他就可以得到第二块橡皮。这就是 $FI_{5分钟}$ 程序。

同样,通过固定时间间隔强化程序可以训练儿童的耐心,教师可以将 FI 程序逐步延长,如把 $FI_{5分钟}$ 程序变为 $FI_{8分钟}$、$FI_{10分钟}$、$FI_{15分钟}$ 等,并告诉儿童如果他能够耐心等待 8 分钟、10 分钟或 15 分钟以后,再让他去做他想做的事或发放给他喜欢的强化物,这样做可以培养儿童的耐心与守纪的习惯。

(4) 可变时间间隔强化程序

可变时间间隔(variable interval)强化程序是指在一次强化发生以后到下一次强化发生之前,两者之间的时间间隔围绕一个平均值不可预测地进行变化,简称 VI 程序。

例如,中度智力落后儿童等公共汽车的社会适应行为训练,在模拟情境中,教师模仿公共汽车司机,要求儿童做乘客,由于交通状况(路况、乘客的多少、车速等)的变化,教师有时隔 10 分钟到站,有的时候隔 5 分钟就来了,还有时要隔 15 分钟,甚至 30 分钟才来到站台。但公共汽车平均到站的时间为 15 分钟,故称为 $VI_{15分钟}$ 程序。孩子们一般较难预计究竟要等几分钟,为了要到达目的地,无论等候多长时间,他们必须耐心在站台等候。

FR、VR、FI 和 VI 四种程序并不都能适合每种行为,每种程序都有其长处和局限,必须根据问题行为的性质和特点,仔细加以选择。例如,强化多动症儿童安静地坐在椅子上的行为,VI 程序最合适。教师可以将闹钟调整到 $VI_{1分钟}$、$VI_{8分钟}$、$VI_{3分钟}$、$VI_{5分钟}$ 等,如果他安静地坐着就给予强化。也可以把上面所述的几种程序结合起来运用,以克服每种程序中的不足之处。如我们可以把 FR 和 FI 程序结合起来,对做作业速度很慢的儿童说:"你必须在 10 分钟内完成 10 道算术题($FR_{10题}$ 程序),我每隔 7 分钟来检查一下看你做得怎么样($FI_{7分钟}$ 程序),如果完不成,就不许看电视(或出去玩)。"

间歇强化比连续强化更容易操作。一方面,间歇强化便于维持已建立的行为;另一方面,间歇强化能用于那些连续强化不宜使用的行为。如一些持续性的行为,像做作业、集中注意力听课,用连续强化方法来强化这些在时间上有持续性的行为,父母或教师就需要一直盯着儿童,看他们是否正在进行所要求的行为,然后决定是否给强化。这样父母或教师就无法从事其他工作,这在现实中是行不通的。因此,我们需要选择间歇强化方法。例如,教师对举手发言行为的强化就是一种间歇强化,教师不可能让每个举手的儿童都站起来发言,而只能点叫其中的几个儿童,而且每次点叫的儿童也不同。这样对于某个儿童来说,教师对

"举手发言"的行为的强化就是间歇强化,但它已足以维持儿童举手发言的良好行为。

强化刺激是跟随每个反应出现,还是只跟随部分反应出现,对行为的强化作用虽然是不同的,但也可以结合起来使用。例如,我们在训练脑瘫儿童投掷篮球时,开始时教师扶着孩子的手和球,将篮球投掷到篮内,教师给予鼓励。接着孩子自己用手投掷入篮,每投掷一次教师就说:"真棒!"这就是连续强化程序,因为每一个反应(正确投掷)都跟随着具有一个强化作用的结果(教师的夸奖)。半个小时之后,教师只是偶尔回来看看他投掷,并在正确投掷以后夸奖他,这就是间歇强化程序,因为他的投掷行为并没有每次都得到教师的鼓励。两者结合起来,将促进行为保持得更好、更巩固。

(二)注意行为的及时强化与反馈

及时强化就是当儿童产生了良好行为之后,立即给予强化刺激,这样做将有助于增强行为再次出现的可能性。行为反馈就是让儿童知道自己的行为结果。反馈本身就具有行为强化的作用,能够给儿童以鼓励和信心,促进行为干预的效果。

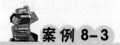
案例 8-3

> 6岁的自闭症儿童小丫,情绪控制比较好,性格、脾气较温和,有基本的语言理解能力。但是每次手脏了,她都不愿意洗;即使强迫其洗完手,也会立刻逃跑,而不愿意将手擦干。她的妈妈决定对此进行干预。当小丫手脏时,小丫妈妈便大声说:"哎呀!小丫的手脏了!"然后将她带去洗手,洗完就用旁边挂着的擦手毛巾擦干。每次当小丫完成这些,妈妈立即奖励她爱吃的薯片,并用喜爱的口吻夸:"小丫的手洗得真干净!小丫真棒!"这样做了4天后,小丫不再对洗手反感;又过了一个星期,每次手脏了,她都会很高兴地跟着妈妈去洗手,直到最后,只要妈妈告诉她手脏了,她就会自己主动洗手并将手擦干。①

(三)以正强化为主

一般来说,对特殊儿童的问题行为进行干预时应遵循以正强化为主,正强化和负强化相结合使用的原则。要慎重选用对儿童具有最大效果及最小伤害的方法,多用奖励等正强化法,少用施加厌恶刺激的惩罚法,以免对儿童身心产生伤害。特别是尽量不用体罚、指责与批评,这对发挥特殊儿童的积极因素,限制、防止消极因素很有意义。

(四)强化要适度

适度就是在施行强化因素时,要适合特殊儿童的行为特点,做到恰如其分、合情合理。强化物对行为有一定的激发作用,但如果发放单一过量的强化物,就很容易出现"饱厌"现象。例如,当儿童手中已有好几块巧克力糖时,巧克力糖就不再能让他感兴趣,良好行为也就会停止。但若强化太少,则不利于儿童潜力的挖掘、能力的发挥,也会挫伤儿童的积极性,达不到行为改变的目的。以上两种情况都应该避免。

(五)运用高频率行为来增进低频率行为

普默克(Premark)经过多年的研究提出,在对问题行为进行干预时,可以运用高可能性

---

① 本案例由天津体育学院健康与运动科学系特殊教育专业江桂熔提供。

行为(高频率行为)来增进低的可能性(低频率行为),这种干预被称为"普默克原理"(premark principles)。这个原理用简单的话描述就是:"你做了 X,然后就可以做 Y。"比如,你做完了作业,就可以出去玩、看电视、吃点心等。当然,要有效地运用这项原理,首先就必须确认哪些是高频率行为哪些是低频率行为。

六、强化的误用

强化是我们运用比较多的行为干预策略,在日常生活中,教师和家长在教育儿童时,经常自然地使用到强化的技术。当然,他们很多时候不是有意在应用强化,只是做着"自然到来的事情",无意间运用了强化,这种无意间的应用有时也会造成很多强化的误用。

(一)正强化的误用

正强化原理能让个体的行为产生所需要的变化,它常常被用来激励人们努力地学习与工作,做对社会有意义的事情,也用来帮助人们消除不良的行为和症状。但如果应用不当,正强化也会导致不需要的行为被强化,造成不良结果。

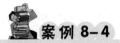

案例 8-4

苗苗是一名 7 岁的自闭症儿童,有时候她在课间会闯进办公室,到处乱窜,随手丢弃、摆弄东西,苗苗妈妈每次都要对她生拉硬拽才能将她带出办公室。一次苗苗又闯进办公室,苗苗妈妈带不走她,一位新来的老师看见了,就拿出一块饼干对苗苗说:"苗苗听话,到休息室玩,老师给你饼干吃。"苗苗拿着饼干跟妈妈出去了。可是这天每到下课,苗苗都开始往办公室闯,频率比以往大大增加。每次新来的老师都给苗苗饼干劝说她到别处玩,后来经其他老师提醒这位新老师才知道,自己其实用饼干强化了苗苗乱闯办公室的行为,苗苗会以为是自己闯进办公室的行为带来了奖励饼干的后果,所以为了得到饼干,她就会不停地闯进办公室。

案例 8-5

小飞是一名 6 岁的自闭症儿童,并且伴有严重弱视。而其父母对他的期望却远远超过对一名普通儿童的要求,小飞没有得到正确的家庭干预,导致情绪控制非常差,经常发脾气,有时会产生自残行为。上个训课时,小飞常发脾气,个训老师总是拿一堆夹子来安抚小飞(小飞喜欢用夹子夹自己,尤其是夹自己的舌头),但是小飞闹脾气的频率并没有减少,这一做法完全误用了正强化。首先,用夹子夹自己本身就是需要干预的问题行为,是不能作为强化物的;其次,老师这样做,其实强化的正是小飞发脾气的行为。

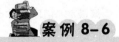

案例 8-6

皮皮,一名 4 岁的发育迟缓儿童,他喜欢喝奶茶。一天晚上,父母哄皮皮睡觉,皮皮不肯入睡,而且哭闹,父母受不了这种吵闹,为了尽快将皮皮安抚好,就给他喝奶茶。以后,每到晚上睡觉时皮皮就哭闹,于是父母就用奶茶哄他睡觉。这个过程中,皮皮的父母用奶茶强化了他哭闹、不睡觉的行为。①

以上三个例子都是正强化误用的例子,其误用的实质是强化了不良行为,使不当行为的出现频率升高。由上面的例子可以看出正强化是对儿童的某一种行为出现后给予的一种鼓励、表扬或奖赏。一旦这些奖赏的行为不合适,即对于不良行为给予了奖赏,并满足了儿童的心理或物质上的需要,则容易导致儿童养成不良的行为习惯,甚至出现不良后果。因此,日常生活和工作中应尽量谨慎、小心,避免或减少正强化的误用现象。

（二）负强化的误用

一些缺乏教育经验的父母,常会不自觉地误用负强化中的逃避和回避反应,以致维护或形成了儿童的不良行为习惯。例如,一位盲生因无所事事而模仿哭,妈妈听到哭声心里很烦躁,于是就拿来糖果,盲生停止了仿哭,下次当他想要糖果的时候就自然地模仿哭。这样,盲生的母亲无意中进入了孩子设置的厌恶刺激之中,她为了逃避吵闹就不自觉地培养了孩子将来以吵闹方式来达到自己目的的不良习惯。

另外,负强化要应用到厌恶刺激,这些刺激通常会给个体带来不愉快的情绪体验,尤其是逃避。需要注意的是,厌恶刺激在运用外部强化去激发儿童的学习动机时,一定要使所控制的强化与被强化的行为之间的因果关系能够被儿童准确认知。否则,所运用的强化就不会达到预期的效果。例如,某学生的作业完成得不好,教师批评了他,可是这个学生却认为是因为教师对他有成见才批评了他,这样他就不会改正不认真完成作业的行为。

七、应用强化对问题行为进行干预的案例

（一）应用正强化改变自闭症儿童拒绝感觉统合训练的行为②

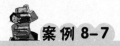
案例 8-7

儿童基本情况

点点,4岁,重度自闭症儿童。她的家境较富裕,妈妈辞去工作专门照顾点点。父母有一定的早期干预知识,和点点有很好的互动。进入康复中心之前,点点已在其他机构接受过一年干预训练,有一定程度的改善,最明显的是情绪控制大为好转,很少发脾气和哭闹,也不会因为一些要求得不到满足而闹脾气;没有语言表达能力,但对简单的日常用语有较好的理解力。

行为问题

康复中心的感统训练是以亲子模式进行的,即家长作为主要训练者,而老师在旁边指导。老师发现,点点非常喜欢荡秋千,荡秋千时她会笑得很开心。但她不愿意做其他项目,每次妈

---

① 以上案例均由天津体育学院健康与运动科学系特殊教育专业江桂熔提供。
② 本案例由天津体育学院健康与运动科学系特殊教育专业江桂熔提供。

妈让其做其他感统项目时,她就会哭闹,妈妈在经过数次努力无效后,最终会迁就她。有时别的小朋友抢了秋千,她不争抢,会站在旁边看,有时甚至会大笑,等小朋友不玩了,就又爬上秋千。一节感统课下来,她几乎没有做过别的训练项目。这样,老师为点点制订的感统训练计划就无法完成了。

原因分析

1. 家长迁就

点点妈妈对孩子比较溺爱,一旦孩子不愿意做训练或出现哭闹,妈妈就会面露心疼之色,觉得孩子很可怜,疼爱就变成了迁就,这就导致了孩子一再任性。

2. 儿童的胆怯和退缩

点点性格温和,平常不哭不闹,情绪控制很好。但是,这种温和又形成了她胆怯、退缩的性格,不敢尝试新东西,面对从未做过的事情容易产生畏惧心理。

3. 环境适应问题

点点在别的机构训练了一年,刚刚进入康复中心这样一个新环境,原来形成的训练习惯和流程完全被打乱,新环境、新老师、新课程等对点点而言都是巨大的挑战。

4. 训练项目比较枯燥

感统训练本身是一项比较枯燥的项目,再加上点点妈妈在训练之初,只在意完成项目任务的多少,而不太注重方式方法,令点点对感统训练没有兴趣。

干预计划

目标行为:点点能配合妈妈,按计划完成感统训练的任务。

场地:离秋千较远的场地。

强化物:玩3分钟荡秋千。

实施过程

第一阶段:持续一周。从简单、易控制的大肢体动作开始练习。练习前告诉点点:"只要你跟妈妈完成这个任务,妈妈就奖励你玩秋千。"即使孩子哭闹也必须坚持完成动作,指导老师可以辅助。动作时间由1~2分钟逐渐增加到4~5分钟。只要点点完成动作,妈妈就立即笑着夸:"点点今天真棒!完成任务,妈妈奖励你玩秋千。"奖励结束时间一到,妈妈就说:"奖励结束,点点再跟妈妈完成一项任务,又奖励你玩秋千。"然后继续完成下一项任务。另外,老师也鼓励家长在家多与孩子做亲子互动的游戏。

第二阶段:持续10天。当点点能顺利完成大肢体运动后,老师选取几项简单的刺激前庭的感统项目作为进阶训练,练习量从少到多。这期间同样使用上一阶段的强化措施,只要点点按要求完成项目就给予奖励。

第三阶段:持续两周。在这一阶段,经过前一段时间的干预后,点点就可以按照原定的感统训练计划进行训练了。此时,练习的强度逐渐增大,奖励的标准也逐渐提高。对于新的、比较难的项目,要求点点在按要求完成之后,可以去玩一次秋千;对于比较简单、小强度的任务,则要求点点在连续完成5~6项后,才能去玩秋千;对于已经有良好表现的训练项目,可采用间歇强化,偶尔让点点去荡一次秋千。

干预效果

第一阶段:最初两天,点点会一直哭闹,并想逃跑到秋千处。因为训练项目是较简单的肢体动作,易控制和带动,妈妈在老师的帮助下,坚持让点点完成。在接下来5天里,点点哭闹次数减少,到第6天已经完全不哭了,能配合完成任务。只是眼睛会一直盯着秋千,每个动作需要给点点足够的反应时间(大约15秒)。

第二阶段:第1天不哭闹,但也不愿意做训练,勉强坚持做完;第2天比较配合;从第3天开始,在做这些刺激前庭的训练时她会笑;由于强度不大,从第6天开始,她可以连续完成2项,甚至3项训练再接受奖励。

第三阶段:最初几天能配合完成,但是在面对平衡板、滑板类项目有些退缩,后来逐渐能按要求配合完成,达到每项训练要求的强度。第10天起能按要求完成每项任务。更让家长和老师高兴的是点点能发出一些声音了,发出"要"和"妈妈"的近似音。让大家看到付出终有回报,看到了希望,坚定了家长和老师的信心。

(二) 应用负强化改变自闭症儿童乱咬东西的行为①

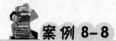
案例 8-8

儿童基本情况

亮亮,一名5岁的中度智力落后儿童。家境较好,但父母忙于工作,专门请了保姆照顾亮亮。平时亮亮在幼儿园(特殊班)上学,保姆只是负责接送他以及照料他的饮食起居,并没有对亮亮进行干预。

问题行为

亮亮的问题是每到吃饭的时候,爱吐口水、吹泡泡,经常玩得不亦乐乎,自己笑得很开心,而不吃饭。保姆告诉老师,亮亮在家也是这样,她每次都要花1~2个小时才能喂完一小碗饭,亮亮有时甚至不吃饭,一个人玩的时候也是这样玩口水。

原因分析

1. 早期干预的缺乏

由于父母忙于工作,很少把精力放在亮亮身上,没有重视到早期干预的重要性,且很少与孩子互动、沟通;而保姆只是照顾亮亮的饮食起居,缺乏早期干预的知识。因此,亮亮在家没有得到有效的干预训练。

2. 自我刺激

由于亮亮经常独自一人在家,他便开始寻求自我刺激。而吐口水能满足亮亮的刺激需求,使他在一个人玩的时候获得快感,由此他便养成了吐口水的毛病。

干预过程

幼儿园负责孩子的一日三餐,每两个特殊孩子由一位主训老师负责。根据情况,老师制定了负强化的干预过程,同时和家长、保姆协调好,要求保姆在家时配合老师工作,让亮亮自己吃饭,并严格按计划实施干预。

---

① 本案例由天津体育学院健康与运动科学系特殊教育专业江桂熔提供。

每到吃饭的时间,老师就会对着孩子们喊道:"吃饭了,小朋友们要坐好!"孩子们都找到自己的位置坐等老师打饭。亮亮坐下后,两手放在桌上,开始撅着嘴喷口水,有时吹出个小泡泡,他就鼓起掌来,并笑得很开心。

这时,个训老师拉起亮亮到墙边站着,说:"站好!"并严肃地摆手说:"不吐口水才可以吃饭!"最初亮亮还是喷着口水在玩,但是看见别的小朋友在吃饭,自己想吃却吃不到,有些委屈的样子。老师赶紧抓住这个时机告诉他:"不吐口水才可以吃饭!"慢慢地,亮亮停止吐口水,老师立即笑着夸道:"亮亮真棒!不吐口水可以吃饭了。"随后把亮亮带到座位上,让他吃饭。如果亮亮又开始吐口水,就立即把他带到墙边,告诉他不吐口水才可以吃饭,等他停止吐口水了,就立即夸奖他,并让他回到座位吃饭。吃一次饭通常要折腾四五次,后来这个次数减少到了一两次。在这个阶段亮亮还处于负强化的逃避阶段,是为了逃避吃不到饭的厌恶刺激,才停止吐口水的。

经过长时间的训练之后,饭前个训老师说:"不吐口水才可以吃饭。"亮亮听了,会看着老师的眼睛好一会儿,然后转回身子坐好,等着老师打饭。吃饭的过程中,一旦亮亮撅起嘴要吐口水,个训老师就把他嘴唇强制闭上,告诉他:"不吐口水才可以吃饭。"等到亮亮不撅着嘴了,就放开,便立即夸他:"亮亮真棒!"经过一段时间的训练,每次亮亮撅起嘴,只要老师说:"不吐口水才可以吃饭!"亮亮就会停止吐口水的不良行为。这个训练过程中,亮亮由逃避转变成了回避,为了避免不能吃饭和强制闭嘴的厌恶刺激,而建立了不吐口水的良好行为。

训练效果

经过训练,亮亮最终可以在吃饭的时候不吐口水,和其他孩子一样自己吃饭。保姆反映,亮亮在家吃饭时,也能很好地配合了,基本上能按正常速度进食。

将训练效果泛化

当亮亮吃饭吐口水的行为得到矫正后,老师决定在下一阶段进行行为的泛化,改变其闲暇时吐口水的不良行为,做一个讲卫生、爱干净的好孩子。

第2节 减少不良行为的技术

与前一节所介绍的以积极方式对问题行为进行干预的强化技术不同,本节所要介绍的主要是减少不良行为的技术。阿尔伯特与特劳特曼(Troutman)曾将这些技术按照厌恶的程度列成了一个等级表,如图8-2所示。按照以人为本的原则,我们在选择行为干预技术时,也应尽量按照图中所示的等级,选择前面的非厌恶程序。在使用了其他干预策略并且没有取得预期效果,且必须使用干预策略的情况下,才可以考虑使用较少限制且不产生强烈厌恶感的程序。下面我们将对这些技术作详细的介绍。

一、差别强化

差别强化既可以对积极行为进行强化,又可以对不良行为进行消除。在这里我们将着重介绍其减少不良行为的功能。

```
              层次一  差别强化
                    对替代行为的差别强化
                    对其他行为的差别强化
                    对低反应比率的差别强化
              层次二  消退
              层次三  撤销强化刺激
                    反应代价
                    隔离
              层次四  呈现厌恶刺激
                    过度矫正
                    厌恶刺激
```

图8-2 减少不良行为技术等级[1]

（一）差别强化的含义

差别强化(differential reinforcement)就是运用强化和消退原理来提高良好行为的出现率,降低不良行为的出现率。[2] 比如,在课堂上离座在某些情境下可能是恰当的,但在另一些情境下则可能不恰当,强化那些在某些前提(如老师要求到黑板前演算题目)之后的离座行为,而不强化那些其他情境下的离座,就是对离座实行差别强化。当然,要使用差别强化,积极行为至少要不时地出现,这样它才可能被强化。比如,很多智力落后的儿童在回答问题时,都很希望老师叫到自己,他们就会积极举手,并且大声呼叫老师,这时如果老师只对举手行为进行反应,而不理会呼喊行为,他们就能逐渐知道哪种行为才是得到回答问题机会的有效手段。

（二）差别强化的类型

差别强化程序有三种类型,分别是:对替代行为差别强化,对其他行为差别强化,对低反应比率差别强化。

1. 替代行为差别强化

(1) 替代行为差别强化的含义

替代行为差别强化(Differential Reinforcement of Alternative Behaviors,简称DRA)就是用来增加期望行为的频率和减少不期望行为频率的行为程序。每次对期望行为给予强化,对不期望行为不给予强化,结果将导致期望行为增加的同时不期望的行为不断被消退。

---

[1] Alberto,P,A.,Troutman, A. C.. Applied Behavior Analysis for Teachers[M]. 5th ed. New Jersey: Prentice Hall,1999:279.

[2] Miltenberger,R.G.. 行为矫正原理与方法[M]. 石林,译. 北京:中国轻工业出版社,2004:247.

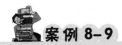

案例 8-9

驰驰,4岁,被诊断为精神发育迟滞,入园时的基本情况为:只能进行一些简单的发音,但不成字,对教室中常用的指令无法执行,与老师的配合性差。在训练初期,每节课上,他都会趁老师不注意时,将老师摆在桌面上的教具推到桌子下,老师则会要求他将教具捡起来。通过记录,像这样的情况每天至少会发生15次。老师对所作的行为记录进行了功能分析,找到该生推东西这个行为的功能是逃避学习。

针对驰驰推东西这一行为,老师开始教导他用正确的方式来要求休息。由于驰驰刚刚开始训练,无法用完整的句子来表达"我要休息"。因此,老师用一张画有小人躺在床上的小图片来代表"我要休息"。当驰驰开始上课时,老师提示他将图片给老师后,就能够离开座位在教室里自由活动1分钟,与此同时,只要他用手将老师的教具推下桌子,老师对他的这一行为给予忽视,并将备用的一套教具重新摆在桌子上,协助他完成练习之后,提示他将图片给老师要求休息。只要他出现将图片给老师的行为,老师马上就会给予他强化物。在开始实施行为干预计划的第三天,驰驰推东西这一行为开始下降,为12次,实施计划的第6天,行为发生的次数为6次,直至计划实施的第11天,驰驰推东西的这一行为已经消失,取而代之的是驰驰用图片来要求休息的行为。

上例中,老师对驰驰用手将教具推开的行为给予忽视,就是对他不良行为的一种消退。同时,当驰驰表现出目标行为时,老师则马上给予强化。这种每次对期望行为给予强化,对不期望行为不给予强化的做法,很容易培养驰驰正确表达休息需要的行为。

(2) 有效应用替代行为差别强化的基本要求

替代行为差别强化在日常生活中很容易被教师和家长自然运用。比如,自提出"减负"后,孩子放学早了,如果父母没有一个明确的安排,任其自由活动的话,孩子就会做一些不安全的事情。许多家长就通过给孩子布置适量的学习任务、发展儿童新的爱好等方式,让这些高频率出现的良好行为来替代不良行为,让健康的、有益的活动占据他们的课外时间,孩子的教育时段不出现空当,其坏习惯也就自然而然地消退了。具体而言,在应用替代行为差别强化时应注意以下几点。

第一,要选择合适的差别强化的环境。要想有效使用DRA进行差别强化,需要考虑以下三个方面的问题:是否想要提高某一个期望行为的发生频率?该行为是否偶尔出现过?该行为出现后,是否能够提供一个强化物?同时,目标行为应尽可能多地在相关情境里被多个行为干预者强化,以保证个体能够在真实的生活环境中出现,或衍生出许多相关类似的行为。

第二,要确定并及时呈现强化物。通过观察与询问,找出对期望行为产生有促进作用的强化物,将大大增强行为干预的效果。不使用目前保持不期望行为的强化物。在开始的时候,对期望行为强化要迅速,同时要持续,使得行为增加到期望的水平。强化物呈现时,一定要向个体描述所应该表现出的期望行为,使强化物和期望的行为之间相关联。

第三,要消除对不期望行为的强化。如果对不期望行为的强化物不能完全消除,至少要将其减到最少,使得对期望行为的强化和对不期望行为的强化的对比达到最大化。[1] 因为对期望行为和不期望行为的操作是相关的,当两个行为被共同强化时间表所强化的时候,得到较多强化的行为将比另外一个行为增加得多。

第四,要使用间歇强化保持目标行为。在初期,要进行持续强化;当期望行为不断出现,不期望行为很少出现时,可采用间歇强化,使得强化的时间表拉长,这样做能够在较长时间内使得期望行为得以保持,而且更难消失。

(3) 替代行为差别强化的应用个案

这是一个教师应用替代行为的差别强化方法对学生的"跪地行为"进行干预的个案。

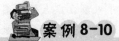

个案基本情况

路路,3岁,被诊断为多重障碍。该生有简单的跟随性发音,能模仿5~6个简单的动作,运动能力差。每天早上8点至下午5点,路路都在中心接受干预训练,下午5点以后,妈妈会接他回家。在家里,基本上都由妈妈带他。

12月的一天,妈妈向老师反映路路只要看到她,就会出现跪地的行为,直到妈妈把他从地上抱起来。而且,这一行为多在每天放学回家下车后,从车站到家的路上发生。老师要求妈妈对这一行为进行为期一周的记录。

个案行为发生的原因分析

根据妈妈所做的记录显示,这一行为最多的一天发生了8次。每次行为之间的距离间隔为15米。

老师对路路的这一行为进行分析后得知,造成路路出现这一行为的原因有以下两点。

第一,路路本身运动能力不足且耐力不够,从车站到家的这段距离对于他来说相对较长,因此,他很难自己独立走这么远的距离。

第二,老师根据功能分析发现,路路出现这一行为的主要功能是要求妈妈抱他,由于路路当前只能跟随发一些简单的音,无法自己主动独立地进行表达,加上妈妈在他跪地后总是马上把他抱起来的这一后果强化了他跪地的行为。

行为干预实施过程与方法

针对路路跪地的行为,老师所制订的行为干预计划为:当路路走大约14米时,妈妈首先做出双手张开的动作,提示路路做同样的动作之后,再抱抱他。如果当路路出现跪地行为时,妈妈有计划地忽视跪地这个行为,转移他的注意力。待路路从地上站起张开双手示意妈妈抱他时,妈妈立即抱抱他作为强化。在计划实施的过程中,老师要求路路的妈妈还是将每天跪地的行为发生的次数做一个记录。通过记录,老师发现,自计划开始实施的第三天,路路跪地的次数就开始降低,而展开双手示意妈妈抱抱的行为开始增加。直至第15天,路路的跪地行为基本消失。[2]

---

[1] Miltenberger,R. G.. 行为矫正原理与方法[M]. 石林,译. 北京:中国轻工业出版社,2004:249.
[2] 本案例由武汉麟洁健康咨询中心沈薇、李丹提供。

2. 其他行为差别强化

其他行为差别强化(Differential Reinforcement of Other Behavior,简称 DRO)又可以称为零反应区别强化,是指当问题行为不发生时,给予强化,至于在这期间这个人是否有其他的行为,与强化无关。比如,小林如果不骂脏话,他就可以得到一张贴纸。

(1) 其他行为差别强化的含义

其他行为差别强化是指在某一规定的时间内若不需要的行为(即要消除的行为)不发生,就给予强化。其他行为的差别强化程序一般可以达到消除行为的目的,使不需要的行为不再发生或极少发生的。例如,如果我们规定当小锋吮吸手指时,老师就不给他讲故事,当他不吮吸手指时,老师就给他讲故事。

日常生活中我们常运用其他行为的差别强化程序来消除儿童乱发脾气的行为。在运用此程序前,应先准备一只停表或计时钟,然后,先使用 $DRO_{15秒}$ 程序,即每当儿童发脾气时,把停表或计时钟拨到零,等到儿童不再发脾气时(发完脾气),就让停表或计时钟开始计时,如果儿童在连续 15 秒钟时间过去后仍不发脾气,就给予强化。在此程序下,儿童发脾气的行为得到了良好的控制,就可以延长时间把程序改为 $DRO_{30秒}$ 程序,以后再延长下去,采用 $DRO_{1分钟}$、$DRO_{10分钟}$、$DRO_{45分钟}$ 程序,直至发脾气的行为很少发生,或不再发生为止。

(2) 其他行为差别强化的类型

按照计时方式的不同,我们一般将其他行为差别强化分为以下三种类型。

① 整段时间的 DRO 程序,简称 FS-DRO 程序。这是指在一个特定的时间阶段内,没有发生需要的行为就予以强化。上面用于干预儿童发脾气行为的程序,就有 $FS-DRO_{15秒}$ 程序,即儿童在 15 秒内没有发脾气就能得到强化。

② 分段时间的 DRO 程序,简称 I-DRO 程序。它是指把一个特定的时间阶段平均分成几个时间间隔,若在每个时间间隔内不需要的行为没有发生,个体就可以得到强化。例如,在老师改变欢欢在课堂上随意大声讲话的程序中,老师可以把一节课 45 分钟分成三个时间间隔,每个时间间隔为 15 分钟,那么,如果欢欢在 15 分钟内没有大声说话,他就获得一次自由活动的时间。如果第一节课(45 分钟)的 3 个时间间隔内都没有大声说话,他就有 3 次自由活动的时间。而在 $FS-DRO_{45分钟}$ 程序中,同他只有一次自由活动时间的强化相比,要多两次强化。

③ 间隔时间的 DRO 程序,简称 SR-DRO 程序。它也是指在时间间隔内没有发生不需要的行为就给予强化,而如果在特定的时间间隔之内发生了,时间间隔就要重新开始计量。[①] 例如,在小米大声说话的 $SR-DRO_{15分钟}$ 程序中,如果小米在第 10 分钟时说话,就立即停止计时,不但不给他自由活动时间,还要把表或钟拨回零点,重新开始计时,并开始下一次 $SR-DRO_{15分钟}$ 程序。所以,与 FS-DRO 或 I-DRO 程序相比,SR-DRO 程序能更严格地控制不需要的行为。[②] 因为在 FS-DRO 或 I-DRO 程序中,小米知道,如果他在规定的时间阶段内讲了一次话,就没有强化物。这样,在该时间阶段结束以前,他还会讲第 2 次、第 3 次,甚至更多,因为讲一次和多讲几次的结果是一样的。而 SR-DRO 程序由于及时停止,一切可以重新开

---

① 许华红.行为改变技术[M].天津:天津教育出版社,2007:95.
② 吕静.儿童行为矫正[M].杭州:浙江教育出版社,2006:121.

始,因此可防止上述现象的出现。所以,SR-DRO 程序对不需要的行为的控制更为严格和有效。

(3) 有效应用其他行为差别强化的基本要求

在日常生活中,其他行为差别强化有广泛应用。对于儿童其他许多不需要的行为,如多动、打架、骂人、乱扔东西、不讲卫生等不良行为或习惯,一般可以达到消除行为的目的,使这些不良行为不再发生或极少发生。

要想有效使用 DRO 程序进行差别强化,首先必须能识别并彻底消除维持问题行为的强化物,因为如果强化物消除不彻底,在另一个环境中又得到了强化,其他行为差别强化就不会有大的收效。其次,对问题行为缺失的强化比对行为本身的强化更强,将会使 DRO 程序更有效。

至于,采用何种类型的 DRO 程序,可按实际条件和需要而定。在行为训练初期,I-DRO 程序比 FS-DRO 程序更能有效地控制行为。如对儿童的撒谎行为,可以用 FS-DRO 程序,也可以用 I-DRO 程序。如果儿童的撒谎行为比较严重,最好用 I-DRO 程序,父母或教师可每半天检查一次,即 I-DRO$_{半天}$ 程序,这样对儿童行为的控制更为有效。如果撒谎行为比较轻,或刚开始撒谎,则可用 FS-DRO$_{1天}$ 程序,儿童如果在 1 天内撒了谎,那他就得不到强化,甚至还要受惩罚。

另外,DRO 程序不同,则选择的计时方式也不同。时段长度应当同问题行为的基线水平相联系,如果问题行为经常出现,DRO 程序的时段应当短一些;反之长一些。选择的时段长度应该产生尽可能大的强化。

(4) 其他行为差别强化应用案例[①]

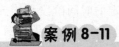

个案基本情况

林林,4 岁,被诊断为运动性语言发展落后,现就读于普通幼儿园的中班。幼儿园老师反映该生在课堂上的规则性较差,故家长求助专业人员去幼儿园对林林进行行为观察。通过为期两次,每次两小时的行为观察记录发现,林林的不恰当行为表现之一为在座位上跳,摇晃板凳,特别是老师点名要小朋友上去拿东西时,要求小朋友拍手唱歌时,林林的举动甚至会影响老师的上课秩序。

个案的行为功能

通过对林林在幼儿园所发生的行为的记录,专业人员对其进行了功能分析,发现林林出现这些行为时,老师都会马上制止,而有时林林很安静地坐在座位上时,老师对他关注的次数则明显就要少一些。所以,林林出现这些不恰当行为的功能是为了获得老师的关注。

针对个案行为的干预方法

林林的语言表达能力不足,但他的语言理解能力有一定的基础,并且他的自尊心也非常强,他总是要求老师在光荣榜上给他贴小红旗。针对他的这一特点,在给他制订的行为干预计

---

① 本案例由武汉麟洁健康咨询中心沈薇、李丹提供。

划中,专业人员希望幼儿园老师能在上课的过程中,如果林林没有出现在座位上跳或摇晃板凳的行为时,每隔5分钟就给他一个小红花,同时给予他口头上的表扬,一天内得到了5个小红花,就可以在班上的光荣榜中换取一面小红旗。经过约5天的行为干预,林林可以在5分钟之内安静地坐在自己的座位上而没有出现上面所提到的行为。此时,专业人员与幼儿园老师一起将间隔时间由5分钟调整到8分钟,并继续执行此计划。之后,间隔时间逐渐由8分钟调整到12分钟、16分钟、20分钟、25分钟。一个半月之后,林林在课堂上能安静地坐在座位上持续30分钟,并且不发生之前所提到的不恰当行为。

3. 低反应比率差别强化

(1) 低反应比率差别强化的含义

低反应比率差别强化(Differential Reinforcement of Low Rate of Behavior,简称DRL)是指如果强化只在行为(或反应)以低比例发生时给予,则以后的行为(或反应)将以低比例发生,这种强化方法简称DRL程序。DRL程序是当问题行为减少到规定水平时才呈现强化物,不像在DRO中那样强化目标行为的缺失,而是强化目标行为较低的频率。[①]

许多不良行为很难彻底消除,或者不必完全消除,这种情况下可以允许它在某一低比率水平发生。例如,对吃巧克力成瘾的孩子来说,要一下子把吃巧克力的习惯戒掉是非常困难的。家长可以规定他每天吃三四块,即 $DRL_{3块/天}$ 或 $DRL_{4块/天}$ 程序,以后再减为每天1块,逐步戒掉。

(2) 低反应比率差别强化的类型

根据时间取样的不同可将低反应比率差别强化进一步分成三种类型,分别是整段时间的DRL程序,简称FS-DRL程序;分段时间的DRL程序,简称I-DRL程序;间隔时间的DRL程序,简称SR-DRL程序。

FS-DRL程序是指在某一规定的时间阶段内,若行为或反应量不超过规定的数目,就给予强化。例如,上面戒巧克力的例子中对儿童每天只吃1块巧克力就给予强化,用的就是 $FS-DRL_{1块/天}$ 强化程序。

I-DRL程序是把整段时间分成几个时间间隔,在每个时间间隔内,如果行为或反应量没有超过规定的数目,就给予强化。[②] 例如上面戒巧克力的例子中,如果把一天分成两个时间间隔(上午、下午),这样,只要儿童在每个时间间隔内吃巧克力的数目不超过半块(把反应数目按时间间隔数平均分配),就可得到强化,这就是 $I-DRL_{半块/上午}$ 或 $I-DRL_{半块/下午}$ 程序的应用例子。

SR-DRL程序是指两次行为必须在特定的时间间隔之后发生,才给予正强化物。[③] 可表示为:行为(反应)—时间间隔—行为(反应),如果行为或反应发生在特定的时间间隔之内,此行为或反应就得不到正强化物。以上面的吃巧克力的行为为例,如规定他(或她)两次吃巧克力的时间间隔不能低于3小时或4小时,如果低于3小时或4小时就得不到正强化物。

---

① Miltenberger,R.G..行为矫正原理与方法[M].石林,译.北京:中国轻工业出版社,2004:259.
② 吕静.儿童行为矫正[M].杭州:浙江教育出版社,2006:116.
③ 许华红.行为改变技术[M].天津:天津教育出版社,2007:91.

如果两次吃巧克力的时间间隔超过了3小时或4小时,就可以得到正强化物,这就是 SR-DRL$_{1块/3小时}$ 或 SR-DRL$_{1块/4小时}$ 程序。

（3）有效应用低反应比率差别强化的基本要求

在日常生活中,我们可以用任何一种低反应比率差别强化程序来减少儿童的一些不良行为或习惯。例如,改变儿童整天看电视的习惯。我们可用低比例差别强化来控制儿童看电视的量,如规定每个晚上只看儿童节目,或只看适合儿童的电视节目。对于功课较忙的儿童可规定他一周只看2次电视,这就是 DRL$_{2次/周}$ 程序的运用。再比如,改变过快或过慢行为的速度。我们规定吃东西速度过快的儿童,必须在用勺子将食物放进嘴里之后,间隔一定的时间,然后才能再一次把食物送到嘴里。如果我们假设此时间间隔为15秒,那么这个程序就为 SR-DRL$_{1反应/15秒}$ 程序,整个程序的步骤为:送食物—停顿(15秒)—送食物。同时,对于儿童咬手指头、作业速度过快以致书写潦草、作业经常做错、上课经常与别人讲话、做小动作等,都可以用低反应比率差别强化程序来进行行为干预。在具体应用时,我们应注意以下两点。

第一,要正确选择目标行为。从低反应比率的差别强化的实施案例中,可以看出应用低反应比率的差别强化程序必须符合两个条件,一是有一些行为是可以容忍与接受的;二是这些行为越少越好。在现实生活中,有很多行为是很难一下子就消除的,而且也不必要完全消退,当允许它以低比率发生时,可以应用低反应比率的差别强化程序。

第二,要选择合适的强化类型。低反应比率差别强化的三种类型,各自有不同的实施要求。与 FS-DRL 程序和 I-DRL 程序相比,SR-DRL 程序中的行为必须发生在一个特定的时间间隔之后,而前两个程序中的行为只能发生在某一特定阶段之间,且所要求减少的行为越少越好。SR-DRL 程序在一般情况下用于目标行为不能完全消退或不需要完全消退的场合,SR-DRL 程序对目标行为的控制也要比其他两种程序更容易。

（4）低反应比率差别强化案例

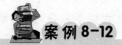

小楷,4岁5个月,为某特殊教育训练机构的学生,经诊断为阿斯伯格症。该生有一定的语言理解能力和语言表达能力。当老师给他教授了疑问句"这是什么"来获取信息的课程之后,该生能在日常生活环境中较好地使用此疑问句。但随之而来的问题是,小楷在每天放学回家的路上,10分钟的步行距离,他最多可以问20个"这是什么"并且就算所指的目标物是他已经认识的,他也一定要妈妈做出回应,否则,他就会反复不停地重复这句话。妈妈尝试过不予理会他的这个行为,但是效果不理想,反而发生的频率还越来越高。

因此,在对小楷这一行为所制订的行为干预计划中,老师要求小楷的妈妈在回家的路上,如果小楷只问18个"这是什么"并且他所指的是他不认识的目标物的话,那么回到家之后,妈妈就奖励他看15分钟的动画片(看动画片是小楷在家最喜欢的活动)。

8天之后,当小楷达到了10分钟只问18次"这是什么"之后,老师要求妈妈将这一频率降低为:小楷每10分钟只问15次"这是什么",才能奖励他看15分钟的动画片。在计划开始执行的第18天,小楷达到了此要求,我们则继续将要求降低为:小楷每10分钟只问12次"这是什么",在执行计划的第31天,小楷可以在回家的路上只问10次"这是什么",并且所问的目标物是他之前所不认识的物品。这时,老师建议小楷的妈妈不必再降低这一频率,而是维持这一频率。因为,这一行为在小楷询问他所不知道的物品时是恰当的,只是在初期,这一行为发生得太多了,而影响了他其他方面能力的运用。[①]

(三) 差别强化的误用

1. 应用低反应比率或其他行为差别强化程序减少了儿童的良好行为

现实生活中,父母、教师或其他人经常会无意识地运用低比例或其他行为差别强化程序减少儿童高频率出现的良好行为。例如,一个平时不怎么在课堂上发言的儿童能举手并正确地回答问题,教师立即热情地加以表扬(强化)。而当此行为经常发生,即发生率增加时,老师就视作平常,表扬(强化)也越来越少,因为老师会想"这是个聪明的孩子,不需要太多强化"。老师的强化逐渐减少,甚至到零。这样,就容易使儿童产生"低反应比率的反应能得到更多的强化"的想法,儿童在课堂上就不再举手发言,这样无意中就把好行为削弱了。事实上也是这样,老师对正在转变的差生的赞扬往往比优等生还多。为了避免低反应比率或其他行为差别强化程序的误用,教师或父母应明确定出他们想维持行为的比例,然后保证以合适的程序强化此行为。

2. 容易产生不良的替代行为

不良的替代行为即是运用差别强化程序来减少某一种行为时,导致了另一种不良行为的产生。例如,课堂上,为了防止智障学生随意讲话,老师运用了差别强化程序,课堂秩序得到了维护,可老师却发现学生用做小动作来代替上课随便说话的行为,这就造成了在减少上课说话行为的同时,促使了做小动作等不良行为的发生。为了避免这种问题产生的一种方法就是用与问题行为不相容的替代行为差别强化程序代替其他行为差别化或低反应比率差别强化程序。

差别强化既可以对积极行为进行强化,又可以对不良行为进行消除。它可以比惩罚和消退更有效地降低或消除问题行为,也可以比单独的强化更快速地提高和产生良好行为,并可以最大程度上调动当事人的积极性,避免对当事人可能造成的伤害。[②]

二、消退

消退法是在减少问题行为时用得比较多的方法,也是比较常见的方法。

(一) 消退的含义

当儿童做出某一行为之后,外界环境不予理睬,那么今后类似情况下发生类似行为的可能性就会减小,这就是我们常说的消退。

消退(extinction)是应用行为分析的一个基本原理。当一个以前被强化的行为,不再导致具有强化作用的结果,这个原因行为在将来不再发生。[③] 简单地说,行为只要得到强化,它

---

① 本案例由武汉麟洁健康咨询中心沈薇、李丹提供。
② 伍新春,胡佩诚. 行为矫正[M]. 北京:高等教育出版社,2005:157.
③ Miltenberger,R. G.. 行为矫正原理与方法[M]. 石林,译. 北京:中国轻工业出版社,2004:81.

就会继续发生。但是如果行为不再造成具有强化作用的结果,行为者就会停止这一行为或使行为逐渐消失。所以,消退就是指通过撤销造成某些不良行为的强化因素,从而减少这些行为发生的干预方法。简单地说,就是我们对儿童的不良行为不予关注、不予理睬,那么,儿童的这种行为发生的频率就会下降,甚至消失。

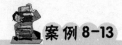

4岁半的峰峰是个痉挛型脑瘫儿童,在一次训练跪走时,他的额头不慎磕到器材,当即他便大哭不止,训练老师马上停止训练,上前抱起峰峰安慰他。当峰峰停止了哭泣,老师让他继续练习,峰峰马上摸着额头,嘟着嘴对着老师表示很疼。于是老师就让他拍拍皮球。每当老师要峰峰练习跪走,他就手摸额头面露痛苦状,三四次下来,老师意识到他这样做是为了逃避跪走训练。于是,老师再一次要求峰峰训练跪走,他依旧摸头示意痛,但这次老师不予理睬,把器材拿到他面前,示意他跪下准备训练,峰峰仍站在那里摸着头表情更夸张地表示疼,老师依旧不为所动,他只好跪下,在准备训练之际,仍不忘做最后一次摸头面露痛苦状,老师只是说:"峰峰,快点训练。"峰峰知道这回是逃不了训练的了,只好乖乖地训练起来。①

综上所述,消退是指在某一确定情境中,行为者产生了以前被强化的反应,若此时这个反应之后并不跟随着通常的强化,那么当他下一次遇到相似情境时,该行为的发生率就会降低。② 因此,我们可以通过强化程序来使某种行为的发生率增加,也可以通过消退程序即停止强化来使某种反应的频率降低。

(二) 应用消退技术的基本要求

使用消退法主要是减少儿童不良行为的发生,应用时需要考虑到以下几个基本要求。

(1) 消退的行为必须明确具体

要消退的行为必须是不良的行为,并且是由以往不注意强化建立起来的。如果儿童的某些行为是由于照顾不到而产生的,则应该给予照顾,而不应该使用置之不理的消退法。例如,孩子因饥饿而哭泣,不应该置之不理,而应该告诉他:"别哭了,妈妈马上给你牛奶喝。"

(2) 严格控制要消退行为的强化物

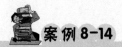

丽丽三岁半,是一名自闭症儿童,有明显的刻板行为,她在做一些事情的时候会不停地"嘟嘟嘟嘟……"地叫。妈妈后来发现,如果丽丽不想去做一些事情的时候就会发出"嘟嘟"声,并假意要去上厕所,因此妈妈决定消退丽丽的这一行为。一天下午在家中,妈妈让丽丽完成老师布置的家庭作业——握笔涂鸦,这是丽丽在个训课上最不愿意做的一项。丽丽一直在"嘟嘟",妈妈都不予理睬。然后,当丽丽一段时间不"嘟嘟"表现得很安静时,妈妈就给予丽丽奖励——

---

① 本案例由天津体育学院健康与运动科学系特殊教育专业傅君提供。
② 吕静.儿童行为矫正[M].杭州:浙江教育出版社,2006:83.

看书。这个下午,丽丽都表现得很不错,情绪也较以前好多了,老师布置的几项家庭作业也都完成得差不多了。傍晚,爸爸下班回家,这时丽丽在进行最后一项作业——把装着白菜的盆子拿给妈妈。这时丽丽又开始"嘟嘟"起来,妈妈依然不为所动,可是爸爸看到丽丽这样心疼极了,他对丽丽的妈妈说:"孩子叫得那么可怜,你就别让她干了。"转头就对丽丽说:"丽丽,来,爸爸跟你一块看书。"爸爸跟丽丽一块看书的行为,严重地干扰了消退程序。①

在使用消退法时,极为重要的一点是在实施消退期间确保各种各样强化物在不良行为发生之后不呈现,做不到这一点,消退程序大多要失败。

(3) 与正强化结合起来使用

消退法若和正强化法结合,不仅可以消除不良行为,还可建立并强化所需要的良好行为,效果更佳。因为当不良行为出现时,极有可能在置之不理的情况下出现良好的行为。

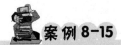
案例 8-15

圆圆是启智学校二年级的学生,每当放学排队时,她总是一声不吭地把书包甩到老师面前,然后自己得意洋洋地走开。班主任李老师决定改变圆圆的这种行为。某天放学,如往常一样,圆圆走到老师面前,依旧一声不吭顺势要把书包甩给老师,但这次,老师没有去接她的书包,而是就当没看到一样走出教室,安排其他的学生排好队。然后李老师密切地关注圆圆的举动,只见圆圆愣了一下,又走到老师面前,依旧不动声色,甩甩书包要给老师,老师依旧不接,走开了。这时,圆圆急了,又走到老师面前,说:"老师,帮我拿书包。"这时李老师立即接过她的书包说:"圆圆,这样才是好孩子,以后想让老师或者其他人帮忙的时候要有礼貌,你可以说,老师请帮我拿一下书包。妈妈请帮我拿一下书包,好吗?"②

(4) 不随意中断消退程序

不良行为的频率、持续时间或强度经常在减少和最终停止前暂时地增加,这被称为"消失爆发"。③ 如在儿童哭闹行为消退前,他的哭闹可能会变得更凶。但只要这个行为没有得到强化,"消失爆发"后儿童的不良行为就会开始减少,并最终完全停止。因此,有时候家长必须"狠心",一定要严格执行"不予关注"的原则。例如,虎子在商店哭闹着要玩具,妈妈不理睬,他可能更起劲地哭闹,这时妈妈一定要坚持原则,干脆说"不",否则会前功尽弃。

(5) 执行消退人员的态度必须保持一致

在消退过程中要注意整个环境和周围人对于行为者的影响,避免因环境和其他人给行为者带来意外的正强化物。所以,在执行消退时所有相关人员的态度必须一致。

---

① 本案例由天津体育学院健康与运动科学系特殊教育专业傅君提供。
② 本案例由天津体育学院健康与运动科学系特殊教育专业傅君提供。
③ 陈瑶. 消退法:消除孩子不良行为的有效方法[J]. 教育导刊,2007(3):55.

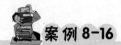 **案例 8-16**

  智障儿童文文刚到训练中心时,有着严重的分离焦虑,他要求家人必须寸步不离他,家长和老师都对文文的这种情况十分头疼。为此,老师专门和家长进行了沟通,希望家长可以配合老师去改变文文的这种行为。第一周,老师让文文的姥姥坐在个训室的一边,距离文文的位置较远但不影响文文看见姥姥。文文觉得姥姥坐得很远,哭喊着要姥姥过来,姥姥不为所动。这时老师拿出文文平时最喜欢玩的玩具给他,他的注意力一下子被吸引过去了,可是当他突然想起姥姥时又会哭喊起来,姥姥和老师依然不为所动,老师继续上课吸引他的注意力。一周以后,文文哭闹的次数明显减少。在接下来的日子里,老师要求姥姥回避,每当上个训课前,姥姥都偷偷躲起来,而这时老师就会拉着文文往个训室走,刚开始文文会哭着被老师拉走,到了上课时也会哭着找姥姥,但在得到老师的安抚后,他很快就能平复下来。又经过一周后,再上个训课时,文文都能主动地跟老师走,不再哭闹了。①

(6) 应用"自然结果"

  在应用消退法时,如果能很好地利用"自然结果",就会提高消退效果。即当儿童的错误行为发生时,我们不必去追究其原因,只让这种错误行为获得自然的结果。这种方式常常能有效地处理一些错误,如不服从指导、违反规定、不合作行为等。

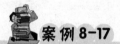 **案例 8-17**

  婷婷,4 岁,是个自闭症儿童,她特别喜欢在感统课上去搂抱一名叫辉辉的男孩。辉辉是名重度的自闭症儿童,身材肥胖,没有语言交流能力,遇到厌恶的事情时会吼叫和使劲拍手。婷婷每次上感统课的时候,一看见辉辉就会冲上去紧紧抱着他不放,无论双方的家长怎样阻止,只要一有机会婷婷就会冲到辉辉面前用力地抱着他。很多时候,因为家长及时地把两人分开,辉辉并未表现出吼叫或使劲拍手。有一次,婷婷趁辉辉妈妈上洗手间的间隙,猛地一下冲上去抱住了辉辉,正在拍大笼球的辉辉对这突如其来的搂抱十分反感,不停地大声吼叫着,使劲拍着手想要挣脱婷婷,婷婷被辉辉那大声吼叫吓住了,赶紧松开手,看看其他小朋友都没有去注意她,看看妈妈也在收拾器材没有注意她,婷婷只好乖乖地回到妈妈身边。自从婷婷见识过辉辉的大声吼叫和使劲拍手后,婷婷着实被吓到了,因此婷婷喜欢搂抱辉辉的这个行为以后就很少发生了。②

(三) 消退的误用

  在日常生活中,消退也存在着大量误用的例子。这些误用大致分为以下几种。

---

① 本案例由天津体育学院健康与运动科学系特殊教育专业傅君提供。
② 本案例由天津体育学院健康与运动科学系特殊教育专业傅君提供。

1. 无意之间消退了应该强化的良好行为

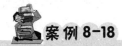
案例 8-18

　　晨晨是启智学校六年级的学生,他胆小内向,在班上不太说话,因此老师很少注意到他的表现。晨晨的班上有个同学叫明明,明明每天都十分积极地去办公室为老师打水,老师十分喜欢明明,常夸明明。有一天,晨晨一大早就到了教室,这时明明正准备去办公室帮老师打水,晨晨主动对明明说:"我和你一起去打水。"于是,明明和晨晨就一起去打水。这时办公室只有一个老师,老师依旧夸奖明明,"明明,你真懂事,真棒!"但老师却没有对在一旁的晨晨给予任何表扬,只是问晨晨"这位同学,有什么事?"晨晨不说话,明明说:"这是我班的同学,他和我一起打水的。"老师"哦"了一声,没说什么,只是示意他们回教室去。从此以后,晨晨早上不再和明明一起去打水了。①

　　在这里,由于老师对晨晨的良好行为没有给予应有的强化,无意间就被消退了,导致了晨晨这种良好行为出现的频率减少。因此,对儿童的一些良好行为,成人要给予及时的关注。

2. 无意中中断消退程序,导致不良行为更加严重

案例 8-19

　　航航,4岁,是一名中度智力落后症的儿童。一次航航和妈妈去逛商场,因为想买薯片不能被满足而大哭大闹并在地上打滚。妈妈坚持,不为所动。这时,恰好妈妈单位的同事经过,一看孩子躺在地上哭得很厉害,就问:"怎么了?"航航妈妈这才发现凡是经过的人都好奇地打量着他们母子俩,异常尴尬地说:"他想买薯片,我不让。"航航见势哭得更厉害,同事看着孩子躺在地上哭得那么伤心,就说:"航航,不哭,阿姨给你买。"航航妈妈见状,马上阻止道:"不用不用,我给他买。"于是拉起航航拿着薯片去收银台结账去了。从此,航航每当上街或在公共场所想要东西而不能被及时满足时,就会大哭大闹,在地上打滚。②

　　案例中妈妈同事的卷入和不正确的处理方法,使本来有可能执行得很好的消退程序半途而废,从而使儿童把哭闹当作达到自己不合理要求的手段。这时,许多父母或教师可能放弃正在消退的程序,待孩子的行为缓和时,再使用消退原理,这是万万不可的。如此往复,就在无意中使用了间歇消退。间歇消退,并不能达到消除不良行为的目的。因此,要么不采用消退程序,要用就用到底。

3. 对不适于使用消退法的行为进行消退

　　消退原理可用来减少行为的发生,但是也要看行为的性质。通常,有两种行为不适宜运用消退进行处理,第一种是那些能够自行满足孩子需要的行为,如雷雷爱吃荔枝,一天,妈妈

---

① 本案例由天津体育学院健康与运动科学系特殊教育专业傅君提供。
② 本案例由天津体育学院健康与运动科学系特殊教育专业傅君提供。

买回了一斤半荔枝,说等爸爸回来一起吃。但是雷雷说:"我就吃两个。"妈妈生气不再搭理她,结果,雷雷居然把所有的荔枝吃完了。在这个例子中,孩子吃荔枝这种行为本身就能够满足其需要,不具有消退性质,因此不可以用消退法。第二种是自伤行为、自杀行为,以及对他人或自己有严重损害的行为等,这些行为发生时,一般是不能用消退原理置之不理的。

(四)应用消退法改变儿童"过度倾诉"行为的案例

消退依据的是斯金纳的操作性条件反射原理,早在 20 世纪中叶行为主义盛行时期,心理学家就运用这种方法来对儿童的某些不良行为进行干预,并取得了成效。如今,消退可以较为广泛地应用于学校、家庭及康复机构中,用以减少或消除儿童的某些不良行为,尤其是儿童有非分要求、无理取闹和放纵任性的时候,消退将导致行为直接减少或不再发生。下面就是一个应用消退法改变儿童"过度倾诉"行为的例子。

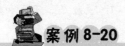
案例 8-20

儿童的基本情况

小悦,男,16 岁,中度智力落后儿童,某陪智学校九年级学生,有严重的学习障碍,语言表达能力尚可,性格比较孤僻,与同伴之间交往有障碍。

小悦的主要问题行为是特别喜欢找老师倾诉,而倾诉的内容大多是对其他同学的个性、行为作出一些负面评论。小悦只要看见老师单独坐着就会凑过去,以提问题开头,没完没了地倾诉,干扰老师的正常工作,科任老师们都表示厌烦,但顾及其自尊心还不便表达。除此之外,小悦与其他同学小摩擦不断,与同学产生摩擦后会自觉跑到老师面前报告,说同学的坏话,或者说由于家庭原因自己的性格不好,但问及深层次原因,又说不出个所以然,只是不停地念叨。

"过度倾诉"的原因分析

1. 希望得到老师的注意

小悦常以和老师讲悄悄话、乐于和老师分享秘密的姿态试图博得老师的注意,并证明自己在班级"地位"上的优势。

2. 逃避和同学的交往

小悦非常满足自己营造的"和老师亲近"的表象,就连与陌生老师交往,都会很快拉近关系。与同学交往的不顺让其试图在与老师的交往中得到补偿。

3. 不良的强化结果

老师往往会在"倾听"他的诉说后再语重心长地对其进行开导,恰好投其所好,强化了其只与老师倾诉的行为。

4. 内心情绪的宣泄

由于小悦生理年龄上进入青春期,而心理年龄没有达到,因此有莫名的躁动感。以自我为中心的性格让其瞧不起同学,也不愿与能满足他一切的父母交流,而是愿意找老师特别是年轻的女老师倾诉、宣泄内心的烦躁。

行为干预的方法和实施过程

在班主任和任课老师的配合下,我们主要采用消退法对其问题行为进行干预,不再对其"倾诉欲望"进行满足,减少其对老师倾诉的机会,同时强化其合理倾诉和与同学的积极交往,并教给他合理倾诉及与同伴交往的方法。

干预初期,我们会要求老师们课间尽量忽略小悦,不与其有目光接触,当小悦向老师倾诉时,老师们不做出任何感兴趣的表情,也不予评论,让他知道,老师对他的倾诉并不感兴趣,超过一分钟便示意他"老师很忙,你可以跟某某商量这件事",不鼓励其继续谈下去。

干预中期,依旧要求老师避免和小悦单独谈话。但我们与班主任沟通,让班主任在班会上提出一些大家都感兴趣的问题,鼓励小悦参与大家的讨论,说出自己的想法,同时引导班上其他同学积极对小悦进行回应。除此之外,还借班会活动,让班上每个同学看到彼此的优点,以此来改变小悦对班上同学的看法。

干预晚期,我们根据小悦的表现,与小悦进行了一次谈话,明确指出他的问题,并对其前两阶段的变化提出表扬,以强化他的良好行为,鼓励他继续与其他同学进行良好交流。

行为干预的结果

干预初期小悦有些不安,几次有和老师"长谈"的冲动,被婉拒之后会表现出沮丧,甚至在和同伴交往时由于情绪压抑会莫名地发火。干预中期他开始有转变,开始寻求与同伴的交往,能够主动和周围同学友好地谈话,在安排班级劳动时和大家商量。干预后期谈话后小悦有一小段时间的沮丧,但认识过来后转变很大,开始和同学主动交往,会将心中的秘密向同学倾诉,寻求共鸣。①

消退法是一种简单易行且效果显著的行为干预方法。对于儿童主要是为了获得老师或父母的关注而产生的不良行为,都可以应用消退法进行处理。如儿童的攻击、破坏、说谎、过度反抗、任性、过度活动、不自主排便、厌事、拒绝午睡、在课堂上打小报告、做鬼脸、用方言与老师讲话、不举手就回答问题等不良行为均可以运用消退法进行干预。由于此法开始时可能使不良行为恶化,故对于严重的攻击行为、破坏行为或严重伤害自己或他人的行为不宜采用。

三、惩罚

(一)惩罚的含义

在日常生活中,我们常会看到一些儿童有意无意地表现出一些令父母或老师感到不愉快的行为,如迟到、与同学打架、把玩具乱扔、说谎等。有时在个别儿童身上,还存在着很严重的自残、攻击和成瘾性行为,这些行为的存在必然会影响到他们身心的健康成长。在一个学习集体中,一个人违纪必然妨碍其他人学习。从教育心理学角度看,这些行为被称作不良行为。为了消除以上这些不良行为给个体的消极影响,我们不得不予以必要的惩罚。

人们通常所说的惩罚往往与惩罚教育同义。有人认为,惩罚是对违纪者在心理或生理上施以不愉快的刺激,从而减退和遏止不良行为出现的一种强制性的纠正行为。② 它与"奖励"也相对,也是一种有效的教育方法。它对受教育者某种思想行为给予否定的评价,使其受到警示,以控制不良思想与行为。有人认为,惩罚是对个体和集体不良行为或过错进行严

---

① 本案例由天津体育学院健康与运动科学系特殊教育专业王娟提供。
② 梁涛. 重提惩罚教育[J]. 教育理论与实践,2007(6):57.

厉的处罚,旨在控制某种不适当的错误和行为。① 它促使个体对受惩罚行为作出回避、退缩和改变的反应,达到改正错误的目的。惩罚是学校的辅助教育方式之一。还有人认为,惩罚是对过错行为的处罚或制裁,是人们为了保证法律和社会规范的严肃性和有效性,对违反法律和规范的行为采取的手段。② 教育者为了保证教育的有效性和教育工作的有序展开,在必要的时候也需要使用惩罚。教育中恰当的惩罚对维护教育秩序和促进儿童社会化具有不可替代的作用。

但在应用行为分析中,惩罚是一个具有特定含义的术语。惩罚的定义包含三个部分,第一,一个具体的行为发生了;第二,在这个行为之后,立即跟随着一个结果;第三,将来这个行为不太可能再次发生(行为被弱化了)。③ 只有将来的行为确实减少了,才能说明某种具体结果是行为受到了惩罚。所以,惩罚是指当行为者在一定情境或刺激下产生某一行为后,若即时使之承受厌恶刺激(又称惩罚物)或损失正在享用的正强化物,那么其以后在类似情境或刺激下,该行为的发生频率就会降低。④

惩罚只能部分地减少或暂时抑制不良行为,而不能使之完全消除,所以,在使用时还应结合其他的方法。而且从以人为本的角度来讲,我们在进行行为干预时,也应尽量少用惩罚。

(二)惩罚的类型

从上述惩罚的定义可知,惩罚包括两部分内容:一是撤除行为者正在享用的正强化物,包括反应代价和隔离等。二是在某种情境中,在行为者做某件事后,立刻施以厌恶刺激,以降低行为的发生率。下面将详细论述这两种类型的惩罚。

1. 撤销强化刺激

(1) 反应代价

反应代价(response cost)是指当目标行为发生后,剥夺一定数量的强化物,以减少问题行为未来发生的可能性。反应代价可以简单地说是个体对自己产生的不当行为付出的代价。

例如,中度智力落后儿童小明经常爱推搡别的小朋友,一旦他与其他同学发生了这种行为,老师就走到他的面前平静地说:"你刚才推了同学,我要扣掉你一个代币,你下次不要再犯了哦,要不然你会失去更多的代币的。"然后,走到他的书桌前,扣除他一个代币。

常见的反应代价策略有:剥夺某一特定的强化物,撤销特定喜爱的活动,限制选择用品或活动的自由,削减项目或事项的代币(代币是一种次级强化物,其价值不在于它的本身,而在于能用来当作筹码,可以用获得的代币交换辅助强化物,产生一种"代酬"的作用,例如,红色卡片积累到5张就可以换一块巧克力,红色卡片就是代币)。反应代价很容易与其他的行为干预程序配合起来使用,在家庭和课堂教育环境中都易于实施。反应代价既可以用于年龄较小的儿童,也可以应用于年龄较大的儿童。反应代价对于行为的减少效果较快,而且起效的时间长。在实施反应代价之前,要先向儿童进行解释哪些行为会引起强化物的扣除,以及每一个不良行为会扣除多少个强化物,最好还能把列表张贴出来。为了能顺利实施反应

---

① 王根生.对"惩罚"教育的反思[J].宁夏教育,2008(2):70.
② 傅维利.论教育中的惩罚[J].教育研究,2007(10):11.
③ Miltenberger,R.G..行为矫正原理与方法[M].石林,译.北京:中国轻工业出版社,2004:94.
④ 吕静.儿童行为矫正[M].杭州:浙江教育出版社,2006:62.

代价,学者张世彗曾列出以下几个注意要点,详见表8-2。

表 8-2　运用反应代价的注意要点[①]

要点一	不要任意地使用此程序。老师应事先计划何种行为会导致损失和一致性的运用行为后果,并确定儿童了解何种行为会导致付出代价
要点二	拿掉强化物之前,老师要给予儿童警告一次。这将有助儿童学习此系统
要点三	儿童很生气时,老师要使用同情的陈述来安抚生气,例如,"我知道在游戏中要停止是很困难的,但现在是清理的时候了。"
要点四	老师的警告不要超过一次
要点五	老师要确定所损失的权利或活动对于儿童来说是有意义的。例如,虽然大多数儿童会介意失去休息时间,不过有些儿童却喜爱停留在里面。对于这类儿童来说,可以选择另一项活动
要点六	老师要保持冷静,不要使用煽动性言语,不要争论或演讲,不要过于情绪化或花费太多时间来解释自己
要点七	可能的话,老师要试着忽视对立性的口头陈述,仅仅提供真正不顺从的行为后果
要点八	开始时不要给予充足的代币。老师要设定公正的、真实的目标,儿童成功之后,就可以增加目标
要点九	老师要确定注意到正面的行为。有时使用反应代价可能会导致更加注意负面的行为,千万不要让这种事情发生

（2）隔离

当儿童表现出某种不良行为时,处理者应立即停止个体参与活动的机会,或把个体转移到正强化物较少的情境中去,这种改变行为的策略称作隔离(time-out)。[②] 隔离的目的是为了设法减少不良行为,是以移走正在享有的强化物为手段的。所以,隔离亦即个体与强化物隔离之意。按照在问题行为发生后是否离开强化环境,隔离策略有以下两种。[③]

非排斥性隔离是问题行为发生后,立刻停止强化活动,但是个体还在强化环境中。例如,当儿童正在做游戏、参加竞赛或吃点心时,某人搞了一个恶作剧,此时老师应暂时停止该孩子参加这些活动,让他站在现场看其他的小朋友活动。当等到他表现良好时,再让他继续参加。

排斥性隔离是问题行为发生后,立即把个体从强化环境(问题行为发生的环境)移送至另一环境,如隔壁的房间、老师的办公室和专门的隔离室等。如一名幼儿咬了另一名幼儿的手,幼儿园老师叫咬人的小朋友走出来单独在一个小房间里坐5分钟,这就是排斥性隔离。

学者钮文英曾综合多位学者的观点,提出在使用隔离时的注意事项。第一,隔离和不隔离的情况必须有极大的差异,如此隔离的效果才能显现出来;第二,隔离需针对目标行为;第三,隔离必须达到减少目标行为的目的,如果没有达到此目的,表示隔离无效,需转而使用其他策略;第四,令出如山,并保持中性的态度;第五,应有适当的行为训练,或正向的干预方法

[①] 张世彗.行为改变技术:理论与实用技巧[M].台北:五南图书出版公司,2003:137.
[②] 吕静.儿童行为矫正[M].杭州:浙江教育出版社,2006:65.
[③] 许华红.行为改变技术[M].天津:天津教育出版社,2007:48.

加以配合;第六,不能剥夺个体的生理需要;第七,隔离的时间不能太长,且须事先说好,并告诉个体如果他表现良好,可以提早免除被隔离;第八,隔离室的安排应注意安全性,大小形状适当,有良好的采光与通风,方便出入,距离不要太远,干预者不在房间内也可以监控到个体,房间内无导致个体危险的物品,室内避免呈现强化物,以免使被隔离者获得强化,此外,房间内最好有隔音设备,不至于干扰其他个体。①

另外,从广义的角度来看,隔离是儿童的身心给予暂时的隔离,使其在某一时空内与他人不发生接触与交流,所以,隔离实质包含了身体与心理两方面的隔离。根据隔离的这一内涵,我们可以把其划分为两大形态,即身体隔离与心理隔离。前者主要有关禁闭、座位的间隔、限制活动区域与罚站等;后者主要是指心理上被冷落。行为者体会到了自己并没有得到别人的热情"善待"时,就会在心理上产生被冷落的感受。究竟选择哪种隔离形式,应根据行为的性质而定,兼顾儿童的个性差异。

隔离策略可以帮我们解决许多儿童的偏差行为,其效果有时比消退来得显著,但也要应用适当,否则也不会得到良好的效果。

涂尔干曾说,"惩罚的主要形式,往往是给有过失的人贴上标签,疏远他、排斥他,使他周围变成一片空白,把他与举止端正的人隔离开来。"②当教师和同学对违纪学生不理不睬时,"他强烈地感到孤独、感到在遭受抛弃、遭受拒绝、举目无亲",心理冷落应该说是隔离式惩罚中最为严厉的一种,在应用时要谨慎。

2. 呈现厌恶刺激

前面我们曾经谈到,降低或消除不适当行为的策略,包括重新安排家庭和学校环境、差别强化、消退及撤销受欢迎的刺激等,这些策略一般不会引起儿童强烈的反感和厌恶,所以,在进行行为干预时,我们一般倾向于采用上述这些策略。只有当这些较为受欢迎的策略无法良好运作时,我们才特别需要考虑运用厌恶性的刺激来处理行为的问题,并且要遵从由最少厌恶性(或侵入性)的技巧至最大厌恶性(或侵入性)的技巧的顺序。

(1) 过度矫正

过度矫正策略有时被认为是具有教育性的一种策略,它的目的是教育儿童为他们不恰当的行为负责,主要分为恢复原状的过度矫正和正面练习的过度矫正两类。

恢复原状的过度矫正是指个体的行为如果破坏了环境的状况,他不但要恢复原状,而且还要加倍改变这个环境。如坤坤故意弄翻了同学的桌椅,老师要求他向同学道歉,并让他将弄翻的桌椅恢复原状,还要将教室的所有桌椅全部摆放整齐。由于不当行为,不仅要求学生进行补偿,而且要"使新环境与破坏之前相比有更大的进步"。恢复原状的过度矫正不适宜用于无意或其他意外事件的惩罚。

在使用恢复原状的过度矫正策略时,要注意:要求个体所做出的纠正行为与其故意的"错误"行为要具有"直接联系",如上例中弄翻了桌椅则应把桌椅重新摆放整齐;当个体产生了错误行为时,应立即实施,教师应直接告诉个体:"因为你……所以你必须重新将……",使个体体验到做出的努力是为了补偿他的错误行为造成的后果;另外在干预过程中,应对个体

---

① 钮文英. 身心障碍者行为问题处理——正向行为支持取向[M]. 新北:心理出版社,2001:189.
② 洪丽蓉. 论教育中的隔离式惩罚[J]. 思想理论教育,2007(6):38.

的行为进行指导,指导的数量要随时调整,其依据是个体在进行这些活动时的自愿程度。

正面练习的过度矫正是指反复练习一个恰当的行为,以作为对不当行为的惩罚。被练习的行为应该是正确的或者积极的,应该是个体能够表现出来的,并且是原先不良行为的替代。当个体错误行为发生时,应停止一切活动,然后练习一个正确的行为,并力争重复多次。例如,一名多动症儿童亮亮故意将废纸团扔到纸篓外面,老师立即让他将废纸团拾起来,重新扔到纸篓里,并要求他重复做该动作10次。在正面练习的过度矫正中,作为对不良行为的惩罚措施,个体需要多次重复正确的或恰当的行为,才能达到教育的目的。

综合一些学者的看法得出使用正面练习的过度矫正注意的原则有如下几点。第一,正面练习的过度矫正的作业不能超过个体能力负荷的范围,如学生写错字了,教师要求他写100遍,为了完成任务,学生就会关注写字的次数和速度,反而会再次出错,达不到减少不良行为的目的;第二,适当把握练习的次数,不应过少也不易过多,例如,对于一个智力落后的儿童,简单地重复单词50次,这虽然属于正面练习的过度矫正,但如果儿童能够在重复10次时记住这个单词,似乎后面就没有必要再重复了;第三,尽可能防止儿童为了得到强化,而有意产生不适当的行为,因为在正面练习的过度矫正中,教师给予了太多的注意,因此,儿童为了得到教师的关注,他有可能故意犯下一次错误,以期通过正面练习的过度矫正来得到教师的个别关注;第四,当儿童不能完成作业任务时,教师应鼓励儿童尽可能地自己完成过程的每一部分,教师可以用语言进行指导和提示,使其达到教育的目的。

(2) 厌恶刺激

从功能性的角度来说,不当行为之后立即呈现一个厌恶刺激,能比较迅速地制止问题行为的发生。但是,从安全、伦理和人本的角度来说,我们却并不推荐将它作为常规的行为干预策略,它只能作为特定情境的干预策略。

常见的厌恶刺激包括斥责、身体约束、体罚等。斥责(口头惩罚)是一种降低或消除不适当行为最常使用的惩罚技巧。在师生间、亲子间、兄弟姐妹、配偶、朋友及敌人之间的日常生活互动中,均常使用斥责来表示谴责、警告、不同意、否定及威胁等。范侯登(VanHouton)曾提出几项有效运用斥责的原则,如表8-3所示,这是我们在使用时必须遵守的。

表8-3 有效运用斥责(口头惩罚)的原则[1]

原则一	特定地指出所要斥责的行为,而且一次只斥责一项行为。例如,良好的斥责——小洁,不要触摸花瓶!这个花瓶很贵,如果你让它掉到地上,它就会破掉。你可以玩填充凯蒂猫。不好的斥责——小美,你认为你应该拉狗的尾巴吗?
原则二	使用坚定的语气
原则三	可能的话,使用非口语的不赞同表达,如面部表情和手势等,都是很有效的
原则四	靠近儿童传达你的斥责。因为若能面对斥责,其效果更佳
原则五	要一致,不可忽视任一不适当的行为。若是不能立即一致地跟随不适当行为之后而来,那么斥责将会无效
原则六	运用身体阻止对于儿童或他人具有危险性的行为,例如,冲进街道或打其他儿童,同时给予斥责

[1] 张世彗.行为改变技术:理论与实用技巧[M].台北:五南图书出版公司,2003:142-143.

续表

原则七	运用斥责搭配赞美或非口语的赞同讯号，来教导新行为或替代问题行为。若能结合正强化，斥责通常能够更为快速地降低不适当行为
原则八	使用斥责未能产生所欲的结果时，就应该搭配其他的策略或技巧来降低或消除行为
原则九	传递斥责时要控制情绪

身体约束包括两类方法，一种是手动约束，这种方法采用身体接触的方式，对儿童在身体上进行限制；另一种是工具约束，这种方法主要是教师使用一些工具，如绳子、腰带、毛毯等来约束儿童。身体约束的局限或者缺点是非常明显的，首先它不能增进社会技能的习得；其次它有可能导致对不良行为的强化，或是引发其他的不良行为；更为重要的是它有可能导致儿童身体或者心理上受到伤害。所以，我们一般不推荐使用身体的约束，当然，当出现紧急事件，如个体伤人或自伤到无法容忍的限度需要进行身体约束时，我们也只是推荐受过训练的老师使用，因为他们知道如何正当并安全地使用约束。

体罚就是针对不适当行为实施身体的行为后果，主要包括会对儿童或儿童产生身体上痛苦的那些行为后果，诸如用巴掌打、捏挤或掐等。至于较为轻微的体罚则包括朝儿童脸上喷洒水雾或拿着有刺激性气味的物体给儿童闻，以降低其严重的不适当行为（如拉拔头发等自伤行为）。运用体罚控制行为往往需要直接的身体介入，以求能够立即压制目标行为。但是，体罚的副作用非常大，远远超过了它的短期效果，所以，很多专业的组织都反对使用体罚。我们也不推荐使用体罚，并禁止殴打儿童。

（三）惩罚和负强化的比较

惩罚和负强化都是以行为主义为理论基础的，是应用行为分析的两种实用策略，强调行为与紧接行为发生事件之间的联系，强调通过在行为发生后给予刺激而改变行为的发生频率。而且，二者都需运用厌恶刺激或是惩罚物。惩罚物是指使某特定行为将来发生的可能性减小的一种结果。当一个刺激事件减少它之前的行为频率时，这个刺激事件就是一个惩罚物。无论惩罚还是负强化在程序的不同环节都需要引入惩罚物。同时，厌恶刺激的使用都会使行为者产生消极的情绪反应。

但是，惩罚和负强化又有明显的不同，首先，是施行目的的不同，惩罚施用厌恶刺激的目的只是阻止不良行为出现，不一定要形成良好行为。负强化则是通过厌恶刺激抑制不良行为，达到建立良好行为的目的；其次，施加厌恶刺激（惩罚物）的方式不同，惩罚是当行为者出现不良行为后施加厌恶刺激，行为发生在前，而厌恶刺激施加在后，负强化针对行为者以前被强化的行为，使之先承受厌恶刺激，等行为者良好行为产生之后，再次除去厌恶刺激；最后，施行的后果不同，惩罚是当儿童表现不良行为时及时施以厌恶刺激，其后果是不愉快、痛苦和恐惧的，而负强化是针对正在受惩罚的个体，激发他"改过向善"的动机，效果是愉快的。

（四）惩罚的副作用及弊端

在减少儿童的不良行为时，我们首先推荐的是采用差别强化、消退等不具有厌恶性质的策略和程序，至于惩罚，只有当上述这些策略都无效时，才能有选择地使用，并且最好是由受过训练的专业人士来执行。

1. 惩罚只是压制行为，不能为儿童适宜的行为提供指南

惩罚虽然在有的情况下非常有效，但它却不能建立长期的效果，很多时候只是暂时将问

题压制,另外,惩罚只从正面角度告诉被惩罚者不应该做什么,并不指导人应该去做什么,所以,一旦行为干预计划逐步消除,目标行为会再度回复,或又出现新的行为问题,并没有真正地解决问题行为。而且,通常惩罚会令儿童将惩罚与惩罚者相联系,而不是与自身的行为相联系。① 结果造成只有当惩罚者在场时,惩罚才能压制住特定的行为。

2. 厌恶性惩罚会引起儿童的系列不良反应

这些不良反应主要包括三个方面:一是可以引起儿童不良的情绪反应,如焦虑、抑郁、低自尊等,这种情绪反应可能会影响到儿童的学习和正常社会技巧的发展产生,而且受惩罚的儿童还会迁怒他人,导致其对周围人或物的不礼貌或冲撞行为。二是给予厌恶刺激的同时也树立了不良行为的榜样,人们会发现儿童在生气、失望或觉得无法解决问题的时候,他们就会采用给予别人厌恶刺激的办法,因为它能"强迫别人做你想要他做的事"。三是容易产生条件惩罚物。儿童受到惩罚,不仅对惩罚物会产生害怕和抑制反应,也会对与之相联系的其他物体和情境产生害怕和逃避反应,即与惩罚相联系的事物,有可能形成条件惩罚物。例如,一个受到教师强烈惩罚的学生,以后不但会厌恶和回避老师,而且会对教室、学校、同学都产生厌恶逃避感,由此可引起厌学等不良行为。

3. 可能导致使用者对惩罚缺乏敏感

通过惩罚,可立刻抑制儿童的不良行为在惩罚后的重现。因此,惩罚经常被教师或家长使用。正如大多数父母对孩子实施了诸如拍巴掌、打、恐吓、捏、掐和咬的行为,他们常解释说:这样做是为了孩子,或是因为"我自己用尽了所有的办法——最后只剩下打了"。一旦他们体会到惩罚有用,就会继续用惩罚的方法来让孩子屈服于自己。② 另外,一旦开始对儿童实施惩罚,教师或家长似乎就开始对结果缺少敏感。在第一次打完孩子后,看起来情况并没有变得那么糟糕,而将来随着孩子的长大,对他们就会采取越来越严厉的惩罚手段。教师或家长在一种惩罚方式运用无效的时候,常常会在原来的基础上选择更进一步能够取得即时效果的惩罚方式,实际上,教师已经无意识地给儿童加重了惩罚的强度。

综上可知,行为干预者只有在不得已的情况下才施行惩罚,并要求用良好行为来代替儿童的不良行为,然后撤除厌恶刺激。如爱吮手指的孩子吮吸手指是因为手闲着无事可做,因而我们可以引导他从事其他的积极活动,使他抑制吮指行为。对于爱哭的孩子可以训练他说出自己的要求,而不是用哭闹威胁。

(五)有效应用惩罚的基本要求

惩罚作为一种行为干预与教育方式,其手段特殊,必须惩之有据,戒之有节,施之有理,罚之有度。③ 教师在使用时须遵循以下基本要求。

1. 选择适当的惩罚物和惩罚方式

惩罚物的选择应符合两个条件,即有效和易用。有效是指选择惩罚物时在不违背教育原则的前提下,坚持足够厌恶的原则,以能引起个体的不愉快的体验和刺激,这样才能达到惩罚的作用。另外,惩罚物要易用,即能够立即在不良行为发生后呈现以确保惩罚的效果。

---

① Rodda,J..理解儿童的行为[M].毛曙阳,译.上海:华东师范大学出版社,2008:74.
② Zbid.
③ 李强.教育离不开惩罚[J].教育科学论坛,2007(10):72.

惩罚方式的选择要因人而异。正如著名教育家马卡连柯所说:"确定整个惩罚制度的基本原则,就是要尽可能多地尊重一个人,也要尽可能多地要求他。"①对儿童的惩罚,要因人而异,不能正中其下怀。比如,将那些本来就不爱上课的学生赶出教室,让一个家长非常溺爱的孩子请家长等,这种惩罚措施只能是适得其反,不但纠正不了学生的不良习惯,反而使他们越来越难以管教。因此,要善于抓住儿童的行为特点,真正让他有所触动。另外,惩罚方式的选择也要因问题而定,应该选择对儿童有最大效果,而又最小伤害的惩罚方式。惩罚方式的选择还要注意适度,太轻,起不到震慑作用;太重,易伤害儿童的自尊心,产生负面影响。惩罚的范围要小,不可带有普遍性。因此,惩罚方式的选择,要慎之又慎。

2. 正确实施惩罚

正确实施惩罚应建议教师将惩罚的计划告知家长和其他家庭成员,以期他们能够积极配合和参与。并将计划告诉被干预者,指出他是因为何种行为而引起的处罚,并不是老师对他有意见或报复,同时还要告诉他们以后不再发生类似现象就不用受到惩罚,让儿童消除恐惧感。

当儿童出现不良行为之后,应及时对其实施惩罚。延时惩罚、秋后算账会让儿童认为教师心胸狭窄、斤斤计较,易产生逆反心理;同时,儿童也不能深刻认识到问题的严重性。在一开始就要使惩罚达到一定的强度,这样才能阻止不良行为的发生。

惩罚要适当与其他行为干预的方法结合使用。在惩罚过程中,一旦行为者表现出良好行为,则应该及时给予正强化;当行为者持续表现出不良行为时,应该及时与消退法相结合,将有利于不良行为的快速消失。

惩罚过程中不要使用过多的物质刺激手段。如果儿童不听从教师的吩咐,教师反而为他买玩具和好吃的东西,那么,他可能更加任性,并以讨价还价、得寸进尺的手段来满足自己的愿望。除此之外,在惩罚过程中尽量避免使用具有厌恶性的惩罚,多采用较少引起儿童强烈反感的策略。在使用身体约束、体罚等厌恶刺激时,最好由经过专业训练的教师执行。

3. 运用自然的惩罚

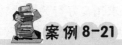

案例8-21

明明是培智学校职高班的学生,一天班主任在班会的时候提醒大家,明天的家政课每人多带一套衣服,为的是如果上家政课的时候弄脏了衣服可以换。明明不以为然,觉得自己肯定不会弄脏衣服,没有带衣服的必要。第二天,班上只有明明没有带衣服。家政老师问:"明明,怎么不带衣服呢?"明明自信满满地说:"不会弄脏衣服的,老师放心吧!"老师没说什么便开始上课。可一节课下来,明明的裤子上全是鸡蛋清,两只衣袖也被水打湿,穿着很不舒服。家政老师问明明:"明明,你看衣服弄脏了,袖子也湿了,穿着不舒服吧,怎么办呢?"明明很不好意思地说:"我已经打电话叫爸爸给我送衣服来了。""那以后怎么办呢?""以后听老师的话,上家政课多带一套衣服。"②

---

① 转引自贺晓华.惩罚在学校教育中的到位与越位[J].基础教育,2008(1):17.
② 本案例由天津体育学院健康与运动科学系特殊教育专业傅君提供。

这就是自然惩罚法,让儿童体验到自己的过失所带来的后果。教师可以告诉儿童:你乱丢东西,就要自己收拾;洒水,就要自己擦干。这种方法能使儿童以后认真对待自己的行为,否则自己不得不为自己的不良行为付出代价。

（六）惩罚的误用

惩罚本身会对儿童产生诸多的副作用,这是众所皆知的,同时,在日常生活中,人们常因不自觉地误用惩罚而造成各种各样不该有的错误,更使得惩罚"罪孽深重",以致社会上反对应用惩罚的呼声越来越高。但是,在行为干预的某些情境下,恰当、安全的惩罚是必要的,只是要避免以下误区。

1. 嘲笑、讽刺他人,从而无意中施行了惩罚作用

一般儿童犯的错误,教师通过说服和引导之后,学生便可以改正。但多数教师喜欢用嘲笑、讽刺的言语挖苦他们,以达到警示的作用,在使用了之后他们还不知道这就是一种惩罚。殊不知这些嘲笑与讽刺会伤害儿童的自尊心,轻者产生逆反情绪,反驳教师,自暴自弃;重者,会严重伤害儿童的健康心理。

2. 惩罚不够及时或过于轻微

惩罚必须在不良行为发生后立刻施予,否则儿童不知道自己为什么被罚。如果惩罚和不良行为间隔得太长,儿童可能会对惩罚感到莫名其妙,引起儿童的抱怨和委屈。如果惩罚过于轻微也起不到惩罚的作用。① 但累进式的惩罚,效果较差。因此,要根据儿童的问题行为和本身的特点考虑惩罚的程度。

3. 动辄惩罚

"棍棒出孝子"这在很大程度上反映了中国传统的教子观念,即不管儿童的错误行为的大小及错误的性质甚至有没有犯错误,动辄惩罚。这种方法不仅不能纠正儿童的错误行为,反而会造成惩罚者和儿童之间的隔阂,也会造成孩子过于胆小、拘束,产生两面性格,无益于不良行为的抑制。

（七）应用惩罚对问题行为进行综合干预的案例②

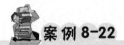
案例 8-22

儿童基本情况

蓉蓉,15岁,是一个中度智力障碍的女孩子,就读于培智学校高年级,平时喜欢读课文、说话、听音乐,特别喜欢在晨读时领读课文。蓉蓉听说能力比较好,但是动手操作能力比较差,尤其没有耐心、容易急躁。由于自身的生理缺陷,再加上是独生子女,父母和祖父母都非常溺爱她,因此养成了很多不良习惯,比如,上学经常迟到或请事假,自己的要求得不到满足时就乱发脾气、骂人,甚至摔砸东西、撕毁书本,严重时甚至会拍打自己的头部或者推身边的同学;做作业或练习时拖沓、没有耐心。

---

① 王辉.行为改变技术[M].南京:南京大学出版社,2006:192.
② 本案例由天津大港特殊教育学校王苏红提供。

蓉蓉不良行为的原因分析

1. 上学经常迟到或请事假的原因

刚开始的时候,大家都以为是家长的原因才导致蓉蓉上学经常迟到或请事假,比如,工作繁忙,担心自己有这样的孩子被熟人看见,家长溺爱,舍不得孩子来学校上学等。后来经过与其家长的沟通了解发现,蓉蓉经常迟到或者请事假,是由于家中有强烈吸引她的强化物:自由轻松、零食、电视、电脑。如果蓉蓉不来上学,一个人在家里或者由祖父母陪在家里的话,她就可以随便吃零食、看电视、玩电脑,可以睡懒觉,可以不出门运动、不写作业,非常的自由轻松。虽然她也喜欢上学,但有时这些强化物的诱惑使她左右为难,这个时候,如果家长的劝说比较多,蓉蓉就会在磨蹭之后被家长送来学校,这种情况下往往会迟到。当家中有人陪伴、零食多、电视节目好看等时候,她就不愿意来上学,所以,家长只好给她请事假。当家中没人陪伴、零食吃腻了、电视节目的吸引力小了的时候,她又会想念和同学们在一起的生活,就愿意上学去。

2. 攻击性行为的原因

经过了解,蓉蓉的攻击性行为与家庭状况密不可分。蓉蓉是独生子女,父母、祖父母两代六个人对她非常溺爱。他们觉得自己亏欠孩子,所以对孩子提出的要求几乎千依百顺。除此之外,蓉蓉的母亲性格泼辣,文化程度不高,因为操心蓉蓉的生活而提前进入了更年期,情绪不稳定,脾气容易急躁,在和蓉蓉父亲发生矛盾时经常大吵大闹、时有脏话出口。而蓉蓉的父亲性格内向、又经常出差,在家的时间不多,总觉得亏欠蓉蓉母女俩,所以在蓉蓉母亲与其争吵时常常沉默、不予计较。蓉蓉长期生活在这样的家庭中,自然而然地习得了母亲的不良行为习惯。

3. 完成作业或练习时拖沓、没耐心的原因

蓉蓉的动手操作能力比较差,完成一项操作任务时往往需要比其他同学付出更多的努力,但完成的效果往往还不是很理想。较低的成功体验使蓉蓉对动手操作缺乏兴趣,再加上家人的溺爱,很多事情都是在家人的帮助下完成的,这使蓉蓉产生了依赖心理、独立性比较差。所以,蓉蓉在进行动手操作时往往拖沓、没有耐心。而她也总是更加关注那些更容易让她产生成功体验的方面。

行为干预实施的过程与方法

根据蓉蓉的基本情况,在做好家长工作等的前提下,我们根据惩罚的原理对蓉蓉的行为进行了干预,具体实施过程如下。

1. 选择目标行为

经过详细的评估后,我们决定对蓉蓉的三种行为,即"A:上学迟到或请事假""B:攻击性行为"和"C:做作业拖沓"进行干预。

2. 行为干预的过程及方法

当行为问题A出现的时候,老师会告诉她:"蓉蓉,迟到或者不想来上学是不对的。作为班干部,要为同学做好的榜样,按时上下学。"并撤销她迟到这一天的班干部权力。如果这一周蓉蓉因为不想上学请假一天,将撤销她本周的班干部权力。

当行为问题B出现时,教师会立即制止其行为,并口头警告:"这是不对的,不允许这样做。"然后将她带到固定位置与全班同学隔离,等到她情绪稳定之后或经过一段固定的时间,再让其返回座位继续上课。

当行为问题C出现时,老师会明确其错误,并取消其晨读时领读的权利。

> 当然,在对蓉蓉的行为干预采用惩罚的同时,还结合正强化法,即当蓉蓉有良好行为表现时,立即予以表扬,同时奖励她在课中休息时点喜欢听的音乐。
>
> **行为干预的效果**
>
> 撤销惩罚后,对蓉蓉的不良行为进行观察,其中攻击性行为和做作业拖沓的行为变比较大,偶尔有反弹,但之后也趋于平稳;迟到或请事假的行为会有一些不稳定的表现,还需要在校实施惩罚干预的同时,减少家中的强化物。但总体来说,这一阶段的行为干预是有效的。

惩罚的应用范围甚广,如教师或行为干预者的摇头反对、批评指责、终止强化物、暂时隔离及过度矫正等,均是试图在儿童出现不良行为后,让其经受不愉快的体验,从而消除此种不良行为的发生。目前,惩罚广泛用于多种行为障碍和情绪障碍,如攻击性行为、违纪、脾气暴发、伤人、自伤等。但是值得注意的是,惩罚不能作为我们对儿童问题行为进行干预的首选,应该在使用其他干预策略没有效果且必须要使用的情况下,才可以按照前文图8-2所标出的等级,考虑使用较少限制且不产生强烈厌恶感的惩罚程序。

第3节 代币制与行为契约

前两节我们所论述的是单一的行为改变技术或策略,如果我们能将这些方法进行结合,就能在增加良好行为的同时降低不良行为的发生。代币制和行为契约正是这样的综合策略。

一、代币制

代币制(token economy)就是儿童以良好的行为或表现来赚取代币或筹码(如积分、圆片、贴纸、笑脸、星号等),然后用这些代币去换取权利、活动或具体实物。代币是一种符号性的强化体系,金钱就是代币最普遍的形式。代币同时包含了强化和惩罚的原理。当以良好行为获得代币时,就是强化,当出现不良行为被剥夺一定的代币时就是惩罚。所以,它是强化和惩罚的升级和综合运用。

(一)代币的特征

代币可以是塑料片、五角星、硬币、笑脸、胶棒等小物品,也可以是教师在黑板上画记号、在墙报上贴标签。不管什么形式,代币应该是儿童看得见摸得着的,更重要的是要让儿童明白他们的良好行为是可以获得代币的奖励的,当发生不良行为时,代币则会被扣除,而且还要清楚,可以用代币换取不同的强化物,需要多少代币才能换到等。代币不能太大也不能太小,它应该便于计数,也应该便于儿童拿住和保存。

(二)建立代币制的程序

在建立代币系统时,一些程序是必须要的,这些步骤如表8-4所示。要想代币体系获得最大的效果,就应该让儿童都能参与到代币体系中来,明白目标行为与代币的关系以及代币与可供选择的强化物之间的关系,即使他们只能获得较少的代币,也要让他们体验到换币的快乐。

表 8-4　代币系统建立的程序[1]

程序一	确定你想要改变的目标行为
程序二	选择使用的代币种类。年幼儿童通常喜爱具体的代币,如邮票、彩色卡片,年龄大的儿童则可以使用积分制
程序三	建立每天给予儿童赢得代币数目的回馈。一天中通常可以有几次(休息前、午餐前),对于高发生率的问题或者是年幼的儿童,老师可以每隔半小时就提供回馈
程序四	决定可供换取的强化物。在酬赏单上列出权利或活动的范围,以确保其变化性和新奇性。要记住的是,每位儿童对强化物的喜好是有所不同的
程序五	设定每一目标行为的代币值及代币的购买价值
程序六	提供儿童根据每日和每周的积分数,并换取酬赏
程序七	利用图表追踪每日所赚取的筹码

（三）建立代币制的案例[2]

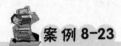

段老师是培智学校的一名老师,她的班上有个 7 岁的小女孩名叫媛媛,媛媛经诊断为中度智力落后。媛媛有许多不良行为,她在安静的场合里喜欢大喊大叫;跟别人交流时突然拍手乱跳乱蹦;看到喜欢的小朋友时突然跑过去紧抱住小朋友不放,惹得别的小朋友暴躁,生气大叫,影响正常的课堂秩序。根据媛媛的这些情况,段老师试图改变媛媛的这些不良行为,使其建立良好的符合社会期望且有利于其个人身心发展的行为。段老师认为媛媛的问题行为较多,使用代币制可以比较快速和全面地对这些问题行为进行干预,于是她从以下几个方面进行了准备。

首先,她制定了一个目标行为的清单,决定在实施干预计划过程中采用代币制对这个清单中的行为进行强化。这些行为主要包括：在安静的场合里保持安静,或用平静的语调说话;与人交流时,把手自然放在自己身边,自然站立;遇见喜欢的朋友,能用礼貌方式与之打招呼。

段老师的第二步是在干预计划中选择代币。她决定在黑板上媛媛的名字下面贴小红星。这样一方面记录比较简单,另一方面媛媛一眼就能看见。

第三步是确定强化物。段老师通过观察媛媛的平时表现,以及与媛媛妈妈交流中得知媛媛喜欢的物品,并开发了一个强化物清单,主要包括：和老师玩小鸭蛋,媛媛把鸭蛋从桌上推下去,让老师接住;握笔涂鸦,即拿着彩笔在白纸上随意画画;喜羊羊与灰太狼的卡通贴画;小芭比娃娃;敲铃鼓。

段老师的下一步是确定要用多少代币才可以获得强化物清单上的强化物。她遵照了如下一些指导。

第一,在强化物清单上,媛媛喜爱程度越高的强化物,代币数就越高。如媛媛最喜欢和老师玩小鸭蛋,那么要想玩小鸭蛋就得获得 25 个代币。

第二,在强化物清单中,媛媛喜爱程度越低的项目,代币数就越低。如那么多强化物中,媛媛相对来说对敲铃鼓的兴趣最少,所以段老师决定,只要获得个 5 代币就可以得到敲铃鼓的机会。

---

[1] 张世彗.行为改变技术：理论与实用技巧[M].台北：五南图书出版公司,2003：84.
[2] 本案例由天津体育学院健康与运动科学系特殊教育专业龙亭提供。

第三，物品的可供应量越大，那么需要换取的代币数就越低。如段老师有50多张喜羊羊与灰太狼的卡通贴画，所以这些只要7个代币就可以换取到。

第四，物品的可供应量越少，那么需要换取的代币数就越高。如段老师手上只有2个小芭比娃娃，所以媛媛需要20个代币才可以换到这些物品。

段老师把要达到的目标行为和强化物用图文并茂的形式做成表格（见图8-3所示）贴在墙上，媛媛一眼就可以看到。段老师事先跟媛媛交谈，只要她做到了表格上写的任意一种目标行为，老师就会在她名字下面贴一个小红星，如果媛媛做出与目标行为相反的行为时就会给予警告并且相应地扣除一个红星。

奖品	需要的小红星
 玩小鸭蛋	25
 小芭比娃娃	20
 握笔涂鸦	15
 喜羊羊与灰太狼卡通贴画	7
 敲铃鼓	5

图8-3 代币制实例

段老师的最后一步就是选择一个用代币交换强化物的时间。段老师决定在每周五中午放学前进行交换。之所以要延迟一周才兑换，是因为一方面经过一星期的积累，媛媛手中才会有足够的代币来换取强化物；另一方面，兑换需要等待一段时间，能让学生了解延迟的喜悦。当然，在交换时，段老师还决定对这一个星期媛媛的表现进行点评，再次肯定她的良好表现。

代币制的好处很多，它易于携带，而且能立即地传递；它能教导学生或儿童了解延迟的喜悦；它还可以跨越情境使用，并同时针对不同的行为，而且可以多人同时执行；强化物的种类和数量也可以配合当事人的需要经常变化，等等。但是代币制记录的程序相对复杂与耗时，而且有可能必须花费一笔钱来购买供换取的强化物，将代币强化转化为更多自然发生的事件时也可能不容易达成。

二、行为契约

行为契约(contingency contracting)是就儿童应有的行为表现,以及儿童具有这样的表现或没达到这样的表现时会得到什么样的结果等进行约定,并通过文字的形式表现出来。其实质就是通过订立行为契约来奖励良好行为,同时约束不良行为。

行为契约已经被证明是一种非常有用的工具,它可以运用于促进课堂行为、用于促进正在执行的任务、用于增加家庭作业的正确率、用于教授自我控制、用于调整攻击性行为和破坏行为、用于调整个人卫生和修饰行为等。[①]

（一）行为契约的分类

按照契约的规定是单方改变行为还是双方改变行为,我们可以将行为契约分为:单方契约和双方契约。

(1) 单方契约。单方契约是需要改变目标行为的只是当事人一方,与之签订契约的管理者(也就是行为干预者)只是监督行为契约的执行,并按照契约给予强化物。在单方契约中,行为干预者不能从行为契约中获得明显的好处,受益人是当事人自己。现实中,如果行为干预者是当事人的家人或朋友时,行为契约很容易因为难以坚持实施约定的条款而面临失败。

(2) 双方契约。有时在遇到问题行为时,每一方都想改变对方的行为,这时可签订双方契约,双方契约由双方共同来商定双方需要改变的行为以及行为达到后能获得的奖励,会使双方都得益。双方契约经常在师生、亲子、夫妻、朋友、同事之间签订。双方契约的签订比单方契约要困难,因为通常签约前双方的关系是比较紧张的,都不满对方的行为,而认为自己的行为是正确的。所以,签订双方契约,最好有专业人员介入,让双方认识到只有共同参与、改变自己的行为使对方满意,才能解决问题。在双方契约中,由于一方的行为改变充当了另一方行为改变的强化物,如果有一方没有执行约定的行为,就可能导致另一方也不执行协议,整个行为契约法就要失败。

（二）建立行为契约的步骤

为了使行为契约取得较好的效果,在拟定行为契约时,需要按照科学的步骤来执行。德里巴斯(DeRisi)和巴兹(Butz)曾列出了一些建立行为契约的步骤,托马斯(Thomas)等人对这些步骤进行了调整和扩展,发展出比较完善的建立行为契约的步骤。

(1) 选择想要增加的目标行为,把目标行为限制在2~3个之内;

(2) 用直接观察和可测量的词汇来描述目标行为,这样可以有效地监控儿童执行的过程;

(3) 确定儿童能从中激发动机的强化物;

(4) 建立契约——谁将要做什么,以及会得到什么结果;

(5) 写下契约,让所有参加的个体都能理解契约,使用和年龄相称的词汇;

(6) 要求参加的个体在契约上签名,以表示他们理解和同意契约上的项目;

[①] Zirpoli,T.J..学生行为管理——教师应用指南[M].关丹丹,等译.北京:中国轻工业出版社,2004:166.

(7) 用和契约上的项目一致的内容对目标行为的表现给予持续强化；

(8) 监控和搜集有关目标行为表现的数据；

(9) 当数据表明目标行为的表现不再有进步时，讨论并重新签订契约。契约的调整应该通过所有参与的个体签名才能通过。①

表 8-5 和表 8-6 提供了在一般环境中都可以使用的简单行为契约的范例。

表 8-5　行为契约范例 1②

这是_____（儿童的姓名）和_____（老师/家长的姓名）之间的合约。
开始于_____ 终止于_____
合约的条款如下：
1. （儿童的姓名）将：_____ _____ _____
2. （老师/家长的姓名）将：_____ _____
如果（儿童的姓名）完成了他/她的合约部分，那么（儿童的姓名）将获得以下约定的奖励： _____ _____
但是，如果（儿童的姓名）没有完成他/她的合约部分，就不会得到上述奖励。
签署日期：_____
儿童的签名：_____
教师/家长的签名：_____

表 8-6　行为契约范例 2③

我认为我可以通过_____
做到_____
如果我做到了，我就可以_____
老师可以通过_____
来进行帮助。
_____　　_____　　_____ 　　　学生　　　　　　　　　老师　　　　　　　　日期

行为契约制定好了之后，并不能急于实施，而应该先评估这份契约是否制定得合理和恰当，是否具有可行性等。卡布勒（Kabler）、达丁（Darding）和休厄德发展出一份评定表（见表 8-7）来评定行为契约的制定是否恰当、实用。

---

① 转引自 Zirpoli,T.J..学生行为管理——教师应用指南[M].关丹丹,等译.北京：中国轻工业出版社,2004：167.
② Alberto,P.A.,Troutman A,C..Applied Behavior Analysis for Teachers[M].5th ed. New Jersey：Prentice Hall,1999：248.
③ Zbid.

表 8-7　行为契约评定要素[1]

1. 任务已经描述清楚了	是_____	否_____
2. 描述的任务是可以被观察的	是_____	否_____
3. 已经清楚地列出任务什么时候完成	是_____	否_____
4. 已经清楚地列出要完成多少任务或任务完成的程度	是_____	否_____
5. 奖励已经描述清楚了	是_____	否_____
6. 已经清楚地列出什么时候给予奖励	是_____	否_____
7. 已经清楚地列出给予多少奖励	是_____	否_____
8. 已经清楚地列出奖励是在任务完成之后立即给予	是_____	否_____
9. 奖励的数量对于任务来说是恰当的	是_____	否_____

（三）行为契约的优点

行为契约在调整行为时具有许多优点。很多学校和机构都鼓励老师和家长们开发和使用行为契约，使它成为改变问题行为的积极工具。行为契约的优点主要有以下几个。

第一，拟定契约的双方可以就契约的内容进行协商，因此最后可获得双方都同意的契约。

第二，因为是儿童亲自参与契约的拟定，所以他/她会比较愿意接受契约的条款，并积极遵守其规定，这将有助于他们表现出积极的目标行为。

第三，契约可以使儿童非常清楚自己应完成的行为，而执行者则可掌握给强化物的时机和数量。

第四，契约使奖励和惩罚更加客观和公允，不会因为执行者的变化而变化。

第五，契约是利用条规在管理和约束儿童，而不是家长或教师在管他，这对于师生关系或亲子关系不良时的互动特别有用。

第六，契约易于在自然环境下使用，不受学生参与常规教育活动的限制。

第七，契约可以对单个儿童实施，也可以对儿童小组实施，还可以对整个班级实施。

（四）使用行为契约改变问题行为的案例[2]

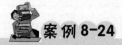

案例 8-24

小强，男孩，15 岁，是启智学校高年级的学生，中度智力障碍者，喜欢说话和听音乐。有一段时间，小强出现了一种不良行为。比如，在语文课上，有同学没有准确读出刚学过的生字，而小强读对并受到老师的表扬时，小强会非常高兴地说："谢谢老师表扬。"但同时，他又会对同学说一句："你真笨，连生字都不会读。"另外，如果他发现有同学回答问题错了，他会起哄："噢，不对，答错喽，哈哈。"同学有不懂的问题想要向他请教时，他会非常得意地说："这都不会，我才不告诉你呢，我要看书了（或者画画了）。"

---

[1] Cooper, J. O., Heron, T. E., Heward, W. L.. Applied Behavior Analysis[M]. Ohio: Merrill publishing company, 1987: 480.

[2] 本案例由天津大港特殊教育学校王苏红提供。

几位任课教师都反映过这个问题,大家都希望小强能成为一个尊重他人、乐于帮助同学、文明礼貌的孩子。为此,我们为各位学科教师和小强制定了一份行为契约。

首先,我们与小强进行了一次交谈,告诉他嘲笑同学是不对的,同学之间应该互相尊重,要团结友爱,文明礼貌;当同学有困难需要帮助时,如果自己能做的,就应该及时给予帮助。当小强表示愿意改正不良行为之后,我们与小强订立了一份行为契约,如表8-8所示。

表8-8 老师与小强的行为契约

行为契约
开始于2010年4月1日终止于2010年5月1日
合约的条款如下:
一、小强应该做到:
1. 当同学回答问题错误或者回答不上来时,不嘲笑同学;
2. 当同学回答问题错误或者回答不上来时,不起哄;
3. 当同学向小强请教问题时,将自己知道的耐心地告诉同学。
二、如果小强每天都完成了他的合约部分,那么小强将获得以下约定的奖励之一:
1. 第二天上午的所有课堂中,每节课都获得一次优先回答问题的权利。
2. 课间休息时点听一首自己喜欢的音乐的权利。
但是,如果小强没有完成他的合约部分,就不会得到上述奖励。
签署日期:2010年4月1日
儿童的签名:小强
教师/家长的签名: 学科教师的签名:

小强对此安排非常满意,表示愿意按约定规范自己的行为。在执行行为契约之初,有的时候小强还需要老师对其进行提醒,并不断强化正确行为。但在中后期,小强基本就不需要老师的提醒了。一个月以后,小强的进步是明显的,他逐步改掉了以前的不良行为问题。当同学回答错了问题的时候,如果他会,他会说:"老师,他回答错了,我会做。"当同学读错了生字,他不会再嘲笑起哄,他会说:]"不对,应该读××,你再读一遍试试。"当这位同学在他提示下读对了的时候,他还会说:"你真棒!"现在,当他按规定正确完成了自己的作业时,还会主动帮助那些没有完成作业的同学,有时他还会说:"我们都是好朋友,我帮你。"很多时候,当他写完生字,都会去手把手地帮助基础比较差的同学描写生字,而且会非常耐心地告诉他不要着急、慢慢来。在课间休息的时候,他还会对老师说:"老师,今天××表现得很好,请他来点一首自己喜欢的音乐听吧。"

综上所述,行为契约是在儿童和行为干预者之间,对目标行为所要达到的要求,以及达到要求后的奖励建立一个书面的共识,以此来监督和强化行为的执行。它对于年龄较大,能力较强的儿童比较适用。

第4节 危机情况的处理

前面所提到的行为后果处理技术,对于特别严重的攻击、暴力或伤害行为,尤其是遇到紧急情况,可能无法立即有效地遏止,这时危机情况的处理策略就变得很重要了。

一、充分的准备

充分的准备是预防危机的最好方法。首先,要建立一个和谐愉快的学习环境,并营造一个融洽的学校文化。教师需要与学生家长建立沟通,达到彼此互信及了解。其次,必须对个体及其行为问题了如指掌,例如,儿童的个人特质、生活及成长背景,行为问题出现的周期、频率、强度,在什么情况下行为问题会出现,在什么时候问题行为最严重等,对于这些都应该事先了解好,并且要对它相当熟悉。最后,人员的配置、环境的布置,以及危机处理程序都要有周详的安排。对于一些儿童,还可以事先制定出危机处理的步骤。

预防的工作极为重要,因为当儿童闹情绪或出现不理性行为的时候,假如教师没有做足事前工夫,不了解该儿童的大概背景及个人特性、不知道学校可以使用的资源(比如隔离儿童的空间,可以寻求帮助的人员),不掌握自己与儿童的关系等,情况很容易就会失控,当危机出现以后再对其进行干预,远比事前预防难得多。

二、危机的周期及各阶段的处理

即使设立了预防机制,也不能够完全避免儿童出现严重情绪行为问题。当儿童的情绪爆发了,教师必须掌握儿童当时的心理状态。特殊儿童在行为失控时,有不同阶段,分别是平静期、触发期、不安期、恶化期、巅峰期、舒缓期和恢复期(见图8-4)。①情绪失控行为不同的阶段有不同的处理方法,综合一些文献,归纳如下。

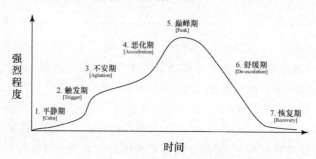

图8-4 行为失控的各个阶段

(一)平静期与触发期

在平静期特殊儿童的注意力相对集中,通常的行为表现是投入、主动及合作。在保证准备充分的基础上,教师应尽可能地让儿童主动并平静地参与活动。特殊儿童的行为出现问题,一般源于一个或一连串的困难。在这个阶段儿童对事件或诱因非常敏感,注意力开始转移,当遇到未能解决的问题时,危机状况往往会一触即发。这些问题可能来源于同伴之间的冲突(如,同学不借给他钱),个人需要(如,想上厕所),环境转变(如,代课教师上课),学习的压力(如,不能按时完成家庭作业),工作出错等。处理触发期行为问题的策略包括:注意危机状况发生的前兆,尽可能消除引起问题行为的前因事件;估计儿童在活动中将要遇到的困难,预先提示他或对他进行协助;透过提问了解他想达到的目的,如果以他的方式达不到

---

① 严重行为问题的处理. http://www.hkedcity.net/article/specialed_pd_difficulties/070418-008/.

时，可以提供给他其他可行的选择，引导他解决问题。

（二）不安期

这时期的儿童行为开始变得无目的，双手会乱动或敲打桌面，他们会骚扰同学，说话变得非理性，或不愿和别人对话。对于正在参与的活动他们会一时表现投入，一时又表现脱离。有些儿童更会喃喃自语或尖叫，明显能看出他们的不安。这时期的处理策略包括以下几种。

（1）请儿童帮忙做一些活动性工作。主要是用一个新的刺激来分散他们的注意力，将他们的注意力从当前情境中转移开，从而中断行为的发生。例如，叫他上前帮助擦黑板，帮老师取一个东西等。

（2）调整对儿童的要求，并允许儿童进行一些自己的工作。一旦儿童开始显示情绪变化时，就要尽快调整策略，以良好和适当的沟通来了解儿童的问题和需求，可以与他磋商解决的办法，并相应调整对他的要求。对儿童的要求降低了，儿童也会相应地释放不安和紧张。这时，如能同时容许儿童到自己的角落，做自己喜欢做的事，玩自己喜欢的画片等，会及时中断情绪和行为的延续，进一步促进其身心的放松。

（3）接近儿童，但是继续讲课或进行课堂活动。接近儿童身体的目的是向儿童传达一种信息——我在关注你；不中断正在进行的活动，是为了保持氛围的平静，以这种镇静的方式来中断行为的发生，这种方式，有时又称为"接近控制"。所以，当我们发现儿童出现不安情绪或行为时，可以通过身体位置的变化，来保持镇静，并以便捷交流来中断行为发生的顺序。

（三）恶化期

在这个阶段儿童的行为愈趋外显及不当。他们不服从教师指令，不断辩驳甚至与教师对抗。在该阶段儿童易被他人激怒，会大哭或拒绝工作，还可能会对别人或自己作出口头甚至身体攻击。教师在处理的时候，很容易受到儿童情绪的影响，而出现不安、气愤等情绪，有时还可能出现高声叫嚷、咄咄相逼、身体接触等行为，一旦双方针锋相对，教师和儿童都会陷入"权力之争"中，彼此都想压制对方，很快就会转化为爆炸式的对抗，使得局面更加糟糕。

所以，在这个阶段，教师必须保持冷静，抱着尊重儿童的态度来处理问题。此时，教师应该利用恰当的对话去稳定儿童的情绪，这是十分重要的，以下是一些具体的控制方法。

（1）反应儿童的情绪并体谅他的感受，与儿童建立信任感。例如："你非常生气，费那么大的劲还是拼不出来，让你气到不想再玩了。""因为小刚没有借给你橡皮，所以你觉得很愤怒。""老师要你留下来补课，你觉得不公平，很生气。"

（2）将愤怒的感觉转化。主要是作出适当的提问，引导儿童将自己的内心感受说出来，以缓和其激动的情绪。另外，儿童愤怒的感觉很可能是表面的，以掩饰背后悲伤或恐惧的感觉，以下语言表达方式可以帮助儿童将愤怒的感觉还原。例如，教师可以说："如果你觉得很害怕或是很伤心，不妨说出来，我也许可以帮忙呢。"

（3）给儿童台阶下。教师不可以向儿童下达这样的最后通牒，如"我限你五秒钟之内松开手。一、二、三！"在这样的情况下，儿童毫无选择，下不了台。为了面子，儿童极可能在数了三下以后还不听从命令，这时候，教师就很会感觉很尴尬。为了让儿童有台阶下，教师可以向儿童提出建议："你松开手，我可以与你一同到隔壁教室坐下，谈一谈。""你松开手，我与你一同去洗手间洗洗脸,冷静一下。"教师在提议的时候,最好给予儿童两个以上的选择,以免令儿童误会教师在胁迫他。

(4) 告诉儿童正确的行为方式。例如,儿童很生气,要咬自己的手了,老师可以说:"我知道你很生气,想要咬自己的手,但是手不是用来咬的,这个橡胶娃娃是可以用来咬的,你咬这个娃娃吧。"

此外,儿童在盛怒之下,难免对教师产生敌意,不愿意听取对方的建议,但如果教师跟别人谈话,他很可能愿意听听教师会说些什么。

(四) 巅峰期

这个时期的儿童会有破坏对象、暴力、自残、尖叫、冲离现场等行为表现,情绪完全陷入失控状态。在这种情况下,确保安全是最重要的。此时行为干预者应尽可能地保持镇定,不要慌张或高声喊叫,更不要出言威胁或恐吓。常用的方法包括:孤立或带走失控的儿童,撤走其他儿童,将其他的儿童带出事故现场,使用身体的约束来阻止行为的延续,必要时向警方求助等。

在身体约束期间,行为干预者必须熟悉不同情况下的处理步骤,必须避免因制服而导致伤害,随时注意观察儿童的呼吸、脸色是否有异常等,一旦觉察应立即停止约束,并寻求医护人员参与。另外,支持的教师数目最少要有两位,在使用上一旦身体的约束运用不当,不但不能制止问题行为,反而会造成逆反或对抗性行为,因此,必须慎用,不到迫不得已最好不用。

(五) 舒缓期和恢复期

舒缓期是指儿童的情绪到了一个趋于稳定的阶段,儿童在这个时期的精神会显得混沌,感觉十分疲倦,只想一个人独处,但自我保卫的态度仍强,可能还伴随着哭泣,小幅度的踢、拿、撕、推搡等动作,因此需要小心翼翼地处理,最好的办法是暂时不提出多的要求,隔离该儿童,在老师的帮助下给予他适当的时间冷静。

(1) 静坐一段时间。在老师的陪同下,让儿童静坐一段时间,或教师给予提示,让其想想快乐的事情。教师不要再次提及刚才发生的事情,否则会适得其反。

(2) 减慢呼吸。紧张与压力往往导致呼吸过快,因此,此时可要求儿童进行深呼吸、缓慢吸气吐气,逐渐降低每分钟呼吸次数,令儿童放松。

(3) 让儿童做自己喜欢的事情。例如,完成简单的一幅画,做简单的手工,玩游戏等。

到了恢复阶段,儿童开始抑制自己的态度并显得服从,能够配合教师的要求对事件进行评判。主要的处理策略是检讨先前的偏差行为,然后尽快引导儿童投入惯常的学习和活动中。但需要注意的是,教师必须待儿童情绪稳定之后,再与他一起作行为检讨。教师在检讨的时候可利用特殊儿童异常行为检讨表(见附录15)作简单记录,以便作为日后处理的参考。检讨的重点,除了要儿童知道问题所在,以及他必须承担的后果和责任外,更重要的是与儿童一起找出合理的解决方法。

三、危机处理的注意事项

当危机情况来临时往往会比较急促,而且让人没有准备,所以,一些注意事项应该提前明了。

（一）集合充足的人力，成立协商小组

充分的人力支援可以避免受伤，同时也可以向个体显示阻止其危机行为的决心。这个小组通常是由与个体接触最频繁的人领导指挥，小组的成员必须彼此沟通协商每个人的职责，以及必要时所采取的行动。

（二）阻止不良行为的同时适当保护自己

儿童在情绪完全陷入失控状态时，很容易迁怒于人，危机情况中的当事人，除了要阻止这种不良行为之外，还要注意利用当前环境中的自然屏障来防止攻击或伤害，例如用桌子挡住，使暴力不易靠近，另外不要堵住出口。

（三）运用权威人士来阻止行为的发生

可以运用与儿童最亲近的教师或权威人士来阻止伤害行为的发生。使用这种方法之前，必须对个体有相当的了解，而且权威人士应具有权威性才有压制的效果，否则会形成反效果。

（四）记录危机处理的过程和结果

特殊儿童因为其生理和心理的特殊性，攻击、伤害等行为的发生率是非常高的，因此，我们有必要将每一次危机处理的过程和结果都详细地记录下来，并进行后期追踪观察，以作为下次处理的参考。

本章小结

后果处理策略是在目标行为出现之后，安排立即的后果，通过增加强化物，使个体的良好行为得到加强；或者通过施加与取消刺激物，使个体不良行为减少与削弱，具体的策略包括强化、消退、隔离、反应代价、代币制、行为契约等。这些策略在使用时都有一定的要求和限制，在为特殊儿童制定行为干预时应根据个别需要做出正确的选取。

如果遇到紧急情况，需要关注儿童失控行为的七个阶段。教师要明白不同阶段的行为特征，对有关儿童采取不同的策略。

思考与练习

1. 什么是强化，谈谈你是如何理解的。
2. 正强化的含义是什么？请列举生活中的一个应用正强化的案例。
3. 逃避和回避的区别是什么？若必须应用逃避与回避建立行为反应，为什么要优先采用回避？
4. 为什么当行为者产生良好行为后，要立即给予个体强化物而不能延迟发放？
5. 一丁是名4岁的智力落后儿童，他经常暴怒发作并取得成功。每次父母在他睡着前只要离去，他就会大发脾气，哭闹不休，以致父母不得不陪伴他1~2小时，直到他熟睡后才离去。请你为一丁设计一个应用消退法的行为干预程序。
6. 谈谈负强化与惩罚的异同。
7. 隔离的含义是什么？请列举生活中的一个应用隔离进行惩罚的实例。

8. 小吴是小学三年级的学生,伴有语言障碍,在课堂上经常乱接老师的话茬,因有些口吃,使得同学们哄堂大笑;或者在老师已经点名提问别的学生回答问题时,未等那位同学开口,就已经被他抢答,但往往是答非所问,他还得意洋洋。如果你是他的语文教师,你应该怎样对他的行为进行干预,谈谈你的干预程序。

第9章 相关技能的发展

1. 了解特殊儿童社会技能的评估方法。
2. 掌握特殊儿童社会技能训练的策略。
3. 熟知特殊儿童自我管理训练的过程。

应用行为分析强调改变行为包含行为的三个要素：行为前因、个体及行为的后果。在前面几章里，我们谈到了一些具体的行为前因及后果改变策略，但是这些策略无外乎都是建立在操作性条件反射和应答性条件反射理论的基础上，是通过处理个体行为和环境刺激之间的关系来改变个体的行为，可以说是借助外部力量来促使行为发生变化的过程。在本章里，我们主要强调通过发展个体自身的相关技能，以促使其从自我的逐步完善过程中建立起良好的行为以及降低不良行为的发生频率。因此，本章主要从提高社会技能以及学会自我管理两个方面来谈对行为的影响和改变。

第1节 社会技能

人不可能离群索居，每个人都无时无刻存在于一个复杂的社会关系之中，他必须与周围的人通过交往、互动来进行日常的学习和生活。交往是人与人之间为了协调、联合力量去获取某种共同成果而进行的相互作用。[1] 因此，每一个人都试图运用自己所掌握的社会技能来达到愉快的交往过程，建立起与他人良好的关系，从而被他人接纳。而特殊儿童，往往会表现出明显的且多方面的社会技能的缺陷，这些缺陷包括与同伴或成人之间的不适当的互动，无法适当地表达自己生理或情绪的需要，对社交规则或社交态度的知识不足，缺乏对社交情况的正确评估，以致出现暴力或攻击性等问题行为。[2] 这些社会技能的缺乏，不仅会影响儿童的社交质量，还会导致特殊儿童产生诸多的行为问题。例如，在游戏中特殊儿童由于不会正确地表达"轮到我了"或"现在该我了"等这样的社交规则，而简单地把另一个同学推到一边，结果出现了"打人"这样的问题行为。多次反复后，有可能造成严重的社会适应问题。所以，要对特殊儿童的行为问题进行干预，除了从前因、后果等方面选择恰当的策略之外，还应该考虑对他们的社会技能进行训练和教育，以削弱问题行为，支持行为的改变。

---

[1] 龚德英，刘宝根. 教会儿童与同伴交往[J]. 学前教育研究，2004(4)：11.
[2] 李姿莹. 社交能力训练介绍. http://163.21.111.100/book_ul/21/347/%AFS%AE%ED%B1%D0%A8%7C%C2O%AE%D1(92)_01.pdf

一、社会技能的含义

对于 social skills 的中文译法,有的资料里将其翻译为社会技巧,有的也将其翻译为社交技巧或社交技能。而具体到社会技能的含义,不同的研究者对其定义的解释也不尽相同。

社会技能是社会适应能力的具体表现。社会适应能力指的是个体为了更好地适应社会,逐渐依靠自己学会社会规范、处理人际关系以及进行自我控制与调节的能力。[①]

福斯特(Foster)和里奇(Ritchey)认为社会技能是指个人在社交场合中表现出有效的行为,即能增加与他人之间的积极互动,包括建立、保持并且加强互动等行为。[②]

葛雷贤(Gresham)等人认为社会技能可以看作是个体所用以表现其能力或可成功完成特殊的社交工作(如,开始一段交谈、给予他人赞美或参与一个团体游戏)的具体行为,这些行为是需要被教导、被学习和被表现的。[③]

兰迪·西弗斯(L. S. Randy)和琼斯·米歇尔(J. B. Michelle)认为社交技能是指帮助个体与他人交往的行为。在校期间,个体主要是与同学、教师或其他学校人员交往,而在后来的生活中,个体还可能会涉及与合作者、领导、朋友和周围其他人之间的交往。[④]

从以上的定义可以看出,社会技能是个体在具体的生活情境中,运用自己已有的社会知识或经验,有效并且恰当地与他人进行积极的交往,以建立良好互动关系的行为方式,它是一种能被社会接纳的行为方式和与他人交往的能力。社会技能的正确运用,对个体充分地融入社会以及健康的身心发展具有重要的意义。

二、社会技能的内容

社会技能涵盖的范围非常广泛,涉及个人日常生活中的方方面面,不同的研究者从不同的角度将这些社会技能进行了不同的分类。

斯科尔斯(Scholss)和塞德拉克(Sedlak)认为个体所需要掌握的社会技能与其所处的生态环境有密切的关系,为了更好地适应生态环境,个体必须掌握在家庭、学校、职场、社区这四种情境中所需要的自我表达、提升人际关系、自我肯定和沟通这四项技能。这四项技能又涵盖了很多细小的技能,例如,认识自己的情绪和优缺点、了解他人的感受、尊重他人的权益、处理自己的情绪等。

卡特里奇(Cartledge)和米尔布姆(Milbum)将社会技能的内容分成了四个大类,即自我、任务、环境和互动。自我是指对个体自身的认识和表达;任务是个体对其所扮演的角色任务的表现,例如个体是学生时,则包括服从指令的社会技能;环境是指在个体所处的生态环境中的表现;互动则是指与他人沟通互动的表现,如表 9-1 所示。

[①] 韦小满,王培梅. 关于弱智学生社会适应能力评估的理论探讨[J]. 中国特殊教育,2004(1):20.
[②] 许志雄. 社交技巧教学对增进视觉障碍学生社会能力之研究[D]. 高雄:高雄师范大学特殊教育学系,2006:6.
[③] Cook,C. R.,et. al. Social skills training for secondary students with emotional and/or behavioral disorders[J]. Journal of emotional and behavioral disorders,2008(3):132.
[④] Seevers,R. L.,Jones-Blank,M. Exploring the Effects of Social Skills Training on Social Skill Development on Student Behavior[J]. National forum of special education journal,2008(1):1.

表 9-1　社会技能的分类①

与自我有关的行为	环境
接受结果	关心周遭环境
遵守伦理道德规范	处理环境中的紧急状况
表达感觉	在环境中活动
表现正向的自我概念	用餐行为
与任务有关的行为	人际互动行为
出席行为(上学或上班)	接受权威
专注于学习或工作	处理冲突
提出问题和回答问题	寻求注意
参与班级或职场的讨论	问候他人
完成任务	帮助他人
遵循指示	与他人沟通
参与团体活动	对他人表示友善
独立工作	有所有权的概念
在他人面前表现学习或工作成果	规划游戏或休闲活动
展现工作品质	与他人一起从事活动或游戏

也有学者将社会技能的内容大致分为语言和非语言这两方面的技巧。其中语言技巧包括：给予正向和负向反馈、给予称赞、问候致意、拒绝要求、做适当的请求、接受负向的反馈、清楚陈述个人意见、解决问题、交谈协商、会话、拒绝同伴压力、说服、遵循指示等。非语言技巧包括：面部表情、眼神接触、注视、手势、姿势、空间移动或距离、身体接触、音量、说话流畅性、情绪语调、身体外貌等。②

总之，不管社会技能如何进行分类，它始终包含了我们在日常生活和学习过程中所必须使用的一些核心的技能。这些核心技能主要包括介绍(自我介绍和介绍他人)、听从指示、给予和接受正面的反馈、参与谈话或活动、适当拒绝等。这些核心社会技能的掌握对儿童社交能力的提高以及问题行为的改善将大有裨益。例如，有些儿童在与他人互动的过程中，不知道如何向他人正确地表示友好或者请求，而出现一些打人、咬人以及抓头发等问题行为，如果教会他们正确的社交方式，那么这些用以表示友好或请求的不当行为将大为减少。

三、社会技能的训练与问题行为的改善

人际关系不好是社会技能缺乏的表现形式之一，也是导致问题行为产生的主要原因之一。法默(Farmer)和珀尔(Pearl)就曾明确提出，某些问题行为的出现，主要归因于个人无法成功地发展出适当的社会技巧，或足够的社会应对策略。③ 尤其对于特殊儿童而言，因为身心的各种障碍，他们很可能不知道如何运用恰当的方式去达成社会目标，不知道应该因情境的不同而改变行为的方式，不知道以何种方式去回馈别人。例如，不知道如何问候别人，

---

①　钮文英.身心障碍行为问题处理——正向行为支持取向[M].新北：心理出版社，2001：145.
②　苏培人.社会技巧训练对唇腭裂儿童的影响[D].台中：静宜大学青少年儿童福利学系，1999：18-19.
③　Farmer，T.W.，Pearl，R..Expanding the social skill deficit framework：A development synthesis perspective，classroom social networks，and implication for social growth of student with disabilities[J].Journal of Special Education，1996(30)：232-256.

不知道如何参与同伴正在进行的活动,或以他人不接受的方式来表达友善,以至于不能恰当地表现出与人和谐相处的行为,造成行为问题。郭伯良等就曾报道表现出高发攻击性行为的儿童,其社交技能也严重缺乏,并且他们明显的情绪调控缺陷又导致了他们更广泛的社交应对困难。① 当然,当个体表现出越多的不适当行为,也越容易引起周围环境的排斥,恶化个体社会技巧的学习,由此而形成恶性循环。

为什么教导适当的社会技能对特殊儿童行为问题的改善有效果呢?因为社会技能训练有助于儿童获得社会强化、接纳或是逃避负面情境,在特定情境中表现出恰当的行为,从而取代问题行为。而且,我们无法要求大众像特教工作者或者特殊儿童家长一样去无条件地包容特殊儿童的一切,所以,只有增加社会技能的训练,才能减少行为问题,增进适应能力与社会接纳度。

大量的研究已经证明,儿童可以通过训练学会社交技能,进而改善个体的问题行为。萨拉戈萨(Zaragoza)、沃恩(Vaughn)和麦景图(McIntosh)分析了 27 篇 1980 年以后发表的社会技巧训练对有行为问题学生效果研究的文章,结果发现,27 篇中仅有 1 篇没有显著成效,其他 26 篇都有成效。② 拉格雷卡与桑托格罗斯评价了一个对儿童进行集体的社交技能训练的行为取向训练程序(8 周),该训练程序所选取的 8 种技能类型包括:微笑、问候、参与、邀请、对话、分享与合作、赞美、自我装扮,结果发现社交技能训练不仅可以提高儿童被同伴接受的程度,而且还能减少社会退缩及攻击性行为。③ 学者吴秋燕采用单一被试实验设计中的跨行为多基线设计,利用社会技巧训练和强化策略,对某小学三年级有问题行为的两名学生进行干预,研究结果发现,社会技巧训练对于增进问题行为儿童的不专注行为、处理冲突行为以及合作行为均具有立即性及长期性的效果。④ 另一名学者邱满艳的研究也指出,对重度智能不足者进行社会技巧训练,能有效增进他们的良好行为及减少不良行为,且能维持一段长时间的效果。⑤

综上所述,社会技巧训练是经由改善个体的内在条件来解决行为问题,不仅增加了对行为问题成因的解释,也增加了可以改善行为问题的介入策略,使得个体更能直接解决其适应上的问题。

四、社会技能的评估

很多儿童不知道如何运用适当的方法或不会使用适当的方法去达成社会目标,例如不知道应该如何去问候别人,不知道如何参与同伴正在进行的活动,或以不为他人所接受的方式来表达友善等,以致儿童在人际交往的过程中产生行为问题。而社会技能训练即是针对儿童存在的社会技巧缺陷,从改善儿童个体内在条件的角度出发,来解决问题行为。

因此,我们在进行社会技能训练的时候,首先要对儿童的社交技能进行有针对性的评

---

① 王秀珍,等.行为问题儿童的社交技能训练效果分析[J].中国临床心理学杂志,2007(3):334.
② 蔡惠芬.提升小学普通班轻度自闭症儿童社会技巧之行动研究——剧本训练取向[D].台北:台北教育大学特殊教育学系,2006:25-26.
③ 邱学青.行为问题儿童成因及教育路径[J].南京师大学报(社会科学版),2005(1):76.
④ 蔡佩君.社会技巧训练团体对受同侪忽视儿童之社会技巧与自我概念辅导效果之研究[D].台中:台中师范学院咨商与教育心理研究所,2004:59.
⑤ 苏培人.社会技巧训练对唇腭裂儿童的影响[D].台中:静宜大学青少年儿童福利学系,1999:21.

量,评估其现有的社会技能的表现,从而发现个体还缺乏哪些必要的社会技能,然后再根据个体身心的特点为其制订具体的训练计划,帮助其能够顺利掌握正确的社会技能来适应各种生活情境。在进行社会技能训练之后,也要对其进行再次的评估,以检验社会技能的训练对其问题行为的改善是否具有促进作用,以不断地改进社会技能的训练方案。

对儿童社会技能的评量应该是多角度的评估模式,既有儿童自己的评价,也可以包括家长、教师、同学对其的评价,还可以来自于研究者对其行为进行的观察。综合国内外对社交技巧的评量研究,分别叙述如下。

（一）社会技能评量表

社会技能量表最常被用于社会技能的评估与训练中,以评估行为的发生频率为主。行为评量表可以是他人研究的已经具有一定信度和效度的正式量表,也可以是研究者根据研究目的自行设计的量表,方便研究者施测和分析。另外,量表可以由受评者个人填写,也可以由熟悉受评者的人来进行评量。特殊儿童一般无法对自己的行为进行评定,因此在对特殊儿童进行社会技能的评估时,可多依靠特殊儿童的教师、家长或同学来对其社会技能进行评量。这种评量方式容易操作,且节省时间,但是由于主要靠信息提供者的回忆来回答问题,也会存在信息遗忘或主观偏倚的问题。附录16就是一份社会技能评量表。

（二）行为观察

行为观察是由第三方针对目标行为来做的直接观察与记录。埃利奥特和葛雷贤认为在自然环境中分析儿童的行为是评估儿童社会技能最合乎生态的正确评估。[1] 行为观察除了在自然情境中进行,也包括在研究者设计的模拟情境和特定情境中进行。观察者通过对具体情境中儿童的社会技能的具体表现,通过儿童与其他儿童之间或扮演者之间的互动,来记录儿童社会技能的缺失,以及社会技能的使用情况。研究者通过对儿童的行为观察可以得到关于其社会技能的客观、翔实并且丰富的材料,但是这种观察结果会由于观察者的偏见或立场的不同而造成曲解。

（三）访谈

访谈是一种传统有效的评量方法,可通过对评量对象或熟悉其行为的他人进行访谈来收集研究对象的社交行为资料。由于观察法受到创设情境或时间上的限制,不可能包括所有可能的情境,并且有些情境不容易模拟或观察,因此,访谈也是评量儿童社会技能中常用的方式。但是访谈法也受制于个体的认知因素,需要个体能清晰地认识到自己的行为,对特殊儿童的评量更多的是依靠对其周围人进行访谈而获得资料。为了提高资料的真实性,在访问过程中应尽量引导受访者提供整个行为表现的前后流程,并尽量以第一手的直接描述为主,要求受访者尽量少做推理和解释。

训练特殊儿童社会技能的最终目的,是希望通过自身技能的提高减少问题行为的发生。那么在有针对性的社会技能之前,我们还必须对其问题行为进行功能性的评量,探究其问题行为的发生是出现在何种社交情境之中,例如,问题行为的发生是希望引起他人注意,还是希望加入到他人的游戏等,针对功能评量的结果来进行有目的的社会技能训练。

---

[1] 蔡孟伦.社会技巧训练团体对小学害羞儿童辅导效果之研究[D].高雄:高雄师范大学辅导与咨商研究所,2005:23.

五、社会技能训练策略

社会技能的训练也是一个社会技能发展的过程,其目的是提供儿童与他人成功互动的技巧,以及在不同情境中表现出恰当的行为,帮助个体发展稳定的参与社会的能力。社会技能训练方案可能会因对象与目的的不同而不同,但方法却是大同小异,其主要的策略有:示范、提示、行为预演、反馈、社会强化以及在自然情境中实践等。在训练过程中教师一般可以选取其中的一种或几种训练策略,来帮助儿童掌握社会技能。下面我们对这些具体的训练策略进行简单地介绍。

(一)示范

在众多方法和策略中,发展社会技能中最普遍和最有效的方法非示范莫属。示范(modeling)是指在儿童面前展现适当的社会行为,让儿童通过观察和模仿学习正确的行为方式。班杜拉认为个体的很多行为都是通过观察和模仿习得的,个体在与他人交往的过程中,通过观察别人的表现以及这些表现产生的结果,来选择自己要模仿并且学习的行为和发展相关的技能。

示范的主要目的有三个:首先是帮助个体学会尚未学会的行为,也就是获得新的良好行为,例如,儿童通过观察其他小朋友而学会与他人打招呼;其次是提高其现有良好行为的发生概率,例如,儿童注意到另一个小朋友因为帮助同学而得到表扬进而变得更乐于助人;第三是为了消除不合理的社会行为,例如,儿童观察到一个小朋友因为上课吵闹而被教师批评,以后他也不会在课堂上表现出吵闹的行为。

根据斯科尔斯和史密斯(Smith)的研究,示范的种类有三种,即:自然示范、模拟示范和工具示范。钮文英根据斯科尔斯和史密斯的观点将这三种模仿方式的优缺点整理如下表9-2 所示的内容。

表 9-2 示范的类型[①]

类型	意义	优点	缺点
自然示范	借自然情境中的典范作为个体模仿的对象	比较容易获得信赖并接受典范,并能从自然情境中获得相关线索及强化	无法预期典范的行为反应
模拟示范	拿模拟情境中的典范作为个体模仿的对象	可以确定典范的行为反应,教师能够控制学生观察学习的质量,并且可以根据需要中断角色扮演	因为是在非自然情境中,个体可能会对典范有所怀疑
工具示范	使用书籍、录影带中的某个人物作为典范,让个体去模仿	可以事先准备与训练主题有关的示范,并且可以重复使用	不能像自然示范一样获得个体的信赖和接受

王辉在其《行为改变技术》一书中提到示范包括四种类型,一为影视录像和故事示范,二为现场示范,三为参与示范,四为想象示范。前三种类型与斯科尔斯和史密斯的示范类型大致相同,差别就在于想象示范。想象示范是借助想象来示范个体楷模的行为,以便达到改变

---

① 钮文英.身心障碍行为问题处理——正向行为支持取向[M].新北:心理出版社,2001:161.

行为的目的。[①] 因为在示范的过程中,楷模不见得随时随地都能找到,而反复地借助于示范者的表演也不经济,因此,借助想象来示范良好行为可以说是非常经济简便的方法。简单来说,想象示范就是通过想象他人(相当于楷模)在从事相关活动时的情境,而改变个体的行为。卡兹顿在1984年曾利用想象示范来改善一些个体的社交生活能力。他让缺乏主见的被训练者想象一个与自己年龄、性别相似的楷模在适当的情境里表现出来果断而肯定的行为,经过一段时间的想象模仿训练后,被训练者的良好行为有了大幅度提高。[②]

在影响模仿有效性的因素上,一般认为有以下三类因素影响模仿的效果。

第一,个体的因素,包括个体是否有能力进行模仿,对模仿行为后所获得的强化物的期待,个体对模仿行为的熟悉度,个体是否具有积极主动的自我观念,个体是否有相似情境的成功经验等。

第二,榜样的因素,包括榜样的性别,榜样的个性特征,是否为个体所喜欢和敬重都会影响示范的效果。

第三,外部因素,包括榜样表现出的良好行为是否得到了强化,是否增加了榜样的地位等。

因此,在具体的示范过程中,要充分考虑到这三方面的因素,此外,在儿童模仿学习的过程中还应不断去调整其他的相关因素,以提高示范的效果。

斯科尔斯和史密斯还归纳了在发展社会技能的过程中为增强示范效果而需要应用到的五条原则,详见表9-3,这也是我们在应用过程中需要遵守的。

表9-3 增强示范效果的原则[③]

1. 清楚地确定希望通过示范而发展的社会技能(即确定目标行为)
2. 在自然、模拟或借用工具的情境中让学生观察所喜爱或敬重的楷模表现出的恰当的社会技能
3. 确保楷模在良好社会行为示范之后得到了强化(或者他/她的地位得到提升)
4. 提示并且强化学生模仿的社会技能
5. 变化不同的楷模和情境以帮助行为得到类化

(二)提示

提示是指影响正向社会行为发生的刺激因素。例如,红灯是司机停车这个正向社会行为发生的刺激因素,同理,闹钟响是按时起床的刺激因素。提示可以用于自然的或工程的情境中,对社会技能的教学也有着重要的价值。

提示分为自然提示和人为提示两类。自然提示发生在一个正在进行的环境中,提示是未曾组织和未加修饰的。例如,一个人的问题很可能是另一个人回答的自然提示,肚子饿了很可能是准备做饭的自然提示。自然提示能够帮助儿童将社会技能类化到更复杂的环境中,但是在发展社会技能的初期还需要对儿童进行有意识的提示,也就是人为提示。人为提示是运用在教学过程中鼓励学生尝试获得正向社会技能的。按照提示量的由少到多,人为

---

① 王辉.行为改变技术[M].南京:南京大学出版社,2006:319.
② 同上书.
③ Schloss, P. J., Smith, M. A.. Applied behavior analysis in the classroom[M]. London: Allyn & Bacon, 1994:94.

提示依次包括：口语提示（分为直接的口语提示和间接的口语提示），手势提示，视觉提示，示范动作提示以及身体提示（包括部分肢体接触以及完全肢体接触以协助其完成反应两种）等。[①] 这些提示有各自的优点也存在一定的局限性，在运用时，教师可以根据其特点以及儿童的需要进行合理的选择。

需要注意的是，在社会技能训练的过程中应该逐步地消退人为的提示，使儿童更多地借助自然提示表现良好行为，毕竟对人为提示的固执依赖会降低社会技能在不同情境中的泛化效果。据此，斯科尔斯提出了"最少提示系统"的模式，见图 9-1。

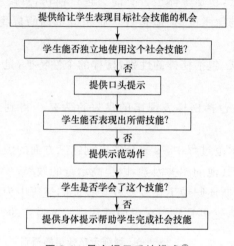

图 9-1 最少提示系统模式[②]

提示在使用过程中必须遵循一定的原则，才能发挥最大的效果。第一，对个体目前的社会技能水平进行评估，以确定在训练过程中使用何种提示。第二，精心设计提示环节，以方便日后提示的逐渐消退。第三，建立最少提示系统，对个体给予的提示或帮助也应该逐步减少，直到不需要任何提示即能完成目标行为。第四，对个体的提示必须前后一致，在个体做出反应后直到下一个阶段的训练开始，需要不断地重复提示。第五，给予个体反应的时间，即在给予个体提示后，要给予其一些反应的时间，例如五秒，若没有反应，则上升到上一个层次的提示。第六，在直接或间接口语提示中，教师应该使用多种表达方式，以免个体误解提示而使提示难以发挥作用，例如将"你需要什么"改成"请你完成该做的事"。第七，立即强化，若个体在提示后做出了正确反应，应该立即给予强化物或以自然结果作为强化物。这些原则在实践中都是非常实用的，如果我们在使用提示策略时能遵守这些原则，这将对儿童社会技巧的训练效果大有裨益。

图 9-2 以教会学生当交通信号灯转成绿色时，个体顺利过马路的社会技能为例，呈现如何在社会技能的训练中运用提示法。

---

① 钮文英.身心障碍行为问题处理——正向行为支持取向[M].新北：心理出版社，2001：165.
② Schloss，P. J.，Smith，M. A.. Applied behavior analysis in the classroom[M]. London：Allyn & Bacon，1994：96.

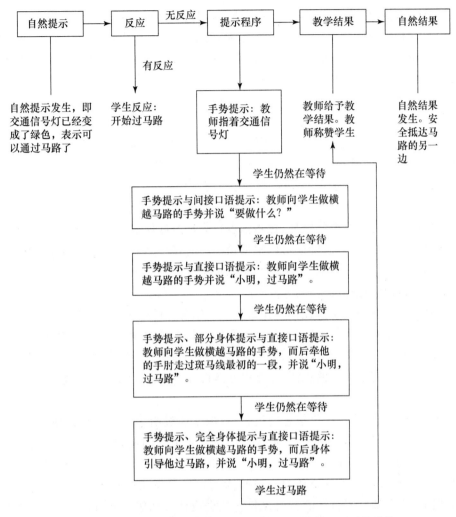

图 9-2 训练行为:当交通信号灯转成绿色时,能够顺利过马路[1]

(三)行为预演

行为预演是指让个体实际预演出我们希望他所表现出来的行为,包括模拟情境中的行为预演,即个体在被安排的模拟情境中进行角色扮演,以及自然情境中的行为预演[2]。模拟情境的行为预演和自然情境中的行为预演都能够帮助个体实际地获得社会技能,并了解此种社会技能在何种情境下表现。行为预演可以分成四个基本步骤。

第一,布景,描述情境,选择参与者,并指定和描述各角色。

第二,演出,参与者演出个别角色。

第三,谈论与评估,参与者和观察者一起评估所表现的行为,并确定较适当的反应或行为。

---

[1] 钮文英.身心障碍行为问题处理——正向行为支持取向[M].新北:心理出版社,2001:168.
[2] 同上书,第169页.

第四，重演，经过评估后，再表演出适当行为，也可由不同的人演出。[①]

技巧的演练对学习社会技巧非常重要，它除了可以提供重复练习想要学习的行为和反应之外，还能互换角色，使参与者可以体会到情境的不同层面。在具体的行为预演过程中，还需要注意以下几条原则。

第一，清楚界定需要演练的目标行为，即需要行为者掌握的社会技能。

第二，找出预演行为的自然提示以及找出预演行为的自然结果。

第三，在自然情境中进行行为预演，应找出自然提示和自然结果都会出现的时间段作为预演的时间。在模拟情境的行为预演中，应尽可能模仿真实的生活情境。

第四，制订行为预演的计划，可以配合使用模仿、提示、塑造、反馈和强化等行为改变策略。

第五，学生习得社会技能后，逐步消退行为预演过程中所使用到的一些策略。

当然，在演练之后，教师还可以根据预演的内容与参与预演的个体或观察预演的观众进行讨论，以加深行为预演对社会技能习得的促进作用。例如，在班级进行行为预演结束之后，教师可以组织这样的讨论：

问配角：你演……主角让你有什么感觉？你会怎样应对他？

问观众：主角按照行为的步骤演，演得好不好？哪些地方你们喜欢，哪些地方你们不喜欢？配角演得好不好？行为步骤哪里演得很好？哪里怎么演会更好？

问主角：听完了大家的想法，你觉得你演得好不好？你觉得怎么做会成功？[②]

（四）反馈

反馈是向个体提供评价信息的过程，目的是通过给予评价信息促使个体继续维持良好行为或不断改进不良行为。大多数个体为了满足他人的期望，会不断地调整自己的行为以适应社会或者个人标准。但是，许多行为都很难去进行自我监控，并且个体也不能察觉到所有的变化。反馈能够加深个体对自己行为的理解以及明白自己行为与标准行为之间的差别，帮助其不断地完善自己的行为以符合社会或他人期望。所以，在社会技巧训练中，要及时对儿童的行为进行反馈，对正确的行为给予强化，对不良的行为给予纠正。当然，反馈可以有多种方式表现，比如，语言的反馈——改正错误的指令、赞美、鼓励等，获得强化物，让儿童做自我评估，利用录音、影带等进行反馈等。

在使用反馈的过程中，要注意以下几个原则以发挥反馈的有效性。

第一，反馈应该清楚、客观、具体，能被个体知晓，并且反馈要及时，在期望行为出现时应马上进行反馈。

第二，经常性地给予受训练者反馈，以增加受训练者良好行为出现的概率。

第三，以受训练者现阶段的表现为反馈的标准，着重于对当前行为的强化。

第四，反馈必须具有一致性，使受训练者能清晰地明了行为表现后的后果。

第五，正向反馈应该与矫正性反馈相平衡。

---

① 蔡孟伦.社会技巧训练团体对小学害羞儿童辅导效果之研究[D].高雄：高雄师范大学辅导与咨商研究所，2005：21.

② 许志雄.社交技巧教学对增进视觉障碍学生社会能力之研究[D].高雄：高雄师范大学特殊教育学系，2006：31.

第六,除了给予个人反馈,还要给予整个团队反馈,以增进团队合作的精神,提高团队整体的行为表现水平。

另外,在可能的情况下,同伴应该向个体给予反馈。同伴反馈不仅能提高受训练者的良好表现,还能增进观察者也就是提供反馈的同伴的社会技能[1]。

(五)社会强化

反馈与社会强化往往是联合使用的。社会强化是利用人际交往之间的良性互动来增强目标行为发生的一致性,即通过交往对象的积极反馈来强化个体社会技能的习得。只有在交往后获得的反馈能够影响目标行为的时候,我们才能将其称为社会强化,若并没有增加个体目标行为发生的可能性,那么社会互动也不能被称为强化。倘若社会互动促使个体在将来表现出目标行为,那么也可以称其为社会强化。

社会强化应用于社会技能的发展具有其独特的优越性,表现为以下几点。

第一,社会强化过程不需要特殊的设备或材料,只要给予强化对象微笑、拥抱以及赞许等都可以进行社会强化。

第二,社会强化不费时费力,既不需要金钱购买,也不需要提前准备,并且可以与提示和反馈同时出现。

第三,社会强化在大多数教育和社区环境里是自然发生的,是个体最熟悉也最容易获取的强化方式。

第四,其他个体也会在相似的情境中模仿社会强化行为和个体被强化的积极行为,促成其他个体良好社会技能的形成。

为了加强社会强化的效果,斯科尔斯和史密斯提出了以下几条指导原则。[2]

第一,描述有可能对目标行为产生社会强化的行为,并与儿童提前对其进行讨论。

第二,标明行为的过程(如,你有礼貌地请求别人)和行为的结果(如,你的请求果然得到了认可)。

第三,使用个体的名字去命名社会强化表。

第四,评估作为社会强化的人际交往的效果。如果它们并未强化个体的社会良好行为,则可使用其他的强化物。

第五,鼓励同伴、父母、其他教师和观察到学生积极社交行为的个体对学生进行社会强化。

第六,在社会技能训练项目的开始,使用较多的社会强化。当技能表现稳定之后,教师应该逐渐减少社会强化。

(六)在自然情境中实践

理想情况下,社会技能的训练应该是在自然情境中进行的。在预先设计好的情境中进行社会技能的训练,容易导致个体不会进行行为的类化,从而降低社会技能训练的效果。但是,在自然情境中进行社会技能的训练往往又是不现实的,所以社会技能的训练往往以班级为中心,将习得的社会技能类化到现实的情境中,即在功能性的背景中安排实践活动,例如

---

[1] Schloss, P. J., Smith, M. A.. Applied behavior analysis in the classroom[M]. London: Allyn & Bacon, 1994: 99.
[2] Zbid., P. 100.

表 9-4。考虑到学生的能力，这些活动最初可以是在教师的指导下完成，最后可以让学生独立完成。

表 9-4 在自然情境中发展社会技能的活动案例

在社区里见到熟悉的人，向其打招呼
去小卖部买饮料
使用电话，打给爸爸妈妈
向朋友做简单的自我介绍
向正在游戏中的朋友表达想加入游戏的愿望

社会技能训练的最终目的是为了能把所学到的技巧应用在真实的社会情境中，当儿童面对不同对象、不同情境时能运用自如。以下的几条原则会明显促进自然情境中社会技能训练的效果。

第一，一旦个体在班级环境中习得了稳定的目标社会技能，立即为其安排自然环境活动促使其行为的类化。

第二，与儿童一起开发适当的自然环境实践活动。

第三，给儿童描述一个清晰的实践活动并且教授其评价自我表现的方法。

第四，根据儿童的能力，教师可以提供一个书面的活动描述和评价表格，表格应该包括任务的描述和自我评价的内容。

第五，最初，在自然情境活动中可以使用模仿、提示和反馈等策略。当需要的提示逐渐减少时，教师可以鼓励学生独立地参与到自然情境活动中。

总而言之，发展社会技能对特殊儿童问题行为的改善、良好行为的建立和促进都具有十分重要的意义。通过社会技能的训练，儿童可以借由正确的技能来表达自己的需要，与他人形成良性的互动，表现出良好行为以符合社会期望。在社会技能的训练中，可以使用模仿、提示、塑造、行为预演、社会强化、在自然情境中实践以及消退提示或强化等策略来帮助个体掌握社会技能，稳定维持良好行为，消除或减少不良行为。但是，在选取策略的时候要充分考虑到受训练者的个体能力以及要掌握的社会技能的特点，特别是对于特殊儿童来说，这点尤其重要。

第 2 节 自我管理

在前面章节里，我们讨论的都是如何通过他人所采取的策略来影响或改变个体自身的行为，但个体并不可能时时刻刻处在他人的监督或者观察范围之中，因此需要训练个体能够掌握自己管理自己的技术，从而在没有他人干预的情况下也能够有效控制自己的行为。杜威认为"教育的理想目标即是自我管理能力的发展"[1]。英国实证主义哲学家、教育理论家斯宾塞在《教育论》中指出："记住你的教育目的应该是培养成一个能够自治的人，而不是一个要别人来管的人。"[2] 具备自我管理能力的儿童即使在没有成人监督的情况下，也能够表现出

---

[1] Cooper, J. O., Timothy, E. H., William, L. H.. Applied behavior analysis[M]. OH: Merrill, 1987: 520.
[2] 沈小奇. 小学生自我管理能力的培养[J]. 教育科研论坛, 2007(10): 18.

适当或期望的行为。然而,有学者研究发现智力障碍、学习障碍和情绪障碍的儿童普遍缺乏自我管理的能力。[1] 他们由于自身障碍的局限,知识经验的贫瘠,缺乏自我管理的能力,这就需要成人通过适当的方法来培养和训练特殊儿童的自我管理能力。

一、自我管理的定义

我们在日常生活中会经常运用自我管理来规范自己的行为。例如,我们会在晚上睡觉的时候设置好闹钟,以确保第二天早上能够按时起床。在学期开始的时候,我们会给自己制定一个长期或短期的目标。有时候,我们会在完成一个重大项目后,给自己一个假期或者一个礼物作为对自己的奖赏。有烟瘾的人在戒烟过程中,会嚼口香糖作为抽烟的替代行为,以降低抽烟发生的可能性。这些都是个体运用自我管理来控制自己行为的例子。而对于自我管理的概念,不同的学者有不同的看法。

有学者将自我管理等同为自我控制、自律和自我导向,认为自我管理指的是自己采取行动来影响自身的行为。有些学者认为自我管理并不能与自我控制等同,认为自我控制只是自我管理中的一个部分。麦格(Magg)就认为自我管理与自我控制是不同的,自我管理包含内在作用(如自我控制)和外在作用(行为环境所产生的外在刺激)两个部分,而自我控制只反映了个体的内在作用,并没有包括外在刺激。[2] 因此,自我管理被认为是认知行为介入(Cognitive Behavior Interventions,简称CBI)的策略之一,强调认知因素(例如,个体的意识和自我对话)和行为因素(如,事前情境、可观察的行为和结果)的有效反应来提示自我导向(self-directed)的行为。

卡斯汀认为自我管理通常是指个人细心经营以达到自我选择成果的那些行为。个人必须选择一些目标,然后自己执行一些程序或方法以达成它们。并且认为行为改变技术中的自我管理方法,主要是指在执行治疗的过程中,个案扮演主动的角色,或者偶尔是独角戏的角色。[3]

杨坤堂认为自我管理是指个体通过有意识的努力和有意识的行动来引导和规范自己的行为,并且表现出自己想要表现的行为的过程,包含认知和行动两个层面。认知层面上,个体能够使用一些策略来鉴定问题情境、思考出解决的办法、表现出适当的行为、解释自己和他人的行为,并修正自己的思想和行为;在行为层面,个体能够应用自我管理的方法或步骤,帮助自己实现目标,并建构特定环境或特定刺激,使适当行为发生,给予个体强化,以及监控和评价自己进步的性质和程度。[4]

由此可以看出,自我管理重视个体内在的认知因素,强调通过个体内在认知来改变外部行为,这种内在认知主要是借助个体内在语言发展来建立。同时自我管理强调个体的自主性和独立性,它属于学生操作系统,教导学生使用内在语言来修正影响外在行为表现的内在认知。学生通过掌握这种操作系统,逐渐能够独立完成目标行为或任务,发挥自主作用。所

---

[1] Alberto, P. A., Troutman, A. C.. Applied behavior analysis for teachers[M]. 5th ed. New Jersey: Prentice Hall, 1999:440.
[2] 赖素华. 自我管理策略对减少小学二年级学童攻击行为的影响[D]. 台北:台北教育大学特殊教育学系,2005:29.
[3] Kazdin, A. E.. 行为改变技术[M]. 陈千玉,译. 台北:五南图书出版公司,1997:316.
[4] 赖素华. 自我管理策略对减少小学二年级学童攻击行为的影响[D]. 台北:台北教育大学特殊教育学系,2005:28.

以,自我管理能够帮助个体调控和监督自己的行为,而不是受外在的控制被迫改变。若将其运用在学校教育中,不仅能够有效培养学生的责任感和自主性,更可以有效改善学生的问题行为,维持学生的良好行为。

二、实施自我管理的优点

他人的干预对个体行为的改变逐渐被发现有时会是一种治标不治本的技术。如,不能随时监控儿童的行为;儿童只在教师面前表现出良好行为,因为教师的出现与强化和惩罚高度相关;儿童只是被动地参与到行为改变的过程中,缺乏主动参与。其中最大的问题是通过外部系统而改变的行为在类化过程中常常会出现困难。社会学习理论的观点认为,人的行为并非完全是由外界刺激造成的,也会受到发自内心的认知等的影响。因此,人们对社会学习理论的观点进行吸收,试图通过发展个体自我内在的能力来弥补这些缺点,以更有效地帮助个体习得和表现良好行为,最后发展出行为改变技术的自我管理策略。学者许天威也曾指出,人类的举止有其思考、想象、推理等能力为之参照,在行为改变的历程中,善加利用这些能力来辅导,或由个体自我辅导,以达成自主、自制、自我改变的目标[1]。综合相关文献,自我管理在儿童的行为改变上具有以下优点。

(1) 运用儿童自我内在的能力改变外在的行为。自我管理强调个体的自主性与独立性,它将行为从外控的方式改为借由透过个体认知历程,进行自我调适,终极目的在于有系统地改变个体的认知,进而使行为发生改变。它强调透过个体内在的对话,来检视和评量自己的行为,为自己的行为设定一个目标,并且自己对自己实施强化和惩罚,进而改善行为。

(2) 强调儿童的独立自主性。通过他人管理来改变个体的行为,例如,教师改变学生的行为,学生就会将良好行为与教师形成一个固定模式,只在教师出现的情境中表现出良好行为。而自我管理有别于依赖外在奖惩的行为改变技术,它教导儿童使用内在语言来修正影响外在行为表现的内在认知,不存在外部暗示。如此一来,儿童将更能把所学到的新行为类化到其他情境中,更有利于个体良好行为在其他情境中的表现。

(3) 适用于各类儿童的行为改变。自我管理策略的应用很广泛,它不仅可以解决普通学校里的问题行为,也可以改善安置在特殊教育环境中的特殊儿童的不良行为。有研究发现,自我管理可以成功地减少儿童的破坏行为、抗拒行为、暴躁行为、吵架、多动和攻击行为等。[2] 而事实上,大量的研究者也证实了不同的障碍儿童都能够有效地使用自我管理技术,如自我监督、自我强化、自我指导等。

当然,特殊儿童在学习自我管理策略的过程中必定会遇到更多的困难,因此需要教师或者家长根据儿童自身的学习能力对自我管理的技术进行适当的调整和组合,以满足儿童的个别化需求。

---

[1] 王碧晖.自我教导策略对注意力缺陷过动症儿童行为问题与人际关系的影响研究[D].台北:台北市立师范学院,2003,26.

[2] Schloss,P. J.,Smith,M. A.. Applied behavior analysis in the classroom[M]. London:Allyn & Bacon,1994:295.

三、自我管理的策略

不同的研究者在进行自我管理训练的过程中会运用到不同的自我管理策略,综合相关文献,将其归纳为如表 9-5 所示的内容。

表 9-5 自我管理策略

资料出处	对自我管理策略的描述
李玉锦(1998)	归纳出的策略有:自我叮咛、自我记录、自我检视、自我评量、自我评鉴、自我强化
林佳燕(2003)	包括目标设定、自我检视、自我评量、自我强化、自我教导、自我规划、做选择、提示
杨坤堂(2000)	包括自我记录、自我评估、自我暗示和自我强化
卡斯汀(1997)	认为自我控制即自我管理,包括刺激控制、自我监控、生理反馈以及自助手册
科尔(Cole)(1987)	包括自我检视、自我评鉴、自我教导等
格林(Glynn),托马斯等(1973)	当时称为自我控制,包括自我评估、自我记录、自定强化、自行强化
西尔斯(K. Sears),卡彭特(Carpenter)等(1997)	包括自我检视、自我评鉴、自我强化
柯克(Kirk),加拉格尔(Gallagher)(1997)	包括设定目标、自我检视、自我评鉴、自我强化、自我教导
库珀(Cooper),蒂莫西(Timothy),威廉(William)(1987)	包括刺激控制、自我监控、自我强化与惩罚等
斯科尔斯 & 史密斯(1998)	包括自我检视、自我教导和自我强化

由上表可以看出,自我管理的训练不外乎是对设定目标、自我监控、自我评价、自我强化这四个过程的训练和学习。在更多的情况下,这些策略是综合使用而非单独进行的。下面对这四个过程分别进行介绍。

(一)设定目标

设定目标的过程也是帮助个体清楚界定自己行为的过程,个体在参与目标设定的过程中才能够了解自己要做到何种程度才能够达到标准。在学校教育中,学生要达到的目标多半是由老师或家长设定,例如,这次考试要得多少分,进入前几名等。这种目标通常会带给学生压迫感,调动不起学生的积极性。在自我管理过程中,强调通过学生自己对自身的认识和行为目标本身的认识,而自行制定目标,学生成为行为目标的制定者,更能有效地激发其坚持实现目标的动力。

需要注意的是,教师在教授学生如何制定目标时,要考虑到目标的个体性,目标要具有挑战性,同时经过个体的努力,目标是可达到的。特别是在训练的早期阶段,目标的设置应该使个体短时间就可获得成功。假如在自我管理的过程中发现目标定太高,以至于学生很难达到,那么就要适当地降低目标实现难度,以避免儿童灰心而放弃这个训练计划。当儿童能够稳定地达到所设目标时,就要考虑是否提高目标的难度,使训练过程具有一定的挑战性,直到达到总的期望目标。在设定目标时最好说明当目标完成或失败时,儿童可以获得何种奖励或惩罚。

（二）自我监控

自我监控有时候也等同于自我记录和自我观察，包括对自己行为的系统性观察或记录。自我监控在自我管理过程中发挥着重要的作用，被称为"有效自我控制的活力源泉"[①]，被广泛应用于各类研究和临床治疗中。例如，哈里斯（Harris）在对四个 9~10 岁的学习障碍儿童的自我监控的研究中发现，当要求一组儿童监控自己在课堂上是否受外界干扰（录音带里随机出现的声音），另一组儿童记录并画出自己在工作时间内所写的字数时，在行为（注意干扰或写字）被监控的情况下，行为一般会有明显的改善[②]。学生进行自我监控的本身就是对目标行为的强化，例如，当儿童通过记录表发现自己一直表现较好时，会存在良好的心理暗示，诸如"我是一个好学生"，那么在接下来的时间里，他可能还会按照以前的标准来要求自己好好表现，这种良好行为就得到了强化。

但是，自我监控能力的发展并不是一件容易的事情，需要学生掌握以下要点。

第一，选择并清楚定义目标行为，也就是清楚了解何种行为发生时需要被记录下来。

第二，选择自己已经掌握且适合的数据记录方法，例如记录行为发生的次数、行为持续的时间、行为发生的结果（如，写了几个字、完成了几项任务），如图 9-3、9-4 所示。

```
名字：_____        日期：_____
              自我监控表
指导语：当你专注工作或学习时，请在一个格子里填上"＋"，当你并未工作或学习时，请在另一个格子里填上"－"。记住，不要一次填满所有的格子。
我正在做_____

[表格]

我正在做_____

[表格]
```

图 9-3　自我监控记录频率表[③]

[①] Cooper, J. O., Timothy, E. H., William, L. H.. Applied behavior analysis[M]. OH: Merrill, 1987: 524.

[②] Kazdin, A. E. 行为改变技术[M]. 陈千玉, 译. 台北: 五南图书出版公司, 1997: 322.

[③] Schloss, P. J., Smith, M. A.. Applied behavior analysis in the classroom[M]. London: Allyn & Bacon, 1994: 298.

图 9-4　年幼或智力落后儿童自我监测表[①]

第三,在最初的阶段由教师指导学生自我记录的过程。

第四,学生独立地进行自我监督记录。

当然,完全由学生自己进行自我行为的记录,就会涉及记录的准确性问题。虽然有研究者认为行为记录是否准确并不影响行为的改变,甚至不准确的记录结果也会引起积极的行为改变。[②] 但是,数据记录的结果仍然是我们判断行为改变程度、设置行为目标以及评价过程中最重要的依据,因此,确保结果的准确性仍然是非常重要的。教师可以采取以下两个方法来帮助学生提高记录的准确性:第一个方法是在开始阶段,教师和学生同时进行记录,当学生的记录和教师的记录比较接近时,给予其奖励,当学生的自我监控记录越来越准确时,可以逐渐撤除与教师记录的比较;第二个方法是让学生之间相互观察,然后将他人的记录和自己的记录进行比较,以确定准确性。[③] 他人在观察的过程中可以是外显的观察者,也可以是不被察觉的观察者。

自我监控技术的应用比较广泛,可以适用于抽烟、过度饮食、专注于学业以及脾气暴躁

---

① Schloss,P. J. ,Smith,M. A. . Applied behavior analysis in the classroom[M]. London:Allyn & Bacon,1994:300.

② Alberto,P. A. ,Troutman,A. C. . Applied behavior analysis for teachers[M]. 5th ed. New Jersey:Prentice Hall,1999:445.

③ Cooper,J. O. ,Timothy,E. H. ,William,L. H. . Applied behavior analysis[M]. OH:Merrill,1987:538.

等。但是也有研究显示,如果仅使用自我监控技术,行为的改变可能会随时间的改变而消失,必须借助其他的自我管理技术(如,自我强化)来维持行为的改变。① 因此,自我监控常常需要结合其他的技术来共同使用,才能有效地改善问题行为。

(三) 自我评价

Cole 认为自我评鉴或是自我评定,是将一个人所表现出的行为和先前设定的标准作比较,来决定是否达到标准。② 儿童在对自己行为表现进行评价的过程中,会增进对行为的理解,从而帮助儿童降低不适当的行为和增加学业上的表现。如,在教中学学生怎样评价自己所写的字是否工整时,伴随着自我评价和自我管理策略的实施,这些学生写字也会越来越工整,那么自我管理的目标就已经基本达到了。

在自我评价中,普通儿童常常会采用五级评分法(如数字 1~5 表示好、不太好、一般、差、非常差)或者直接用"好"或"不好"等评语来评估自己目标行为的完成情况。但是年幼儿童和特殊儿童在理解等级差异的时候可能会存在诸多困难,因此教师可以用笑脸或哭脸的图片来代表目标行为的完成和未完成,以简化评价的方式(如图 9-4)。

在学生进行自我评价之前,教师应该让学生明白什么行为是期望发生的,是"好"的或可以画上"笑脸"的行为,通常会采用教师模仿或学生模仿适当的行为或不适当的行为,然后教师教学生去区分这二者之间的不同。在诸多相关技术中,录像带被认为是最有效的帮助儿童分辨良好行为和不良行为差异的工具之一。克恩等(1995)发现录像带的使用能推动拒绝自我管理过程的重度情绪障碍人群的自我评价。③

(四) 自我强化

自我强化是指个人根据自己是否在规定期限内达到了预定的目标或表现出期望行为而对自己所做的奖励或惩罚,包括自我强化与自我惩罚。

自我强化可以有两种程序方法,一种是自我决定的强化,另一种是自我执行的强化④。前一种是由个案自己决定需要怎样的反应才能得到某种强化,由个案自己来决定何时给予这种强化以及给予多少这种强化。后一种是个案可以因为自己达到了某个预设的标准而自己给予自己强化,但是这个强化的标准不一定是由自己来决定,有可能是教师也有可能是家长。事实上,由个案自己决定何种情况下可以强化,以及给予何种强化比由他人决定的强化更能激发个案良好行为的形成。⑤ 特别是个案在参与制订自我强化方案的过程中能更好地学会管理自己的行为,逐渐通过他人的管理而转变为自我的管理。也有学者认为,自我管理的历程本身就能使个人获得成就感、满足感,其历程本身就是一种强化,有无强化物并不影响行为改变的结果。⑥

---

① Alberto,P. A.,Troutman,A. C.. Applied behavior analysis for teachers[M]. 5th ed. New Jersey:Prentice Hall,1999:443.
② 赖素华.自我管理策略对减少小学二年级学童攻击行为的影响[D].台北:台北教育大学特殊教育学系,2005:33.
③ Alberto,P. A.,Troutman,A. C.. Applied behavior analysis for teachers[M]. 5th ed. New Jersey:Prentice Hall,1999:445.
④ Kazdin,A. E.. 行为改变技术[M].陈千玉,译.台北:五南图书出版公司,1997:323.
⑤ Alberto,P. A.,Troutman,A. C.. Applied behavior analysis for teachers[M]. 5th ed. New Jersey:Prentice Hall,1999:446.
⑥ 赖素华.自我管理策略对减少小学二年级学童攻击行为的影响[D].台北:台北教育大学特殊教育学系,2005:34.

自我惩罚在自我管理中使用较少,以避免引起不好的负面效果。即使在使用自我惩罚的情况下,往往也需要结合自我强化的方案。例如,在个案完成任务时给予自我强化,当未完成任务时则进行自我惩罚。总的来说,自我惩罚的效果不如自我强化策略。

自我强化在实践中也被证明是非常有效的管理个体行为的策略。例如,自我强化被用于改善小学生写故事的行为。[①] 实验者规定参加实验的小学生要在一张特定的纸上记录句子的数目、不同形容词的使用次数以及不同动词的使用次数,自我记录并不能改善这项行为。但是在加上自我强化之后,小学生们被告知,他们写的句子每增加一句,就给自己一个点数。而这些点数可以用来交换一些活动,例如自由活动的时间,可以玩游戏、看书、看电视以及画画等;并且公布每个人写的故事。结果发现,在自我强化之下,句子的数目有明显的增加。更令人惊奇的是,故事的品质与故事的附加价值,也在自我强化的阶段评为较佳,而在基准线的阶段被评为较差。

特殊儿童自我强化的能力,会因个体的不同而有所差异,所以,教师在帮助特殊儿童建立或提高自我强化能力时方法也不尽相同。下面的技巧在实际的教学与训练过程中是非常实用的。

第一,让特殊儿童清楚地知道表现好可以获得奖赏,比如安静地坐十分钟可以给自己一朵小红花。

第二,和特殊儿童一起制定强化的标准。在与他们共同商量的情况下决定使用什么强化物,尽量鼓励特殊儿童大胆选择自己喜欢的物品作为对自己行为的强化,学生对强化物产生越高的期待就越会表现出良好的行为。

第三,在特殊儿童能够稳定地表现出良好行为并能够进行自我强化的时候,可以逐渐消退教师的辅导,或者对其不定期进行辅导以稳定学生的自我强化的实施。

四、如何教会特殊儿童实施有效的自我管理

当然,自我管理的策略远不止我们上面所介绍的几种,那么如何正确使用这些自我管理的策略,将其有效地应用在特殊学校的日常教学过程中,就需要教师根据当时的环境和特殊学生的特点设计出符合特殊儿童能力的自我管理教学方案,以发展和提高学生自我管理的能力。

例如,梅德兰(Medland)认为要使自我管理能够成功地融入教学过程中,教师必须针对教学过程、教学过程中的互动以及行为和技能的原理进行深入分析[②]。首先,教学过程要考虑到如何使用情境、条件、行为与结果这四种因素,使自我管理顺利发生。其次,在教学过程的互动方面,教师有责任尽量帮助特殊学生达成行为目标(也就是条件能够与行为相联系),这样学生才有兴趣继续参与到自我管理教学的过程中。在行为和结果的处理上,教学者要特别留意二者之间的关系,以免无意中强化了问题行为。具体的原则有以下几点。

第一,不定期地检查特殊儿童使用自我管理的情况,对于出现的问题及时进行调整。

第二,通过评估表来了解特殊学生的行为表现和自我管理策略使用情况的关系。

第三,一旦特殊儿童正确使用了自我管理,教师应立即对该其进行强化以维持该项行为。

第四,在实施自我管理策略的过程中,对特殊儿童行为的改变可以借助行为改变技术进行。

第五,教师在制订特殊儿童的自我管理方案时,应尽可能地让特殊儿童参与其中,让其

---

① Kazdin,A.E..行为改变技术[M].陈千玉,译.台北:五南图书出版公司,1997:324.
② 赖素华.自我管理策略对减少小学二年级学童攻击行为的影响[D].台北:台北教育大学特殊教育学系,2005:37.

明白在表现良好行为后,可以自己对自己进行何种奖励,引导其对自我管理产生浓厚兴趣。

特殊儿童在课堂中有效地管理自己的行为,将有助于创造一个充满生机与活力的新型课堂,不仅有助于提高教学质量,也有益于特殊学生自己的良好发展。因此,教师不仅要教会特殊学生自我管理的策略和具体实施办法,还应该在平时的课堂活动中鼓励特殊儿童多使用自我管理策略。具体可以从以下六个方面入手。

第一,建立亲密的师生关系。特殊学生在日常的教学活动中容易出现错误,教师应以宽容的态度、真挚的爱心和悦纳学生的情怀来帮助特殊儿童和教导特殊儿童,不要一味地苛责,以免引起其反感和自卑情绪。当特殊儿童出现问题时,教师应主动关心,并且乐于帮助,让学生能够体会到教师的关爱、温暖和尊重,对其提出的意见和新方法也较容易采纳和执行。

第二,当特殊儿童表现出不良行为时,要使特殊儿童清楚地认识到自己错在哪里,应该如何改正。

第三,逐渐引导特殊儿童独立判断自己的不良行为,并且鼓励其选择可替代的良好行为,以作为行为改变的努力目标。

第四,帮助特殊儿童制订修正计划。很多时候特殊儿童产生的问题行为源于他们并未意识到该行为是不当的,对行为发生的后果也没有仔细考虑。因此,教师必须适时地引导学生,帮助他们改正问题行为,并做出简便易行的自我管理计划。

第五,和特殊儿童一起制订自我管理方案,让特殊儿童通过自我管理方案来有计划地约束自己的行为。条件按照特殊儿童自己的意愿提出来的话,他们更容易珍惜和保持良好行为。

第六,在特殊儿童按照自我管理方案来约束自己的行为后,教师可以每天检查一次执行情况,对于做得好的教师要给予充分的肯定,让学生得到积极的强化,有利于其良好行为习惯的维持和巩固。

五、自我管理策略运用实例[①]

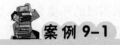
案例 9-1

> 万鹏今年12岁,是家里的独子,刚上初一就在全校出名了,每节课老师都要对其进行特殊关照。原来,万鹏在小学时就被确诊为多动症,但是家人以为多动的症状长大后会自动消除,于是没有对其采取控制和训练。到初一的时候,万鹏仍然坐卧不宁,时常干扰别人,连他自己也说不清楚为什么就是约束不了自己。有一次上课,别人都在读课文,他没有带书,于是跟邻桌同看。不久,就与邻桌吵起来了,还向同学吐唾沫。临下课的时候,大家都在抄练习题,他着急了,圆珠笔在手上翻筋斗,"啊……哈……"一声大叫,张扬着四肢就瘫坐在椅子上,看着同学们的惊异目光,他得意地笑起来了。
>
> 对于这样的情况,万鹏的父母非常着急,希望能改变他这些问题行为。为了帮助万鹏改善不良的行为习惯,他们和万鹏共同起草了一份自我管理方案,由万鹏亲自书写在纸上,父母希望通过这份自我管理方案对万鹏形成较好的自我约束力量。方案内容如图9-5所示。

---

① 王光晨.多动症儿童的自我管理方案[J].特殊教育,2000(12):31-32.

> 我——万鹏,同意遵守以下行为规范:
> 1. 在老师上课时不随便讲话。
> 2. 上课时不干扰别的同学。
> 3. 对同学要举止文明。
> 4. 每天完成家庭作业。
> 如果我在一天中成功地做到了以上行为,我就可以得到以下项目中的一项(由我自己选择):
> 1. 在完成学校任务后和同学一起打球。
> 2. 玩一个小时电脑游戏。
> 3. 选择一种自己喜爱的零食。
> 如果我在一周中成功地做到了以上行为,我就可以买一本喜欢的书。
> 如果我不能做到这些我所承诺的行为,我将会被取消以下活动:
> ——周日半天的足球队训练。
> 我同意尽我最大的努力,做到以上自我管理方案的内容。
> 签名:万鹏　　　父母签名:

图 9-5　万鹏与父母的契约书

本章小结

改变儿童的问题行为,除了对行为的具体前因和后果进行干预之外,最根本的办法就是儿童自身能力的提高,其中包括儿童的社会技能和自我管理的能力。

社会技能是个体在具体的生活情境中,以能被社会接纳的行为方式和他人进行正常的人际交往的能力。社会技能的缺乏会导致个体在社会适应过程中出现行为问题。社会技能的训练可以通过模仿、提示、塑造、行为预演、反馈、社会强化、在自然情境中实践以及消退等策略的结合使用来帮助儿童提高社会技能,改善问题行为。

自我管理是个体在目标实现过程中通过自己来规范和监督自己的行为,最终实现目标的过程,强调个体的自主性和独立性。自我管理运用于行为改变既可以改善儿童的问题行为,又能够帮助儿童维持良好的行为,并且广泛适用于各种能力的儿童。自我管理的训练包括以下过程:设定目标、自我监控、自我评价以及自我强化。

思考与练习

1. 在发展儿童社会技能的过程中,如何强化模仿的效果。
2. 举例说明提示法在社会技能训练中的运用。
3. 简要介绍两种社会技能训练方法。
4. 制订并实施一个自我管理方案来改变自己的一个不良习惯。

第10章 行为的泛化和维持

1. 理解行为泛化和维持的形态。
2. 掌握特殊儿童良好行为泛化和维持的方法和技巧。
3. 能独立设计恰当的行为泛化方案。

当一个在特定环境下学到的行为发生在其他的时间、地点以及其他人面前或者该行为以一种变化的反应形式出现时,我们将这种效果的延伸称为泛化(generalization)。泛化是"一种行为的改变,而这种改变不是直接教导的结果。泛化的结果可以是以下三种形式中的一个方面或几个方面:反应维持(response maintenance)、刺激/环境泛化(stimulus/setting generalization)和反应泛化(response generalization)"[①]。反应维持是指"当行为干预部分或完全终止以后,学习者还能像在干预活动中的反应一样,继续独立完成目标行为"[②]。刺激泛化或类化是指同一反应出现在与受训环境不一样的刺激、场所、时间和情境中,或是出现在不同的人面前。反应泛化是指"学习者表现出未经训练但与所训练的目标行为功能相同的反应"[③]。反应泛化时,"环境或情形没有变化,变化的仅是行为本身"[④]。教师和父母在设计有效的行为训练课程,必须同时考虑到刺激的泛化和反应的泛化。值得注意的是:如果一个学生在最初教学条件不同的环境下,不能表现出他已经学习过的学习技能时,我们就不能认为他的学习已经完成。例如,一个学生在教室里学会了1角等于10分,但他在商店购物时却不能表现出同样的行为,此时,我们就只能说这个学生还没有真正"理解"10分具体的含义。

第1节 泛化和维持的形态

一、反应维持

反应维持是行为干预撤除以后,行为干预的成效仍然继续存在。比如老师教琳琳自己整理书包,琳琳学会后,老师即不再进行干预,一个月后,不需要额外的教导和干预,琳琳仍然能自己整理书包。区别作为"行为测量标准(即因变量)的反应维持和以环境条件的名义

---

① Cooper, J. O., Heron, T. E., Heward, W. L.. Applied Behavior Analysis[M]. New Jersey: Pearson Education, 2007: 615.
② Zbid., P. 616-617.
③ Zbid., P. 620.
④ Bondy, A. S., Sulzer-Azaroff, B.. The pyramid approach to education in autism[M]. Newark: Pyramid Educational Products, 2002: 117.

存在的维持(自变量)"①是很重要的。反应维持的发生是环境条件改变的结果。有多种方法可以促进反应的维持:在获得技能过程中尽量减少错误,建立和维持流畅的反应,识别自然的相倚强化,设计一个有利于自然维持的环境。

在获得技能的过程中,无错误的训练(errorless training)是将错误减少到最小的一种方法。在无错训练中,会安排一系列的人为的区别性刺激,并逐渐地、谨慎地、系统地将这些刺激消退(fading)掉。所以刺激控制最后会转变为能自然引起反应的自然刺激。如果在特定的刺激安排下错误很少发生,那么以后发生错误的可能性也就很小,"即使那些已经建立起的行为不再被给予强化"②。

促进反应维持的另一个方法是建立和维持反应的流畅性。发展流畅性就是去强化行为循环发生的次数,让行为不断重复,直至流畅。有时候,教育者称之为"过度训练"或"过度学习"。当然,如果我们不能对这种"过度训练"进行有规律的强化时,那么它就是一种预防行为迅速恶化的方法(即第8章提到的过度矫正)。仅在某个时间点看到行为目标能完成是不够的,它必须要能正确地多次出现。这一原则能够用于我们所做的每一件事。用我们学习第二语言——法语作为例子。如果我们只是学习用法语发一个单词的音,而没有去重复它直到变得流畅和流利,那么几天以后,或是在不同的情境下,我们还是不会用这个单词。

识别自然的相倚强化是促进反应维持的另一种方法。在计划的最初阶段,我们常常用人为的强化来增加反应的比率。比如,我们可能会用食物、实际的物品,或者活动的强化物去教导一个儿童在同伴中发起一个游戏。然而值得注意的是,在这个过程中,同伴的反应就是自然的相倚强化。逐渐、系统地撤除人为强化物,而重点强调已经存在的自然相倚强化物,这样即使到后来我们停止使用人为的强化物,我们也能将这一技能维持很长一段时间。

促进反应维持的另外一种方法是设计一个有利于自然维持的环境。这主要包括教育者或父母系统的渐隐掉问题行为发生的前因,并调整强化物给予的时间、规律、数量和质量等。"如果要使一个新获得的行为,在你不再对它进行直接干预的时候依然持续发生,那么就要让自然的前因事件对它进行功能控制,而不是使用人为提示。"③例如,当一个自闭症儿童第一次学习对其他人说"嗨"时,如果别人问候他,他的父母就会经常提醒他说"嗨"。然而到最后,反应应该是受环境的要求所控制,也就是说让其产生反应的应该是其他人的口头问候,而不是父母的口头提示。

逐渐减少对行为的强化对维持某项反应来说是非常必要的。当我们第一次教导一个新技能时,常常会用到连续的强化。也就是说,任意一目标行为反应以后都会跟随一个特定的强化物。逐渐地,当反应的比率可以达到预定目标时,连续的强化就可以转变为固定比例(fixed ratio)或可变比例(variable ratio)的间歇强化。这个时候,我们就需要以观察数据来进行具体分析,以确定到底使用哪一种间歇强化。我们需要留意任何一个具有反弹迹象的数据,并依此系统地减少对行为的强化。

---

① Cooper,J.O.,Heron,T.E.,Heward,W.L.. Applied Behavior Analysis[M]. New Jersey: Pearson Education,2007: 616.

② Sulzer-Azaroff,B.,Mayer,R.G.. Behavior analysis for lasting change[M]. Orlando: Holt,Rinehart and Winston,1991: 522.

③ Ibid.,P.525.

沃克(Walker)和巴克利(Buckley)曾在当地学区的一个实验班里对48个有学业和行为问题的学生实施了一项综合代币方案。他们通过研究证实同伴的注意是影响这些学生学业和行为问题的条件之一。因此,他们重新调整了"同伴注意"的程序,如,仅仅是在目标学生表现出"好的,而非扰乱性行为"时同伴给予注意。另外,他们在实验室和普通班级设计了同等的刺激环境,还对教师进行了行为管理技术的培训。实验的结果是,这项代币方案的积极效果在训练之后得到了很好的维持。施以同伴注意(具有强化作用的自然后果)以及相同的刺激环境(渐隐掉前因事件)后,实验组恰当行为的平均百分数要显著高于控制组。

拉法萨奇斯(Lafasakis)和斯图梅(Sturmey)曾做过一项研究,他们教导三位家长运用离散实验教学法(discrete-trial teaching)去教导他们有发展障碍的孩子。这些家长在接受训练后不但可以用离散实验教学法教给他们的孩子新的技能,而且他们还能在家里维持孩子的这些技能。虽然可能有人说离散实验教学法对技能的维持可能不是最好的方法。然而在这个例子中,实验者却能够将家长作为"自然相倚强化物",去维持这些障碍儿童在自然环境中(在家里)的技能。

二、刺激泛化

当给一个自闭症的儿童展示一个红色的球、红色的正方形积木、红色的椅子等,他都能够辨别"红"色时,或者当一个儿童可以向他的父母、老师、同伴或祖父母要求他想要的东西或活动时,刺激的泛化就出现了。当一个已经学会识别钱币的儿童,能给商店的收银员恰当的零钱来购买食物时,这同样也是刺激泛化。这些都是刺激泛化的例子,在这些例子中,儿童在不同的刺激下(比如在其他的环境里、在其他的时间内或在其他人面前,又或在使用不同的材料时)都会产生相同的反应。

彼得斯托蒂尔(Petursdottir)、麦科马斯(McComas)、麦克马斯特(McMaster)和霍纳(Horner)曾使用同伴辅导读剧本的活动来增加儿童与同伴的社会互动。他们首先将一个5岁的自闭症男孩与一个普通儿童组成一组,并对他们进行每天20分钟的同伴辅导读剧本活动。在阅读活动之后,他们立刻安排20分钟的自由玩耍,这样,游戏这个相关刺激也被设计到阅读活动的程序中,结果在阅读活动中的社会互动也能够泛化到自由游戏时间。

琼斯(Jones)、菲利(Feeley)和塔卡什(Takacs)曾教给两个自闭症的幼儿三个在公众场合的反应。对第一个学生,试验者教他:(a)在别人打喷嚏时,说"上帝保佑你",作为这个反应的结果,那个人就会说"谢谢你";(b)在别人低声说话时,问"什么"作为这个反应的结果,那个人就会提高其音量重复其说过的话;(c)当别人的手臂被抓,在抽回手臂并说痛的时候,问"你还好吗"作为这个反应的结果,那人确认说他或她受伤并不严重。对第二个学生试验者教他:(a)当有人大声说话时,回应"嘘"作为这个反应的结果,那人放低其声音,重复其说的话;(b)当有人低声说话时,问"什么"作为这个反应的结果,那人提高其声音,重复其说的话;(c)当有人用手势表示"来这里"(如,朝自己挥手)时,回答说"来了"作为这个反应的结果,那人肯定儿童的反应(比如,说"真棒")。他们首先用离散实验教学法教导这些技能。然后,他们让一个没有参与这个教育团队的人,在非训练场所的无关的活动中(如,自由游戏等)呈现这些区别性刺激,以此来实现泛化。教育和泛化的结果是:当这些孩子在新环境、新活动中以及面对新人物时,如果被给予适当的区别性刺激,他们能够展示出适当的反应。

里夫(Reeve)、汤森(Townsend)、波尔森(Poulson)等曾教导四个自闭症的儿童在多重区别性刺激下作出"帮助反应"。在训练过程中,实验者用录像示范、提示和强化来教导"帮助反应"。比如,一个成人会呈现口语和非口语两种区别性刺激,如:擦拭一块白板并说"这个怎么这么脏"同时转转眼珠。此时,儿童就会被教导,首先问问"我可以帮你吗",同时用抹布擦白板以帮助做清洁。"帮助反应"包括:清洁、替换损坏的物品、捡起物品、整理物品、寻找物品、拿东西、扔东西、开始一个活动。结果,无论是在新环境里还是在新的训练者面前,当被给予新的或熟悉的辨别性刺激时,儿童都能出现帮助性行为。

三、反应泛化

反应泛化是指学习者表现出未经训练但与所训练的目标行为功能相同的反应。换句话说,一种行为的改变或养成,会造成另一种不在干预计划之内的行为的改变或养成,而这种不在干预计划之内的行为,与计划内的目标行为具有相同的功能。比如,一个儿童被问到"你叫什么名字"时,能够做出口头回答"我的名字叫马太"。除此之外,当听到同样的问题时,他还能写下来"我的名字叫马太",这就是反应的泛化。我们经常能看见这样的泛化现象:当我们在强化一个操作行为时,"另一个操作行为也得到迅速增强,在训练某方面的行为技能时,另一方面的表现也得以增加"[①]。

马克尔(Marckel)、尼夫(Neef)和弗雷里(Ferreri)曾教导两个使用图片交换沟通系统(Picture Exchange Communication System,简称PECS)进行沟通的自闭症的幼儿,用描述符号[②](descriptors)而不是其他特定图片来要求期望的物品。在这个研究中,之所以选择这两个自闭症男孩,是因为他们具有以下能力:(1)会使用颜色和形状,能进行配对;(2)能独立运用图片交换沟通系统提出要求。实验者首先对他们进行了临场反应训练,对每个被试,他们使用了不同的指令,循序渐进地教给他们三种(功能、颜色、形状)描述符号的使用。当学生能够使用以前教过的一种或多种描述符号独立做出临场反应,并且90%的反应都达到标准时,就会训练他使用另一种新的描述符号。比如说,当儿童对功能描述符号的使用已经达到标准时,就会教给他颜色描述符号的使用。而当颜色和功能描述符号的临场使用达到要求时,就会给予他用描述符号要求的物品作为强化。当每一种描述符号的使用都达到标准以后,就可以用未经训练的物品进行泛化的测验。例如,如果一个儿童没有"奥利奥奶油夹心饼干"的图片,但他会给老师"我要吃'黑色的''圆形的'"图片时(吃、黑色、圆形就是奥利奥奶油夹心饼干功能、颜色、形状的三种描述符号),就被认为是用描述符号要求新的物品的泛化。

第2节 促进泛化的技巧及案例

斯托克斯(Stokes)和贝尔将泛化定义为:"在训练情境中出现的行为,能在非训练条件或不同的情境中也会出现。非训练条件或情境包括不同的人、物品或材料、环境和刺激、强

---

① Skinner,B. F.. Science and human behavior[M]. New York:The Macmillan Company,1953:94.
② 对物品的功能、颜色和形状进行描绘的图片。

化物和材料等。因此,当一个行为不再需要额外的训练去改变它时,或者即使需要额外的训练,但训练的程度和范围明显少于最初的直接干预时,就需要进行行为的泛化了。当然,特定行为在不该发生时不表现出来也是非常重要的。"①

一、促进泛化的技巧

一般而言,评估或设计泛化程序可以遵循下列八项原则:循序渐进的修正(sequential modification)、运用自然强化(introduce to natural maintaining conditions)、教导足够的范例(training sufficient exemplars)、弹性化的训练(train loosely)、运用非区别性的后效关联(use indiscriminable contingencies)、安排共同的刺激(program common stimuli)、使用中介措施(mediating generalization)、训练泛化的能力(training "to generalize")。

1. 循序渐进的修正

这一策略经常在泛化还未形成或泛化不足的情境中使用。"针对每一个还未产生泛化反应的情境,设计恰当的循序渐进程序,以获得期望的行为。"②例如,教一个障碍儿童使用复杂句就期望的东西或活动提出口头要求。但这些技巧并没有泛化到家里或是教室里,除非在这些情境下训练过这些技能。所以,我们会设计各种情境下的训练程序,循序渐进地将一个情境下的行为,类化或转移到所有预期该行为的各种情境中。

2. 运用自然强化

这其实也描述了泛化的机制和过程,将行为从由老师或实验者控制,转化为由自然强化物所控制。③ 也就是说,当进行训练和教学时,运用自然线索的刺激和提示,以及自然情境的强化结果,使学习者能在自然环境的控制下出现习得的行为。如,让儿童感受到养成良好的卫生习惯后,身体会感到很舒服,这就是自然强化。在贝尔和沃尔夫的研究中,他们曾通过发动其他人与一个学前儿童互动,并强化适当的互动行为,由此而提高了该儿童的熟练互动行为。而且,这种互动行为在训练和强化结束以后,还持续了很长一段时间。这其中的一个假设就是,互动行为的自然后果已经控制了被试的行为。所以,如果要对这个儿童的互动行为进行泛化,只需要在幼儿园的日常游戏和活动中运用相同的自然强化物就可以了。

3. 教导足够的范例

正如斯托克斯所说"如果在泛化课程中教导了一个例子,其结果仅是就掌握了这个例子却没有产生泛化的话,那么让其产生泛化最好的方法就是再教他同一泛化课程的另一个例子,再一个例子,以此类推,直到泛化形成"④。这也许是设计泛化计划最有价值的一个地方。范例是指那些包含重要刺激或反应特征的例子。比如,一个教师可以教障碍学生如何"玩"玩具。她可以通过示范和提示教学生玩玩具船、飞机、火车或汽车。她可以不断地用各种玩具教他怎么玩,直到学生开始将他们玩玩具的技能泛化到其他新玩具上。

---

① Stoke,T. F.,Baer,D.. An implicit technology of generalization[J]. Journal of Applied Behavior Analysis,1977(10):349-367.

② Zbid.

③ Zbid.

④ Zbid.

4. 弹性化的训练

这是一个相对简单的泛化技术。它是指"在刺激已经呈现,或正确反应允许的情况下,相对减少对行为的控制,这样目标行为迁移到其他情境,或泛化为其他形式出现的概率就会大大增加"①。在弹性化的训练过程中有许多机会可对学生进行随机训练。例如,一个教师不仅可以设计正式的教学计划,教导学生使用如颜色和形状之类的描述符号对图片进行描述,还可以在学生玩各种不同的玩具时,问他们:"你想要哪一个?是这个红色的大卡车还是那个蓝色的小汽车?"以此来教他们颜色和形状。另外,当一个学生向她要水喝时,这个老师就可以告诉学生去拿"一个上面有小星星的小杯子"。按照叙尔泽·阿扎罗夫的说法"随机教学(incidental teaching)能成功促进泛化,是因为它融入了弹性化训练的原理,允许学生有许多机会去尝试各种不同刺激环境下的相关活动"②。

5. 运用非区别性的后效关联

非区别性的后效关联是指儿童无法区分他的下一个反应是否会得到强化。非区别性的后效关联会促进泛化,而清楚的、特定的刺激会促进区别强化。非区别性的后效关联与间歇强化有直接的关系。如果实施间歇强化,那么行为消退的可能性就会降低。这种消退的抑制从时间这个角度上来说也是一种泛化。依据斯托克斯所说:"间歇强化的本质特征就是它们是不可预测——儿童难以预测和区辨强化何时会发生以及什么行为会被强化。这样,如果强化、惩罚或环境事件的后效关联是非区别性的,那么泛化就可以被观察到了。"③在施华兹(Schwarz)和霍金斯(Hawkins)所做的研究中,他们用录像带录下了一个六年级儿童在数学和拼写课中的行为。每天放学后,他们便将数学课的录像带放给该儿童看,并根据录像上所记录的良好的坐姿、恰当的谈话音量对他给予奖励。尽管强化物的给予是以在数学课上的行为表现为基础的,但这个儿童在拼写课上也表现出令人满意的改变。斯托克斯认为此研究的成功在于:运用了部分的、自然的、非区别性的后效关联。

6. 安排共同的刺激

在运用此项泛化技术时,需要在训练和泛化情境中使用相同的刺激内容。林卡夫(Rincover)和凯格尔(Koegel)曾训练自闭症儿童模仿他人的手势和活动。然而,10个参与者中有4个不能将这项技能泛化到其他不同的情境中去。于是,试验者便将一些相似的训练程序(如移动手臂)和训练环境(桌子、椅子)引到泛化情境中,以此来对他们进行泛化训练。当年轻的大学毕业生在准备他们的第一次面试时,也会用到"共同刺激"。他们用"角色扮演"或"排练"的方式(比如,让他们的朋友装扮成老板,问一些面试中常问的问题,或者排练一些面试过程中常用的身体语言或手势)以此来提高面试的成功率。这是泛化常用到的方法。

7. 使用中介措施

在这个程序中,它要求建立一种反应,这种反应是新的学习行为的一部分,但它很可能

---

① Stoke,T. F.,Baer,D.. An implicit technology of generalization[J]. Journal of Applied Behavior Analysis,1977(10):349-367.

② Sulzer-Azaroff,B.,Mayer,R. G.. Behavior analysis for lasting change[M]. Orlando:Holt,Rinehart and Winston,1991:511.

③ Stoke,T. F.,Baer,D.. An implicit technology of generalization[J]. Journal of Applied Behavior Analysis,1977(10):349-367.

被用来解决别的问题,这对以往的学习和新问题的解决都很有效,其最后的结果就是泛化。这种泛化的中介可以是一种物理性的刺激,也可以是个体表现的行为。这种中介对目标行为具有控制作用,所以当中介出现时,行为就可以泛化到别的情境当中去。实质上,这个策略主要是教导人们通过自我指导(如自我记录、自我监控)来对他们的技能进行泛化。比如,一个儿童在训练室里学习了拍球,训练者要求他回到家里也练习拍球,但是这个儿童回家以后经常忘记,为了将拍球技术泛化到训练室之外,训练者指导他进行自我记录,即在家里放一张纸,记录练习的次数。此记录单和记录行为就是泛化的中介,促使儿童在训练室之外做练习。另外,这个策略也会使用"一致性训练"(correspondence training)以使某些外在的、明显的行为为规则所控制。比如,在里斯利和哈特(Hart)的研究中,他们曾教导学前的孩子在游戏结束时报告他们在游戏中都选择了哪些游戏材料。开始的时候,只要儿童提到了一种特别的游戏材料,就会给予他一份小吃作为强化。到后来,强化的给予更严格了,只有当儿童所报告的游戏材料,真的是他在游戏中所选择的时,才会被给予强化(即说和做之间要一致)。这时,儿童相应地也改变了他们的游戏行为(第二天),当被问到那些游戏时,他们都能真实地回答他们所选择的游戏材料,以此来获得强化物。斯托克斯建议说,如果儿童没有口语能力,或口语能力较差,就应该充分地训练他们的言语技能,以此来充当非言语行为的中介,这是另外一种提高泛化技巧的方法。

8. 训练泛化的能力

正如斯托克斯所说,"如果泛化仅被认为是一种单纯的反应,那么间歇强化就可以取代它,其他任何一种操作反应也可以取代它"①,所以,泛化是一种能力。我们经常可以看到老师们鼓励学生用刚从某个例子中学到的普遍原理去理解另外一个例子。例如,当你从某件事物上学到了一个新的行为分析法则,你将它应用到你自己的工作、学校和家庭生活上,这就是泛化的能力。在很多研究中,为了提升被试的泛化能力,试验者通常只在被试表现出泛化的倾向而不仅是停留在某一点时,给予他们强化。如,当教授儿童用积木去搭建积木造型并泛化这项技能时,只有在他们搭建的造型与原来的造型不一样时才给予强化。

二、促进泛化的实例②

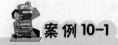

案例 10-1

个案基本情况

豆豆是一个4岁的男孩,由于在学校总不听指令、上课不听讲并且经常攻击别的小朋友,因此,他成了老师头痛的对象,豆豆回到家里也不能安静,不听家长话。每当老师和家长对他提出要求时他就开始到处乱跑,他的行为已经严重影响了自己的学习和生活,同时也影响了班级的正常教学和秩序。

---

① Stoke,T. F.,Baer,D.. An implicit technology of generalization[J]. Journal of Applied Behavior Analysis,1977(10):349-367.

② 本案例由武汉麟洁健康咨询中心孔娟、黄艳钦提供。

个案问题行为的分析

豆豆问题行为产生的原因是,豆豆是一个从小备受关注的孩子,在幼儿园由于老师需要管理很多的孩子,很难把注意力都集中在他一个人身上,而每当老师提出要求,在他不听指令或出现一些多动行为时,老师就开始关注他;在与小朋友交往时,他没有足够的语言和正确的方式来表达自己内心的感受,所以他只好以推人、打人等一些不恰当的方式来表达自己的生气或喜爱,而每当他多动和攻击别的小朋友时,老师就会开始关注他,给予他更多的注意。因此,他总是通过问题行为的表现来吸引老师的注意力,而每次表现问题行为后,老师的关注又再次强化了他的问题行为。在家里,由于家长的教育方法和教学方式不恰当和没有满足他的兴趣,所以每当对他提出要求时他就开始逃避。

个案问题行为的处理

针对豆豆的问题行为,在对其进行矫正的过程中,首先从家里开始,采用前因控制,即改变豆豆所处的环境。为豆豆制定时间表,让他学会安排和管理自己的时间,从而减少豆豆多动的行为,同时只要豆豆表现出良好的行为,如安静地玩积木、独立地完成自我服务任务(如刷牙、穿衣服等)时,就积极地关注他并给予他很大的奖励。在社区和同伴玩耍时,当发现豆豆要表现出攻击行为时,立即跑过去抓住他的手,告诉他:"不可以,会痛的。"然后询问他,"是不是想和小朋友玩?""是不是小朋友抢了你的玩具,不开心呀?"同时教会他如何用正确的方式表达自己的感受,只要他表现出好的行为就给予他奖励。

其次,找出适应性的替代行为。在豆豆的个案中,替代行为包括:用正确的表达方式与小朋友交流,一起做游戏并遵守游戏规则;轮流玩儿;在游戏中与同伴交往并教会他一些社会交往技能。为了帮助豆豆掌握这些替代行为,心理辅导老师对其进行了两周的行为技能训练课程,结合示范和社会强化的策略来促进其行为技能的掌握。

另外,在训练过程中,辅导员教导家长采取隔离法来抑制豆豆问题行为的出现。当豆豆出现问题行为时,即让他离开活动场所,协助其安静下来,直到他认错。

促进良好行为的泛化

当豆豆已经可以在家里控制自己的挑衅行为时,我们并不能说他的问题行为得到了全面改变。我们还应该考虑到将其表现出的良好行为泛化到幼儿园和其他场合。在训练豆豆的过程中,我们使用了大量的促使行为改变泛化的策略。

1. 对泛化的表现给予强化

当老师和家长对豆豆在幼儿园、家中以及所有他与同伴接触的地方表现出社会适应性行为即未出现挑衅行为时给予表扬,及时对泛化的出现给予强化。

2. 运用足够的范例

心理辅导老师在小组训练课程中教授豆豆一些社会技能,并以角色扮演的方式引入大量问题情境的模式。让豆豆和其他孩子排练社会适应性行为,以便掌握这些技能用于学校或家庭等任何可能出现问题的地方。

3. 运用自然强化

心理辅导老师教给豆豆大量的更适宜与同伴相处的社会技能。教他学会怎样用恰当的方式与同伴玩、说话,以及如何更多地表现更恰当的社会技能。由于他的行为产生了改变,同伴们便对他表现出了积极的回应和良好的反应,使其得到更多的自然强化,豆豆也因此更易采用这些技能。

4. 使用共同的刺激

由于豆豆在训练小组里和其他同龄孩子们一起学习社会适应性技能,那么共同刺激也就自然地加进了训练中。共同刺激是指那些与豆豆一起练习社会适应性行为的孩子。由于豆豆与其他同龄孩子一起学习并练习,所以,更有可能在训练班以外与同伴们在一起的场合表现这些技能。

5. 使用中介措施

这是一种促进泛化的策略,可以教给豆豆简单的自我指令,让他在沟通或游戏中用自我暗示或自我提示的方法控制自己的情绪以适应性行为取代寻衅行为和发脾气等行为。例如,心理辅导老师教给他这样的短语"没关系,下一次我能赢""我是有礼貌的孩子"等。在各种场景的反复实践后,豆豆便在训练课外的相关场景中,更多地使用自我指令来控制行为。

 本章小结

当一个在特定环境下学到的行为发生在其他的时间、地点、其他人面前或者该行为以一种变化的反应形式出现时,我们将这种效果的延伸称为泛化。在本章中,我们界定并论述了行为分析中的三个原则:反应维持,刺激泛化和反应泛化。反应维持是指当行为训练终止以后,一个学习者还能像在训练中的反应一样,继续独立地达到目标的行为。刺激泛化是指同一反应出现在与受训环境不一样的刺激、场所、时间和情境中,或是出现在不同的人面前。反应泛化是指学习者表现出未经训练但与所训练的目标行为功能相同的反应。我们同样还阐述了斯托克斯和贝尔提出的八种特别的技术来提升泛化:循序渐进的修正、运用自然强化、教导足够的范例、弹性化的训练、运用非区别性的后效关联、安排共同的刺激、使用中介措施以及训练泛化的能力。

 思考与练习

1. 什么是反应维持?
2. 什么是反应泛化?
3. 什么是刺激泛化?
4. 如何区分反应泛化和刺激泛化?
5. 我们什么时候开始设计泛化程序?
6. Stoke 和 Bare 提出的促进泛化的八个方法是什么?
7. 为什么在制订行为干预方案时设计泛化程序非常重要?

附 录

附录1: 阿肯巴克儿童行为量表(CBCL)[①]

(家长用,适用于4~16岁儿童)

第一部分: 一般项目

儿童姓名:　　　　　　　　　　性别: 男　女　　年龄:
出生日期:　　年　月　日　　　　年级:　　　　　　种族:
父母职业(请填具体)
父亲职业:　　　　　　　　　　　母亲职业:
填表人: 父　母　其他人:
填表日期: 年　月　日

第二部分: 社会能力(略)

第三部分: 行为问题

以下是描述您孩子的项目,只根据最近半年内的情况描述。每一项后面都有三个数字(0,1,2),如您孩子明显有或经常有此项表现,圈2;如轻度有或有时有此项表现,圈1;如无此项表现,圈0。

1. 行为幼稚与其年龄不符	0	1	2
2. 过敏性症状(填具体表现)	0	1	2
3. 喜欢争论	0	1	2
4. 哮喘病	0	1	2
5. 举动像异性	0	1	2
6. 随地大便	0	1	2
7. 喜欢吹牛或自夸	0	1	2
8. 精神不能集中,注意力不能持久	0	1	2
9. 总是在想某些事情不能摆脱,强迫观念	0	1	2
10. 坐立不安或活动过多	0	1	2
11. 喜欢缠着大人或过分依赖	0	1	2

[①] 汪向东. 心理卫生评定量表手册[J]. 中国心理卫生杂志1993年增刊. 1993;58-61.

12. 常说感到寂寞	0	1	2
13. 糊里糊涂,如在云里雾中	0	1	2
14. 常常哭叫	0	1	2
15. 虐待动物	0	1	2
16. 虐待、欺侮别人或吝啬	0	1	2
17. 好做白日梦或呆想	0	1	2
18. 故意伤害自己或企图自杀	0	1	2
19. 需要别人经常注意自己	0	1	2
20. 破坏自己的东西	0	1	2
21. 破坏家里或其他儿童的东西	0	1	2
22. 在家不听话	0	1	2
23. 在校不听话	0	1	2
24. 不肯好好吃饭	0	1	2
25. 不与其他儿童相处	0	1	2
26. 有不良行为后不感到内疚	0	1	2
27. 易嫉妒	0	1	2
28. 吃喝不能作为食物的东西	0	1	2
29. 怕上学	0	1	2
30. 除怕上学外,还怕某些动物、处境或地方	0	1	2
31. 怕自己有坏念头或做坏事	0	1	2
32. 觉得自己必须十全十美	0	1	2
33. 觉得或抱怨没有人喜欢自己	0	1	2
34. 觉得别人存心作弄自己	0	1	2
35. 觉得自己无用或有自卑感	0	1	2
36. 身体经常被弄伤,容易出事故	0	1	2
37. 经常打架	0	1	2
38. 常被人戏弄	0	1	2
39. 爱和惹麻烦的儿童在一起	0	1	2
40. 易听到某些实际上没有的声音	0	1	2
41. 冲动或行为粗鲁	0	1	2
42. 喜欢孤独	0	1	2
43. 撒谎或欺骗	0	1	2
44. 咬指甲	0	1	2
45. 神经过敏,容易激动或紧张	0	1	2
46. 动作紧张或带有抽动性	0	1	2
47. 做噩梦	0	1	2
48. 不被其他儿童喜欢	0	1	2

49. 便秘	0	1	2
50. 过度恐惧或担心	0	1	2
51. 感到头昏	0	1	2
52. 过分内疚	0	1	2
53. 吃得过多	0	1	2
54. 过分疲劳	0	1	2
55. 身体过重	0	1	2
56. 找不出原因的躯体症状			
a. 疼痛	0	1	2
b. 头痛	0	1	2
c. 恶心想吐	0	1	2
d. 眼睛有问题（不包括近视及器质性眼病）	0	1	2
e. 发疹或患其他皮肤病	0	1	2
f. 腹部疼痛或绞痛	0	1	2
g. 呕吐	0	1	2
h. 其他（说明内容）	0	1	2
57. 对他人身体进行攻击	0	1	2
58. 挖鼻孔或抓挠身体其他部分皮肤	0	1	2
59. 公开玩弄自己的生殖器	0	1	2
60. 过多地玩弄自己的生殖器	0	1	2
61. 功课差	0	1	2
62. 动作不灵活	0	1	2
63. 喜欢和年龄较大的儿童在一起	0	1	2
64. 喜欢和年龄较小的儿童在一起	0	1	2
65. 不肯说话	0	1	2
66. 不断重复某些动作，有强迫行为（说明内容）	0	1	2
67. 离家出走	0	1	2
68. 经常尖叫	0	1	2
69. 有事不说出来，憋在心里	0	1	2
70. 看到某些实际上没有的东西	0	1	2
71. 感到不自然或容易发窘	0	1	2
72. 玩火（注：包括玩火柴或打火机等）	0	1	2
73. 有性方面的问题	0	1	2
74. 夸耀自己或胡闹	0	1	2
75. 害羞或胆小	0	1	2
76. 比大多数孩子睡得少	0	1	2
77. 比大多数孩子睡得多（不包括赖床）	0	1	2

78. 玩弄粪便	0	1	2
79. 言语有问题（如口齿不清）	0	1	2
80. 茫然凝视	0	1	2
81. 在家偷东西	0	1	2
82. 在外偷东西	0	1	2
83. 收藏自己不需要的东西（不含集邮等爱好）	0	1	2
84. 有怪异行为（不包括其他条目已提及者）	0	1	2
85. 有怪异想法（不包括其他条目已提及者）	0	1	2
86. 固执、绷着脸或容易激怒	0	1	2
87. 情绪突然变化	0	1	2
88. 常常生气	0	1	2
89. 多疑	0	1	2
90. 咒骂或讲粗话	0	1	2
91. 扬言要自杀	0	1	2
92. 说梦话或有梦游现象	0	1	2
93. 话太多	0	1	2
94. 常戏弄他人	0	1	2
95. 乱发脾气或脾气暴躁	0	1	2
96. 对性的问题想得太多	0	1	2
97. 威胁他人	0	1	2
98. 吮吸大拇指	0	1	2
99. 过分要求整齐清洁	0	1	2
100. 睡眠不好（说明内容）	0	1	2
101. 逃学	0	1	2
102. 不够活跃，动作迟钝或精力不足	0	1	2
103. 闷闷不乐，悲伤或抑郁	0	1	2
104. 说话声音特别大	0	1	2
105. 喝酒或使用成瘾药	0	1	2
106. 损坏公物	0	1	2
107. 白天遗尿	0	1	2
108. 夜间遗尿	0	1	2
109. 爱哭诉	0	1	2
110. 希望成为异性	0	1	2
111. 孤独、不合群	0	1	2
112. 忧虑重重	0	1	2
113. 其他问题（说明内容）	0	1	2

附录 2：行为问题调查表[①]

受评者：_____　　性别：□ 男　□ 女　　年龄：_____岁（或_____年级）
障碍类别：_____　评量者：_____　（与受评者关系：_____）
评量日期：_____

◎ 填答说明

以下六大类、45 小类行为问题，如果受评者有此类行为问题，请在前面的□打√，并在后面的空格内具体描述受评者的行为问题。如果受评者的行为问题不属于此 45 小类，请在其他行为问题前面的□打√，并具体描述出。

次数的评量标准：[1 分]一个月一次；[2 分]一个星期一次；[3 分]一天一次；
　　　　　　　　[4 分]一天十次；[5 分]一天五十次以上。
时间的评量标准：[1 分]一天十分钟以下；[2 分]一天一小时；[3 分]一天两小时；
　　　　　　　　[4 分]一天四小时；[5 分]一天八小时以上。
强度的评量标准：[1 分]极轻微（行为出现了，但对日常生活并无妨碍）；
　　　　　　　　[2 分]轻度（行为对日常生活已造成些许妨碍）；
　　　　　　　　[3 分]中度（行为已妨碍到日常生活，甚至影响他人对个体的接受度，不容忽视）；
　　　　　　　　[4 分]重度（行为已严重妨碍日常生活，威胁到个人或他人的安全，因此别人必须采取行动来防范或制止）；
　　　　　　　　[5 分]极重度（行为已极度严重地妨碍日常生活，威胁到个人或他人的安全，且伤害已经发生，个体已失去控制，因此须别人全天候的监视）。

行为问题的类别	具体描述	次数	时间	强度	计分
一、固着行为					
□1. 动作的固着行为	_____	_____	_____	_____	_____
□2. 口语的固着行为	_____	_____	_____	_____	_____
□3. 强迫性的收集行为	_____	_____	_____	_____	_____
□4. 不当的恋物行为	_____	_____	_____	_____	_____
□5. 固定形式而抗拒改变的行为	_____	_____	_____	_____	_____
□6. 其他	_____	_____	_____	_____	_____

[①] 钮文英.身心障碍者行为问题处理——正向行为支持取向[M].新北：心理出版社,2001:420-423.

行为问题的类别	具体描述	次数	时间	强度	计分
二、自伤行为					
☐1. 自打、撞击					
☐2. 咬、吸吮身体部位					
☐3. 抓、拔、扭、挤、拉、抠、搓、刺、挖、扯身体部位					
☐4. 吞吐					
☐5. 其他					
三、攻击行为					
☐1. 身体的攻击					
☐2. 口语攻击					
☐3. 对物品的攻击					
☐4. 消极的抵制或是不听话的反抗行为					
☐5. 其他					
四、不适当的社会行为					
☐1. 逃学或旷课					
☐2. 离家出走					
☐3. 说谎或欺骗					
☐4. 偷窃					
☐5. 不专心					
☐6. 活动过多					
☐7. 在公众场合脱衣服					
☐8. 在公众场合大小便					
☐9. 表现出不适当的社交行为(如对他人不当的碰触)					
☐10. 不适当的性行为(如公开手淫、乱伦)					
☐11. 其他					

行为问题的类别	具体描述	次数	时间	强度	计分
五、特殊情绪困扰					
□1. 忧郁症	_____	_____	_____	_____	_____
□2. 泛虑症	_____	_____	_____	_____	_____
□3. 分离焦虑症	_____	_____	_____	_____	_____
□4. 特殊恐惧症	_____	_____	_____	_____	_____
□5. 社交恐惧症	_____	_____	_____	_____	_____
□6. 恐慌症	_____	_____	_____	_____	_____
□7. 强迫症	_____	_____	_____	_____	_____
□8. 压力症	_____	_____	_____	_____	_____
□9. 其他	_____	_____	_____	_____	_____
六、身体调节异常					
1. 饮食异常					
□(1) 反刍	_____	_____	_____	_____	_____
□(2) 异食	_____	_____	_____	_____	_____
□(3) 厌食	_____	_____	_____	_____	_____
□(4) 贪食	_____	_____	_____	_____	_____
□(5) 肥胖症	_____	_____	_____	_____	_____
2. 排泄异常					
□(1) 遗尿	_____	_____	_____	_____	_____
□(2) 大便失禁	_____	_____	_____	_____	_____
3. 睡眠异常					
□(1) 失眠	_____	_____	_____	_____	_____
□(2) 嗜睡	_____	_____	_____	_____	_____
□(3) 睡醒作息的异常	_____	_____	_____	_____	_____
□(4) 与呼吸有关的睡眠异常	_____	_____	_____	_____	_____
□(5) 梦游	_____	_____	_____	_____	_____
□(6) 睡眠惊恐症	_____	_____	_____	_____	_____
□(7) 梦魇	_____	_____	_____	_____	_____
4. 其他	_____	_____	_____	_____	_____

附录3：问题行为评量表[①]

评量说明：每一项问题行为的评量要用次数的度量或持续时间的度量（两者选其一），然后加上强度的度量。

次数或持续时间的度量×强度的度量＝该项问题行为的评量分数。

次数的度量是：1. 一个月一次；2. 一个星期一次；3. 一天一次；4. 一天十次；
　　　　　　　5. 一天五十次以上。

持续时间的度量是：1. 一天十分钟以下；2. 一天一小时；3. 一天两小时；
　　　　　　　　　4. 一天四小时；5. 一天八小时以上。

强度的度量是：1. 极轻微（行为出现了，但对日常生活并无妨碍）；
　　　　　　　2. 轻度（行为已妨碍到日常生活，个案必须有人不断地看顾，他的行为不容忽视）；
　　　　　　　3. 中度（行为已严重妨碍日常生活，个案的行为威胁到他个人或别人的安全，他已失去控制）；
　　　　　　　4. 重度（个案需要全天候的监视或看护，大部分的日常生活已经停顿，因此需要别人代劳，安全是最大的顾虑，或是伤害已发生）。

例如：过去一个月来，某儿童平均一天咬手一次，大约一半的咬手行为会留下牙齿的痕迹，另一半会咬破皮肉而且流血，因此，该儿童在家时，家里的人要很小心地看护他。这种行为的次数属于3（一天一次），强度属于3（中度），3乘以3是9，这是他问题行为的评量。

个案编号：
个案姓名 _____　　　　　　评量日期 _____
评量人员 _____　　　　　　评量地点 _____

问题行为类别	评量分数
一、攻击性和破坏性的行为	____ 142 ____
二、不服从不合作的行为	____ 78 ____
三、怪异的性行为	____ 0 ____
四、不适当的言行举止	____ 10 ____
五、不适当的社会行为	____ 93 ____
六、退缩	____ 0 ____
七、反复而无意义的动作或奇异的举止	____ 14 ____
八、怪异的习惯	____ 10 ____
九、过分活动	____ 6 ____
十、自我伤害行为	____ 90 ____
总计	_____

[①] 取材自明尼苏达州剑城养护中心所使用的评量表. http://teacher.ttcps.tpc.edu.tw/～consult/specialE/act/%B0%DD%C3D%A6%E6%AC%B0%B5%FB%B6q%AA%ED.doc

具体行为的界定

一、攻击性和破坏性的行为	次数	时间长度	强度	评分
1. 摆出恫吓的姿势				
2. 间接地造成别人身体受伤害				
3. 向人吐口水				
4. 推人,抓人皮肤,捏人皮肤				
5. 抓人头发或耳朵等				
6. 踢人或打人等				
7. 用东西丢人				
8. 咬人				
9. 扼住别人喉咙				
10. 用东西作为武器来攻击别人				
11. 伤害动物				
12. 撕破自己的衣服				
13. 撕破别人的衣服				
14. 打破窗户的玻璃				
15. 破坏家具				
16. 破坏自己的用品				
17. 用粗话骂人				
18. 大声叫喊威胁他人的安全				
19. 纵火或企图纵火				
20. 其他(指出行为)_____				

合计 _____

二、不服从不合作的行为	次数	时间长度	强度	评分
1. 给他一个指令他就会发脾气				
2. 对交代的事漠不关心				
3. 拒绝从事指定的工作或功课				
4. 迟疑或拖延指定的功课或工作				
5. 延迟到达指定地点或从事交代的活动				
6. 在指定的时间内未回到原来的地方				
7. 未经许可擅自离开工作岗位				
8. 无故缺席				
9. 晚出不归或延迟归返				
10. 逃走或企图逃走				
11. 擅自离开团体活动				
12. 逃学				

13. 其他（指出行为）＿＿＿＿＿＿＿ ＿＿＿＿ ＿＿＿＿

合计＿＿＿＿

三、怪异的性行为	次数	时间长度	强度	评分
1. 在公众场合公开手淫				
2. 在公众场合或在窗口脱掉衣服				
3. 未经许可向人动手动脚				
4. 企图向人动手动脚				
5. 在公众场合发生性关系				
6. 诱拐他人				
7. 其他（指出行为）＿＿＿＿＿＿＿				

合计＿＿＿＿

四、不适当的言行举止	次数	时间长度	强度	评分
1. 向别人亲吻或舔、闻				
2. 随便向别人拥抱或是其他身体的接触				
3. 触摸别人的身体				
4. 向人纠缠而不让人离开				
5. 无故傻笑				
6. 大声自言自语				
7. 发出恼人的怪声				
8. 重复一些字或一些话				
9. 复述别人的话				
10. 其他（指出行为）＿＿＿＿＿＿＿				

合计＿＿＿＿

五、不适当的社会行为	次数	时间长度	强度	评分
1. 拿走别人的东西（东西未锁起来）				
2. 偷走别人的东西（虽然东西上锁）				
3. 对事情说谎				
4. 对自己的情形说谎				
5. 对别人的情形说谎				
6. 散布谣言				
7. 取笑或欺侮别人				
8. 支使别人				
9. 要别人供其利用				
10. 作弄别人				
11. 大声喊叫				

12. 用力踩脚、关门、摔东西　　　＿＿＿＿　＿＿＿＿　＿＿＿＿　＿＿＿＿

13. 在地上打滚　　　　　　　　　＿＿＿＿　＿＿＿＿　＿＿＿＿　＿＿＿＿

14. 唆使别人打斗　　　　　　　　＿＿＿＿　＿＿＿＿　＿＿＿＿　＿＿＿＿

15. 陷害别人　　　　　　　　　　＿＿＿＿　＿＿＿＿　＿＿＿＿　＿＿＿＿

16. 妨碍别人的工作、功课或活动　＿＿＿＿　＿＿＿＿　＿＿＿＿　＿＿＿＿

17. 把电视或收音机开得太大声　　＿＿＿＿　＿＿＿＿　＿＿＿＿　＿＿＿＿

18. 大声谈天　　　　　　　　　　＿＿＿＿　＿＿＿＿　＿＿＿＿　＿＿＿＿

19. 占用太多地方，使别人没有地方去　＿＿＿＿　＿＿＿＿　＿＿＿＿　＿＿＿＿

20. 未经允许动用别人的东西　　　＿＿＿＿　＿＿＿＿　＿＿＿＿　＿＿＿＿

21. 丢掉别人的东西　　　　　　　＿＿＿＿　＿＿＿＿　＿＿＿＿　＿＿＿＿

22. 其他(指出行为)＿＿＿＿＿＿＿＿

　　　　　　　　　　　　　　　　　　　　　　　　　　　　　合计＿＿＿＿＿

六、退缩　　　　　　　　　　　　次数　　时间长度　　强度　　评分

1. 坐在或站在同一个地方很长一段时间　＿＿＿＿　＿＿＿＿　＿＿＿＿　＿＿＿＿

2. 避免和别人接触　　　　　　　＿＿＿＿　＿＿＿＿　＿＿＿＿　＿＿＿＿

3. 对四周情况无所知　　　　　　＿＿＿＿　＿＿＿＿　＿＿＿＿　＿＿＿＿

4. 很难建立人际关系　　　　　　＿＿＿＿　＿＿＿＿　＿＿＿＿　＿＿＿＿

5. 眼光凝视毫无表情　　　　　　＿＿＿＿　＿＿＿＿　＿＿＿＿　＿＿＿＿

6. 别人对他一有身体接触就会高声尖叫　＿＿＿＿　＿＿＿＿　＿＿＿＿　＿＿＿＿

7. 其他(指出行为)＿＿＿＿＿＿＿＿

　　　　　　　　　　　　　　　　　　　　　　　　　　　　　合计＿＿＿＿＿

七、反复而无意义的动作或奇异的举止　　次数　　时间长度　　强度　　评分

1. 挥动手指作打鼓状　　　　　　＿＿＿＿　＿＿＿＿　＿＿＿＿　＿＿＿＿

2. 用脚踏地　　　　　　　　　　＿＿＿＿　＿＿＿＿　＿＿＿＿　＿＿＿＿

3. 手臂挥动　　　　　　　　　　＿＿＿＿　＿＿＿＿　＿＿＿＿　＿＿＿＿

4. 擦揉自己的身体　　　　　　　＿＿＿＿　＿＿＿＿　＿＿＿＿　＿＿＿＿

5. 身体颤动　　　　　　　　　　＿＿＿＿　＿＿＿＿　＿＿＿＿　＿＿＿＿

6. 头部前后摇晃　　　　　　　　＿＿＿＿　＿＿＿＿　＿＿＿＿　＿＿＿＿

7. 身体前后摇摆　　　　　　　　＿＿＿＿　＿＿＿＿　＿＿＿＿　＿＿＿＿

8. 来回踱步　　　　　　　　　　＿＿＿＿　＿＿＿＿　＿＿＿＿　＿＿＿＿

9. 把头偏向一边　　　　　　　　＿＿＿＿　＿＿＿＿　＿＿＿＿　＿＿＿＿

10. 躺在地上把脚跷到空中　　　　＿＿＿＿　＿＿＿＿　＿＿＿＿　＿＿＿＿

11. 双手抱头来回踱步　　　　　　＿＿＿＿　＿＿＿＿　＿＿＿＿　＿＿＿＿

12. 站在一个固定的地方　　　　　＿＿＿＿　＿＿＿＿　＿＿＿＿　＿＿＿＿

13. 坐在靠近抖颤的地方(如,电动机器或风吹窗口) _____ _____ _____ _____
14. 吸手指或舔身体 _____ _____ _____ _____
15. 其他(指出行为)_____

                         合计_____

八、怪异的习惯   次数   时间长度   强度   评分

1. 玩弄身上穿戴的东西(如,鞋带、纽扣等) _____ _____ _____ _____
2. 撕去纽扣或拉链 _____ _____ _____ _____
3. 在公众场合脱去鞋袜 _____ _____ _____ _____
4. 随便脱掉衣服 _____ _____ _____ _____
5. 大小便时把衣服脱光 _____ _____ _____ _____
6. 撕破自己的衣服 _____ _____ _____ _____
7. 拒绝穿上衣服 _____ _____ _____ _____
8. 玩弄自己的口水 _____ _____ _____ _____
9. 玩弄自己的大小便 _____ _____ _____ _____
10. 流口水 _____ _____ _____ _____
11. 磨牙出声 _____ _____ _____ _____
12. 随地吐痰、吐口水 _____ _____ _____ _____
13. 咬自己的指甲 _____ _____ _____ _____
14. 咬嚼自己的衣服或其他东西 _____ _____ _____ _____
15. 把东西放入口中 _____ _____ _____ _____
16. 从马桶中喝水 _____ _____ _____ _____
17. 其他(指出行为)_____ _____ _____ _____ _____

                         合计_____

九、过分活动   次数   时间长度   强度   评分

1. 话说不停 _____ _____ _____ _____
2. 无法坐下来一段时间 _____ _____ _____ _____
3. 不断地跑跳 _____ _____ _____ _____
4. 不断地变换动作和姿态 _____ _____ _____ _____
5. 其他(指出行为)_____ _____ _____ _____ _____

                         合计_____

十、自我伤害的行为   次数   时间长度   强度   评分

1. 咬自己的手 _____ _____ _____ _____
2. 用利器切割皮肤 _____ _____ _____ _____
3. 打自己的头或身体 _____ _____ _____ _____

4. 用头或身体来碰撞东西　　____　____　____　____
5. 拔头发　　　　　　　　　　____　____　____　____
6. 在裤子里大小便　　　　　　____　____　____　____
7. 抓破皮肤　　　　　　　　　____　____　____　____
8. 用手指压眼睛　　　　　　　____　____　____　____
9. 把东西塞入耳朵、鼻子　　　____　____　____　____
10. 故意呕吐或玩弄呕吐的东西　____　____　____　____
11. 不停地喝水　　　　　　　　____　____　____　____
12. 吃下或喝下危险的东西　　　____　____　____　____
13. 吃下不能吃的东西（如树叶、纸张）　____　____　____　____
14. 吸进大量空气　　　　　　　____　____　____　____
15. 咬破舌头、嘴唇或口腔肌肉　____　____　____　____
16. 其他（指出行为）_____

合计_____

附录 4：康纳斯父母用行为评定量表[1]

儿童姓名： 性别： 年龄： 出生日期：
填表者： 填表日期：
请在每个项目后面按不同程度勾选

项目	程度			
	无	稍有	相当多	很多
1. 某种小动作（如咬指甲、吸手指、拉头发、拉衣服上的布毛）				
2. 对大人粗鲁无理				
3. 在交朋友或保持友谊上存在问题				
4. 易兴奋，易冲动				
5. 爱指手画脚				
6. 吸吮或咀嚼（拇指、毛衣、毯子）				
7. 容易或经常哭叫				
8. 脾气很大				
9. 白日梦				
10. 学习困难				
11. 扭动不发				
12. 惧怕（新环境、陌生人、陌生地方、上学）				
13. 坐立不安，"忙碌"				
14. 破坏性				
15. 撒谎或捏造情节				
16. 怕羞				
17. 造成的麻烦比同龄孩子多				
18. 说话与同龄儿童不同（像婴儿说话、口吃、别人不易听懂）				
19. 抵赖错误或归罪他人				
20. 好争吵				
21. 噘嘴和生气				
22. 偷窃				
23. 不服或勉强服从				
24. 忧虑比别人多（忧虑孤独、疾病、死亡）				
25. 做事有始无终				
26. 感情易受伤害				
27. 欺凌别人				
28. 不能停止重复性活动				
29. 残忍				
30. 稚气或不成熟（自己会的事情要人帮忙、依缠别人、需要别人鼓励、支持）				

---

[1] 韦小满.特殊儿童心理评估[M].北京：华夏出版社,2006：294.

续表

项目	程度			
	无	稍有	相当多	很多
31. 容易分心或注意力不集中成为一个问题				
32. 头痛				
33. 情绪变化迅速剧烈				
34. 不喜欢或不遵从纪律或约束				
35. 经常打架				
36. 与兄弟姐妹不能很好相处				
37. 在努力中容易泄气				
38. 妨害其他儿童				
39. 基本上是一个不快乐的小孩				
40. 有饮食问题(食欲不佳,进食中常跑开)				
41. 胃痛				
42. 有睡眠问题(不能入睡、早醒、夜间起床)				
43. 其他疼痛				
44. 呕吐或恶心				
45. 感到在家庭圈子中被欺骗				
46. 自夸和吹牛				
47. 让自己受别人欺骗				
48. 有大便问题(腹泻、排便不规则、便秘)				

注:"程度"项的记分法:无,记 0 分;稍有,记 1 分;相当多,记 2 分;很多,记 3 分。

附录5：康纳斯教师用行为评定量表[①]

请在每个项目后面按不同程度勾选

项目	程度			
	无	稍有	相当多	很多
1. 扭动不停				
2. 在不应出声的场合制造噪音				
3. 提出要求必须立即得到满足				
4. 动作粗鲁（唐突无礼）				
5. 暴怒及不能预料的行为				
6. 对批评过分敏感				
7. 容易分心或注意力不集中				
8. 妨害其他儿童				
9. 白日梦				
10. 噘嘴或生气				
11. 情绪变化迅速和激烈				
12. 好争吵				
13. 能顺从权威				
14. 坐立不定，经常"忙碌"				
15. 易兴奋，易冲动				
16. 过分要求教师的注意				
17. 好像不为集体所接受				
18. 好像容易被其他小孩领导				
19. 缺少公平合理竞赛的意识				
20. 好像缺乏领导能力				
21. 做事有始无终				
22. 稚气和不成熟				
23. 抵赖错误或归罪他人				
24. 不能与其他儿童相处				
25. 与同学不合作				
26. 在努力中容易泄气（灰心、丧气）				
27. 与教师不合作				
28. 学习困难				

注："程度"项的记分法：无，记0分；稍有，记1分；相当多，记2分；很多，记3分。

[①] 韦小满.特殊儿童心理评估[M].北京：华夏出版社，2006：295.

附录6：背景信息问卷[①]

日期___/___/___（月/日/年）　　填写人_____　与孩子的关系_____
孩子的姓名_____
孩子的生日_____/_____/_____（月/日/年）　　年龄_____
□ 男孩　　□ 女孩　　孩子的民族_____
孩子的地址_____（省）_____（市）_____（区/县）_____（邮编）_____
孩子的健康保险 □ 无　　□ 医疗救助　　□ 私人公司(具体)_____

孩子的法定监护人

1. 姓名_____与孩子的关系_____
地址_____（省）_____（市）_____（区/县）_____（邮编）_____
家庭电话_____办公电话_____手机_____
生日_____/_____/_____（月/日/年）　最高学历_____民族_____
职业类型_____工作地点_____
工作时间/小时数_____　上班时间可以联系吗？□ 不能　□ 能——什么时间？____

2. 姓名_____与孩子的关系_____
地址_____（省）_____（市）_____（区/县）_____（邮编）_____
家庭电话_____办公电话_____手机_____
生日_____/_____/_____（月/日/年）　最高学历_____民族_____
职业类型_____工作地点_____
工作时间/小时数_____　上班时间可以联系吗？□ 不能　□ 能——什么时间？____
孩子是收养的吗？□ 不是　　□是　　孩子通常跟谁一起住？_____

其他跟孩子一起居住和生活的成人和儿童

请列举上面没有提起的所有其他跟孩子一起居住的成人和儿童，包括继父母的孩子，收养的孩子，以及有关的成人。

姓名	年龄	性别	与孩子的关系
_____	_____	_____	_____
_____	_____	_____	_____
_____	_____	_____	_____
_____	_____	_____	_____

[①] McConaughy, S. H.. 儿童青少年临床访谈技术——从评估到干预[M]. 徐洁, 译. 北京：中国轻工业出版社, 2008：138-145.

未跟孩子一起居住的兄弟姐妹

姓名	年龄	性别	与孩子的关系
_____	_____	_____	_____
_____	_____	_____	_____
_____	_____	_____	_____

孩子的最佳联系人

姓名_____与孩子的关系_____
地址_____（省）_____（市）_____（区/县）_____（邮编）_____
家庭电话_____办公电话_____手机_____

孩子的非法定监护的亲生父母

1. 父亲姓名_____生日_____/_____/_____（月/日/年）
地址_____（省）_____（市）_____（区/县）_____（邮编）_____
家庭电话_____办公电话_____手机_____
职业类型_____   最高学历_____   民族_____
是否健在？□ 是   □ 不是——死亡时间_____   死亡原因_____
不跟孩子在一起居住的原因？_____   多久探视一次孩子？_____

2. 母亲姓名_____生日_____/_____/_____（月/日/年）
地址_____（省）_____（市）_____（区/县）_____（邮编）_____
家庭电话_____办公电话_____手机_____
职业类型_____   最高学历_____   民族_____
是否健在？□ 是   □ 不是——死亡时间_____   死亡原因_____
不跟孩子在一起居住的原因？_____   多久探视一次孩子？_____

因为我们偶尔会对我们的服务进行追踪评价或者由于其他原因需要联系家庭，所以我们感谢你们能告知两个其他联系人的信息，如果我们不能直接找到你们，可以通过他们转达信息。

1. 姓名_____   电话_____
地址_____（省）_____（市）_____（区/县）_____（邮编）_____

2. 姓名_____   电话_____
地址_____（省）_____（市）_____（区/县）_____（邮编）_____

对孩子的担忧

你对孩子有哪些担忧？_____
_____

你希望看到孩子身上发生什么？_____
_____
_____

孩子的学校历史

孩子的学校_____ 年级_____ 老师_____
可以直接联系孩子所在学校的员工吗？ □ 不能 □ 能——最佳联系人是_____
学校地址_____（省）_____（市）_____（区/县）_____（邮编）_____
电话_____

                 （如果有）请描述

1. 孩子有学习问题吗？   □ 没有 □ 有_____
2. 孩子在学校有行为问题吗？   □ 没有 □ 有_____
3. 孩子在学校有社交问题吗？   □ 没有 □ 有_____
4. 孩子正在接受学校的特殊帮助吗？ □ 没有 □ 有_____
5. 孩子留级过吗？   □ 没有 □ 有_____
6. 其他学校问题呢？   □ 没有 □ 有_____

孩子的医疗历史

孩子的内科医生/儿科医生_____ 电话_____
内科医生的地址_____（省）_____（市）_____（区/县）_____（邮编）_____
最后一次身体检查的日期_____/_____/_____（月/日/年） 结果_____

1. 孩子因为行为或情绪问题服药吗？ □ 没有 □ 有——请详细描述_____
  药物名称 剂量 目的 效果 医生
  _____ _____ _____ _____ _____
  _____ _____ _____ _____ _____

2. 孩子因为其他原因服药吗？ □ 没有 □ 有——请详细描述_____
  药物名称 剂量 目的 效果 医生
  _____ _____ _____ _____ _____
  _____ _____ _____ _____ _____

3. 孩子经历过重大的疾病，意外事故，手术，残疾、缺陷，或反复的身体问题吗？
□ 没有 □ 有——请详细描述_____
  问题类型 年龄 治疗 医生
  _____ _____ _____ _____
  _____ _____ _____ _____
  _____ _____ _____ _____

4. 孩子有过敏症（比如灰尘、花粉、某种食物）吗？
□ 没有 □ 有——请详细描述_____
_____

5. 你对孩子哪方面的健康问题比较担忧？ □ 没有 □ 有——请详细描述
_____
_____

怀孕和新生儿期

出生体重：_____（千克）

请说明在怀孕或新生儿期，你的孩子发生的下列事情：

如果有，请描述：

1. 母亲怀孩子期间出现的身体症状？ □ 没有 □ 有 _____
（如出血、感染、高血压、糖尿病、_____
抽搐、体重增长过快、外伤、手术）_____

2. 母亲在怀孕期间服用过药物吗？ □ 没有 □ 有 _____

3. 母亲在怀孕期间抽烟吗？ □ 没有 □ 有 _____

4. 母亲在怀孕期间饮酒吗？ □ 没有 □ 有 _____

5. 母亲在怀孕期间吸毒吗？ □ 没有 □ 有 _____

6. 母亲在怀孕期间经历了异常压力 □ 没有 □ 有 _____
（如，婚姻问题、工作、经济、生存 _____
环境问题、跟其他人的问题）吗？ _____

7. 有没有出现分娩问题？ □ 没有 □ 有 _____
（如延迟分娩、出血、逆位生产、 _____
使用生产钳、剖宫产） _____

8. 孩子是早产吗？ □ 没有 □ 有 _____

9. 孩子在新生儿期有什么问题吗？ □ 没有 □ 有 _____
（如天生皮肤发青、出生缺陷、黄疸、 _____
癫痫、感染、外伤、喂食或睡眠问题） _____

10. 孩子婴儿期是否很难抚养？ □ 没有 □ 有 _____

发育迟缓 如果有，请描述

1. 你有没有发现孩子在发育过程中 □ 没有 □ 有 _____
的问题呢？

2. 孩子在下列方面发展困难或缓慢吗？
   a. 独立行走 □ 没有 □ 有 _____
   b. 说话 □ 没有 □ 有 _____
   c. 排便训练 □ 没有 □ 有 _____
   d. 膀胱训练 □ 没有 □ 有 _____
   e. 夜晚保持干燥 □ 没有 □ 有 _____
   f. 系鞋带 □ 没有 □ 有 _____
   g. 骑单车 □ 没有 □ 有 _____
   h. 阅读 □ 没有 □ 有 _____
   i. 书写 □ 没有 □ 有 _____

孩子的气质 如果有，请描述

1. 孩子过度活跃吗？ □ 没有 □ 有 _____

2. 孩子很难集中注意吗？ □ 没有 □ 有 _____

3. 孩子很难静下来完成一件事情吗? □ 没有 □ 有 _____
4. 孩子会在没有任何明显原因的情况下很快从开心变得悲伤吗? □ 没有 □ 有 _____
5. 孩子很容易被打败吗? □ 没有 □ 有 _____
6. 孩子会因为突然的改变而难过吗? □ 没有 □ 有 _____
7. 孩子的情绪反应是不可预测的吗? □ 没有 □ 有 _____
8. 孩子会花很长时间去适应新的环境或人吗? □ 没有 □ 有 _____
9. 孩子对身体疼痛的反应强烈吗? □ 没有 □ 有 _____
10. 孩子对其他事情的反应强烈吗? □ 没有 □ 有 _____

孩子的早期行为 　　　　　　　　　　　　如果有,请描述

1. 孩子在下列领域有问题吗? □ 没有 □ 有 _____
   a. 纪律 □ 没有 □ 有 _____
   b. 脾气 □ 没有 □ 有 _____
   c. 打架 □ 没有 □ 有 _____
   d. 情绪 □ 没有 □ 有 _____
   e. 跟他人的关系 □ 没有 □ 有 _____
   f. 其他行为 □ 没有 □ 有 _____

家族史 　　　　　　　　　　　　如果有,请描述

孩子的亲戚中有下列问题吗?
1. 神经性疾病(如癫痫、痉挛、虚弱) □ 没有 □ 有 _____
2. 慢性疾病(如糖尿病、甲状腺疾病、心脏病、中风) □ 没有 □ 有 _____
3. 心理疾病(如精神分裂症、躁郁症、抑郁、焦虑、神经崩溃) □ 没有 □ 有 _____
4. 精神迟滞 □ 没有 □ 有 _____
5. 学习问题 □ 没有 □ 有 _____
6. 行为问题 □ 没有 □ 有 _____
7. 过度使用酒精 □ 没有 □ 有 _____
8. 药物问题,药物成瘾 □ 没有 □ 有 _____
9. 法律纠纷 □ 没有 □ 有 _____
10. 就业问题 □ 没有 □ 有 _____
11. 自杀行为 □ 没有 □ 有 _____
12. 暴力行为 □ 没有 □ 有 _____
13. 其他问题 □ 没有 □ 有 _____
14. 孩子家里有其他人看过心理专家、精神科医生吗? □ 没有 □ 有 _____

当前的生存环境

孩子当前的生存环境中出现过下列问题吗?　　　　　　　　　如果有,请描述

1. 孩子主要监护人的婚姻或人际关系问题　　□ 没有　□ 有_____
2. 兄弟姐妹等其他一起居住的人出现问题　　□ 没有　□ 有_____
3. 工作环境中的问题　　　　　　　　　　　□ 没有　□ 有_____
4. 目前居住条件或邻居的问题　　　　　　　□ 没有　□ 有_____
5. 儿童生存环境或家庭中近期的重大变化　　□ 没有　□ 有_____
或压力事件　　　　　　　　　　　　　　　　　　　　　　_____
6. 家庭内或邻居的暴力　　　　　　　　　　□ 没有　□ 有_____
7. 家人或邻居的酒精或药物使用问题　　　　□ 没有　□ 有_____
8. 其他问题　　　　　　　　　　　　　　　□ 没有　□ 有_____

请写下你认为我们应该知道的任何其他事情

_____
_____

附录7：家长、教师访谈提纲[①]

1. 您好！我是×××，我想要和你谈谈××（如无特殊说明，问题中的××均指代儿童的名字）的适应和功能情况，可以吗？
2. 请告诉我对于××您所关注的问题。
3. （需要的话）您可以把您关心的问题描述得更为详细些吗？
4. 您是否还有其他关注的问题？
5. 您最关注什么问题？
6. 让我们更详细地讨论一下××（问题的名称）。您认为××（问题的名称）有多严重？
7. 您第一次注意到××（问题的名称）是在什么时候？
8. ××（问题的名称）已经持续了多长的时间？
9. ××（问题的名称）一般在哪里发生？
10. （需要的话）请您告诉我××在学校/在商店或其他公共场所/在汽车里/在朋友家/与家里来的客人在一起时的行为表现如何。
11. ××（问题的名称）一般何时出现？
12. （需要的话）问题是出现在上午/下午还是就寝时间？当××和您/他（她）爸爸（妈妈）/他（她）的兄弟姐妹/其他孩子/亲戚在一起的时候问题会出现吗？
13. ××（问题的名称）出现后，持续的时间有多长？
14. ××（问题的名称）多久会出现一次？
15. ××（问题的名称）开始之前，一般会发生什么？
16. ××（问题的名称）开始之后，一般会发生什么？
17. 什么会使××（问题的名称）更糟糕？
18. 什么会使××（问题的名称）好转？
19. 您认为是什么导致了××（问题的名称）的出现？
20. 当××（问题的名称）最开始出现的时候，你们家是否有什么重大的事情发生？
21. （需要的话）例如，您最近是否刚刚分居或离婚不久/搬到另外一个城市或学区/有经济问题/照顾生重病的家庭成员？
22. （如果有某个事件发生过）××当时对××（事件的名称）有什么反应？
23. ××（儿童名字）一般如何应对××（问题的名称）？
24. 家里是否还有别的孩子也有××（问题的名称）？
25. （如果回答是）××的××（问题的名称）与他们的问题相比较，情况如何？
26. ××是否因××（问题的名称）而做过评估或接受过任何帮助？（如果回答是，进行下一道题；如果回答不是，跳到第29题）

[①] Sattler,J. M.,Hoge,R. D.. 儿童评价[M].陈会昌,等译.北京：中国轻工业出版社,2008:434.

27. 他(她)接受过什么类型的评估或帮助?
28. 取得了什么样的进展?
29. 您认为××为什么会有(问题的名称)?
30. 您是如何应对××(问题名称)的?
31. 成效如何?
32. 家庭成员对于××的××(问题的名称)反应如何?
33. 您所提到的问题当中是否还有其他像××(问题名称)这样特别令您关注的问题?(如果回答是,需要的话重复问题32)

附录 8：儿童访谈提纲[①]

1. 你好，我是_____博士(先生/小姐)。今天感觉怎么样？
2. 如果你对我提的问题不理解，请告诉我："我不明白。"如果你告诉我，我会想办法说得更清楚些，好吗？
3. 请告诉我你多大了？
4. 你的生日是哪一天？
5. 你住在哪里？
6. 你家的电话号码是多少？
7. 有没有人告诉你今天为什么来这儿？（如果有，接第 8 题；如果没有，跳到第 10 题）
8. 是谁告诉你的？
9. 他（她）和你说了什么？
10. 告诉我你为什么会来这儿？（如果儿童提到了问题或担心的事，就详细地探讨这个问题或所担心的事；需要的话，可以问第 40 题）
11. 和我说说[引述问题]。
12. 你第一次注意到[引述问题]是在什么时候？
13. 这个问题持续多久了？
14. （如果有关）[引述问题]是在哪里发生的？
15. （如果需要）是发生在家里/学校/在你旅行的时候/在朋友家里？
16. （如果有关）问题是在什么时候出现？
17. （如果需要）是在你早上一起床的时候发生/在白天/在晚上睡觉前/在吃饭的时候/是你和妈妈在一起的时候/还是和爸爸在一起的时候/和兄弟姐妹在一起的时候/和其他孩子在一起的时候/和其他亲戚在一起的时候/全家人在一起的时候/和朋友在一起的时候/在学校的时候？
18. （如果有关）这个问题持续多长时间了？
19. [引述问题]多长时间会出现一次？
20. （如果有关）你的兄弟姐妹也有这样的问题吗？
21. （如果有）你的问题和他们的问题相比，是更糟糕还是不像他们的那样糟呢？
22. 表现在哪些方面？
23. [引述问题]开始之前发生了什么事？
24. [引述问题]开始之后发生了什么事？
25. 什么原因使[引述问题]变得更糟？
26. 什么原因使[引述问题]变得更好？
27. [引述问题]出现的时候，你会做些什么？
28. 看起来什么是最管用的？

[①] Sattler, J. M., Hoge, R. D.. 儿童评价[M]. 陈会昌，等译. 北京：中国轻工业出版社，2008：410.

29. 你认为是什么引起[引述问题]的?
30. 当[引述问题]第一次出现的时候,家里有什么事情发生吗?
31. (如果需要)是不是你的父母分居或离婚了/你搬家了或换了学校了/你的爸爸或妈妈失业了/家里有人住院了?
32. (如果以上有什么事情发生)[引述事情]发生时,你有什么感受?
33. 你的父母是如何帮助你处理[引述问题]的?
34. (如果有关)你的兄弟姐妹是如何帮助你处理[引述问题]的?
35. 你的朋友们有没有给过你任何形式的帮助?
36. 你看到过有人为[引述问题]提供帮助吗?(如果有,接第37题)
37. 你见过有谁提供帮助?
38. 你得到过什么样的帮助?
39. 那些帮助有用吗?
40. (如果需要)在哪方面有帮助?

附录9：行为问题功能访谈表[①]
——相关重要人物部分

受评者：_____ 性别：□ 男 □ 女 年龄：____ 岁（或____ 年级）
障碍类别：_____ 访问者：_____ 受访者：_____
评量者：_____（与受评者关系：_____）
目标行为：_____

一、目标行为的描述（涵盖发生过程、周期性和历史）

（一）目标行为发生的过程为何？
（二）目标行为的发生是否有周期性？
（三）何时开始有此目标行为？此目标行为持续多久的历史？
（四）目标行为的处理历史为何（包括使用过的行为处理策略和效果）？

二、列出可能影响到目标行为发生的个体变项

（一）这个人的哪些遗传的特性或倾向导致他（她）产生此目标行为？
（二）这个人是不是有生理或健康上的问题（如气喘、敏感症、发疹、鼻塞、癫痫等病症），以至于会产生此目标行为？
（三）这个人是不是正在服用药品？药品会不会有副作用？这些副作用对他的行为有什么影响？
（四）这个人的睡眠情况如何，以及这种情况对行为可能产生的影响？
（五）这个人的饮食情况如何，有没有什么食物的限制，以及这些情况和限制对他的行为可能产生的影响？
（六）这个人的哪些认知因素与过去的经验导致他（她）产生此目标行为？
（七）目标行为的发生是不是因为这个人行为技能的缺失？
（八）其他可能影响到目标行为发生的个体变项？

三、列出可能影响到行为的环境变项

（一）生活作息安排

1. 简要地描述这个人具有代表性的一天生活作息表，并在空格内勾选出他喜欢或不喜欢在此时间内所从事的活动。

喜欢	不喜欢	时间	活动
□	□	6:00	_____
□	□	7:00	_____
□	□	8:00	_____

[①] 钮文英.身心障碍者行为问题处理——正向行为支持取向[M].新北:心理出版社,2001:429-433.

☐	☐	9:00 _____
☐	☐	10:00 _____
☐	☐	11:00 _____
☐	☐	12:00 _____
☐	☐	13:00 _____
☐	☐	14:00 _____
☐	☐	15:00 _____
☐	☐	16:00 _____
☐	☐	17:00 _____
☐	☐	18:00 _____
☐	☐	19:00 _____
☐	☐	20:00 _____
☐	☐	21:00 _____
☐	☐	22:00 _____
☐	☐	23:00 _____
☐	☐	24:00 _____

2. 这个人对日常生活的顺序是不是有充分的了解？例如何时起床，何时吃饭，何时上学或上班，何时洗澡，何时上床睡觉等。

3. 这个人日常生活中有多少选择的自由？哪些方面可自由选择？例如吃的东西、穿的衣服、社交活动以及休闲活动等。

4. 一天当中这个人有多少课余或工作之余的休闲或社交活动？例如运动、上街买东西、看电影等。

（二）这个人生活环境中一共有多少人？例如一家有多少人口？一个班级有多少同学？收容机构总共有多少人？他的生活环境是否太拥挤？其他的人会不会影响他的行为？

（三）教养人员如父母、老师、教养机构的工作人员等人手是否足够？有没有受过适当的训练？这些人对他的行为有什么影响？

四、列出环境中有可能影响到行为的因素

（一）什么人在场的时候目标行为最有可能发生？反之，什么人在场的时候最不可能发生？

（二）目标行为是否有季节性？一天当中什么时候目标行为最有可能发生？反之，什么时候最不可能发生？

（三）目标行为常发生在什么地点？反之，从不发生在什么地点？

（四）从事哪些活动时目标行为最有可能发生？反之，从事哪些活动时最不可能发生？

（五）描述在哪些情况下，目标行为必然会发生？反之，在哪些情况下，目标行为不会发生？这个人在下列哪种情况下最可能发生行为反应。

1. 如果你交代他一项困难的工作，他的目标行为较可能发生，较不可能发生？或是没有影响?

2. 如果有人干扰他喜爱的活动,如吃冰淇淋或看电视等,他的目标行为较可能发生,较不可能发生?或是没有影响?

3. 如果他例行活动有所变更,他的目标行为较可能发生,较不可能发生?或是没有影响?

4. 如果他想要什么东西却要不到,例如吃或玩的东西,他的目标行为较可能发生,较不可能发生?或是没有影响?

5. 如果你严厉地责备或批评他,他的目标行为较可能发生,较不可能发生?或是没有影响?

6. 如果你不理会他大约十五分钟,他的目标行为较可能发生,较不可能发生?或是没有影响?

7. 如果他独自一个人而没有旁人在场,他的目标行为较可能发生,较不可能发生?或是没有影响?

(六)其他未列入上述七个问题中,但有可能引发目标行为的情境与条件?

(七)你认为你做哪一种事最会引起他的目标行为?

五、界定目标行为的结果(什么样的结果使行为一直发生?)

这个人在什么情境下,表现出此目标行为之后,他得到什么他想要的结果?或逃避什么他不想要的结果?

目标行为	情境	得到什么他想要的结果	逃避什么他不想要的结果

六、界定目标行为的效能

(一)这个人的目标行为使用多少精力?例如长时间的大声呼叫或是简短的口头抗议?

(二)一旦目标行为发生,这个人是否得到补偿?例如引起别人的注意,逃避工作等。是否每次都得到补偿,常会得到补偿,或是偶尔得到补偿?

(三)从行为发生到获得补偿之间相隔多长时间?立刻补偿,经过几秒钟,或是几分钟才得到补偿?

七、该个体具备哪些和目标行为有相同功能的替代行为

这个人有什么适当的替代行为或技能可以和目标行为产生相同的功能?

八、在处理该个体的目标行为时,哪些事该做,哪些事该避免

(一)在处理该个体的目标行为时,哪些事该做,以减少目标行为和增进替代行为的产生?

(二)在处理该个体的目标行为时,哪些会干扰成效的事该避免?

附录10：问题行为动机评量表[①]

行为案主：_____ 案主年龄：_____岁____月
填写者姓名：_____ 与案主关系：_____
填写时间：_____

	0	1	2	3	4	5
	从来不会	偶尔发生	有时发生	经常发生	总是发生	一直都是

（一）自我刺激
1. 做这个行为是因为能听到特殊的声音。　　　　0　1　2　3　4　5
2. 做这个行为是因为能感觉到特殊的视觉刺激。　0　1　2　3　4　5
3. 做这个行为是因为能闻到特殊的味道。　　　　0　1　2　3　4　5
4. 当他独自一个人时，这个行为就会发生。　　　0　1　2　3　4　5
5. 当他无所事事时，这个行为就会出现。　　　　0　1　2　3　4　5
6. 这个行为会持续一段时间，甚至在旁人出现在他身旁时仍不会停止。　　　　　　　　　　　　　　0　1　2　3　4　5
7. 当他从事这个行为时，会显得特别专心，丝毫不受外界刺激的干扰。　　　　　　　　　　　　　　0　1　2　3　4　5
8. 这个行为会一而再地重复出现。　　　　　　　0　1　2　3　4　5

（二）逃避
1. 当他不喜欢或讨厌的人靠近时，这个行为就会出现。　0　1　2　3　4　5
2. 当你要求他做事时，这个行为就会发生。　　　0　1　2　3　4　5
3. 当他在活动中遇到困难，这个行为就会出现。　0　1　2　3　4　5
4. 当他置身在他不喜欢的场所时，这个行为就会出现。　0　1　2　3　4　5
5. 当他被处罚或责备时，这个行为就会发生。　　0　1　2　3　4　5
6. 当同学批评他时，这个行为就会出现。　　　　0　1　2　3　4　5
7. 当他做错事时，这个行为就会出现。　　　　　0　1　2　3　4　5
8. 当他离开他所熟悉的场所时，这个行为就会出现。　0　1　2　3　4　5

（三）获得他人注意
1. 当他得到你的注意后，这个行为就会停止。　　0　1　2　3　4　5
2. 当他得到同学的注意后，这个行为就会停止。　0　1　2　3　4　5
3. 当你称赞他时，这个行为就不会发生。　　　　0　1　2　3　4　5

[①] 林惠芬.问题行为动机量表之编制报告[J].特殊教育研究学刊,2001(20):129-145.

4. 当同学称赞他时,这个行为就不会发生。　　　　　0　1　2　3　4　5
5. 得到你的陪伴后,这个行为就不再出现。　　　　　0　1　2　3　4　5
6. 得到同学的陪伴后,这个行为就不再出现。　　　　0　1　2　3　4　5
7. 当你把注意力放在别人身上时,这个行为就会出现。　0　1　2　3　4　5
8. 当同学把注意力放在别人身上时,这个行为就会出现。0　1　2　3　4　5

（四）获得实质性东西

1. 当他在做某件事而你不让他做时,这个行为就会出现。0　1　2　3　4　5
2. 当他想做某件事,而你不允许时,这个行为就会出现。0　1　2　3　4　5
3. 当同学不给他东西时,这个行为就会出现。　　　　0　1　2　3　4　5
4. 当他不能立即得到他想要的东西时,这个行为就会出现。0　1　2　3　4　5
5. 当你把他喜欢的东西拿走时,这个行为就会出现。　0　1　2　3　4　5
6. 当同学拿走他喜欢的东西时,这个行为就会出现。　0　1　2　3　4　5
7. 当别人有某一东西,而他没有时(食物或玩具),这个　0　1　2　3　4　5
   行为就会出现。
8. 当给他的东西不是他所想要的,这个行为就会发生。0　1　2　3　4　5

附录 11：个人环境调查表[①]

受评者：_____ 性别：□男 □女 年龄：_____岁（或_____年级）
障碍类别：_____ 评量日期：_____
评量者：_____（与受评者关系：_____）
行为问题：_____
评量的环境：□父母的家 □教养机构 □学校 □工作单位 □其他
请针对勾选的环境作说明（如结构、组成等）

	1 从不如此	2 很少如此	3 半数如此	4 经常如此	5 总是如此

第一部分：物理环境

1. 这个人的环境清洁，没有臭味。 □ □ □ □ □
2. 这个人的环境光线充足。 □ □ □ □ □
3. 这个人的环境有适当的温度，且空气流通。 □ □ □ □ □
4. 这个人的环境看来美观舒适。 □ □ □ □ □
5. 这个人的空间（座位）安排是否有考虑个别需求，且大小适当，不会太拥挤。 □ □ □ □ □
6. 这个人的环境没有噪音的干扰，不嘈杂。 □ □ □ □ □
7. 环境的动线安排是否流畅。 □ □ □ □ □
8. 这个人环境的安排容许他轻易取得他所需的东西。 □ □ □ □ □
9. 这个人的环境中有必备的器材或是足以引起兴趣的东西以供他使用或娱乐。 □ □ □ □ □
10. 空闲时间（如下课时），这个人的环境中有充裕的活动场地让个体从事有意义的活动。 □ □ □ □ □
11. 这个人的环境安排利于个体与他人的互动，并能促进正常化的生活方式。 □ □ □ □ □
12. 这个人环境的安排方便于人员提供必要的协助或支持。 □ □ □ □ □

第二部分：社会环境

1. 这个人的社会环境温暖、支持和愉快。 □ □ □ □ □

[①] 钮文英.身心障碍者行为问题处理——正向行为支持取向[M].新北:心理出版社,2001:426-428.

2. 这个人和环境中的其他人接触频繁且相处融洽。 □ □ □ □ □
3. 周遭人员有足够的能力和时间来迎合这个人身心的需要。 □ □ □ □ □
4. 周遭人员尽力设法来促进彼此的关系。 □ □ □ □ □
5. 周遭人员尽力设法来促进这个人与正常人的交往。 □ □ □ □ □

第三部分：活动和协助

1. 这个人有机会参与各种不同的课程、活动或工作内容。 □ □ □ □ □
2. 这个人有机会选择和决定自己要参与的课程、活动或工作时间和内容。 □ □ □ □ □
3. 课程、活动或工作的要求适合这个人的能力。 □ □ □ □ □
4. 课程、活动或工作的要求符合这个人的实际需要。 □ □ □ □ □
5. 这个人对课程、活动或工作的要求感兴趣。 □ □ □ □ □
6. 这个人从事课程、活动或工作遇到困难时，能得到明确的指示或协助。 □ □ □ □ □

第四部分：作息安排

1. 这个人在此环境中有一个固定的常规来安排他什么时候做什么事。 □ □ □ □ □
2. 这个人在此环境中有一个监督的制度来确保所安排的活动或训练会确实执行。 □ □ □ □ □
3. 这个人知道他一天当中要做什么事。 □ □ □ □ □
4. 周遭人员如果改变课程、活动或工作的程序，会事先通知他。 □ □ □ □ □

第五部分：沟通系统

1. 这个人和他的周遭人员之间，有适当的沟通系统，所以他们能够表达彼此的意见，并提出基本的要求。 □ □ □ □ □
2. 周遭人员尽力促进彼此的沟通。 □ □ □ □ □
3. 如果这个人缺乏适当的沟通能力，现在已接受适当的沟通训练。 □ □ □ □ □

附录12：情境事件检核表[①]

受评者：_____   评量者：_____   评量日期：_____

◎填答说明：在受评者来到学校或职场之前，发生在昨晚（晚上）或今晨（早上）的事件，有则打√

	早上	晚上
1. 被告知一件令人沮丧的事	_____	_____
2. 被拒绝要求的物品或活动	_____	_____
3. 有冲突、争辩或负向的互动	_____	_____
4. 被责骂	_____	_____
5. 比平常匆忙或赶时间	_____	_____
6. 睡眠状况不佳	_____	_____
7. 主要照顾者不在，而由新人照顾	_____	_____
8. 经历其他生活环境中的主要转变	_____	_____
9. 有访客或期待的访客未到	_____	_____
10. 用药情况改变或是没有服药	_____	_____
11. 在生理期	_____	_____
12. 过度疲劳	_____	_____
13. 过度激动	_____	_____
14. 心情低落	_____	_____
15. 生病	_____	_____
16. 其他（请说明：_____）	_____	_____

[①] 钮文英.身心障碍者行为问题处理——正向行为支持取向[M].新北：心理出版社，2001：438.

附录13：行为沟通分析表①

受评者：学生_____ 性别：□男 □女 年龄：_____岁 障碍类别：_____

评量者：_____（与受评者关系：_____）评量日期：_____

◎填答说明：请针对左栏的每项沟通功能，勾选出该个体使用何种沟通行为来表达这些功能（以"√"表示）

沟通行为＼沟通功能	口语				手语/手势		动作							脸部表情		实物/符号			其他：请说明
	完整的口语，成句	复诵	部分口语	用单字表示意思	出声但无语言	完整的手语	使用单字手语	指点	摇头、点头	拉别人的手来带领	增加身体挪近别人	把身体挪近别人	用力抓住别人	打人等攻击性行为	自伤行为	从某情况中走开	面部表情	眼睛凝视	拿实物给别人看	拿图片或照片给别人看	拿字卡给别人看	
要求别人的注意																						
要求别人的协助																						
要求喜爱的食物、东西、活动																						
显示某东西、某地方																						
表示身体不舒服如头痛																						
表示很困扰																						
对别人安排的情况或活动表示不满、抗议																						
很无聊																						
表示悲伤、生气或是害怕																						

---

① 钮文英.身心障碍者行为问题处理——正向行为支持取向[M].新北：心理出版社，2001：442.

附录 14：特殊儿童强化物调查表[①]

指导语：小朋友，请你按照下列五个等级划分你对每项刺激的爱好程度，并将等级号码写在每项刺激后的括号内。

1. 等级划分

1	2	3	4	5
非常喜欢	有点喜欢	无所谓	有点不喜欢	非常不喜欢

2. 强化物列表

(1) 消费强化物。你喜欢下列食品吗？
① 冰淇淋（　） ② 糖果（　） ③ 草莓（　） ④ 饼干（　） ⑤ 其他非常喜欢的食品_____。

(2) 活动性强化物。你喜欢下列活动吗？
① 看电影（　） ② 看电视（　） ③ 手工制作（　） ④ 过生日（　） ⑤ 其他你非常喜欢的活动有_____。

(3) 操作性强化物。你喜欢下列玩具、游戏吗？
① 骑木马（　） ② 玩遥控小汽车（　） ③ 彩笔或粉笔画画（　） ④ 听音乐（　） ⑤ 其他你非常喜欢的玩具或游戏有_____。

(4) 拥有性强化物。你喜欢拥有下列东西？
① 布娃娃（　） ② 橡皮（　） ③ 头花（　） ④ 漂亮的衣服（　） ⑤ 你最喜欢拥有的物品是_____。

(5) 社会性强化物。你喜欢别人赞美和鼓励你什么？你喜欢哪些鼓励方式？
① 说你长得漂亮（　） ② 对你微笑（　） ③ 说你画画得好（　） ④ 注视你（　） ⑤ 其他你非常喜欢的社会性强化物有_____。

[①] 昌静．儿童行为矫正[M]．杭州：浙江教育出版社，2006：54．

附录15：特殊儿童异常行为检讨表[①]

姓名：＿＿＿＿＿＿＿＿＿　　　事发日期：＿＿＿＿＿＿＿＿
班级：＿＿＿＿＿＿＿＿　　　　检讨日期：＿＿＿＿＿＿＿＿
教师或辅导者：＿＿＿＿＿＿＿＿

1. 请你记述事情发生的经过。
2. 其实，你有什么目的？（可多选）
   □想得到别人注意
   □想控制环境/场面
   □想挑战老师的权威
   □想逃避做某些工作或作业
   □想被遣返家中
   □想找别人麻烦，因为我自己不快乐
   □想给别人麻烦，因为他们不喜欢我
   □想报复
   想＿＿＿＿＿＿＿＿＿＿＿＿＿＿＿＿＿＿＿＿＿＿＿＿＿＿。
3. 结果，你能不能达到目的？　□能　　□不能　　□部分
   为什么？＿＿＿＿＿＿＿＿＿＿＿＿＿＿＿＿＿＿＿＿＿＿＿＿
   ＿＿＿＿＿＿＿＿＿＿＿＿＿＿＿＿＿＿＿＿＿＿＿＿＿＿。

4. 如果再有类似情况出现，你可以怎样合理地处理？
   ＿＿＿＿＿＿＿＿＿＿＿＿＿＿＿＿＿＿＿＿＿＿＿＿＿＿＿＿
   ＿＿＿＿＿＿＿＿＿＿＿＿＿＿＿＿＿＿＿＿＿＿＿＿＿＿＿＿
   ＿＿＿＿＿＿＿＿＿＿＿＿＿＿＿＿＿＿＿＿＿＿＿＿＿＿＿＿

5. 如果再次发生类似事情，你必须怎样处理？
   不可以：＿＿＿＿＿＿＿＿＿＿＿＿＿＿＿＿＿＿＿＿＿＿＿＿
   ＿＿＿＿＿＿＿＿＿＿＿＿＿＿＿＿＿＿＿＿＿＿＿＿＿＿＿＿
   必须：＿＿＿＿＿＿＿＿＿＿＿＿＿＿＿＿＿＿＿＿＿＿＿＿＿
   ＿＿＿＿＿＿＿＿＿＿＿＿＿＿＿＿＿＿＿＿＿＿＿＿＿＿＿＿

6. 你相信自己能做得到吗？　　□能　　□不能
   学生签名：＿＿＿＿＿＿＿＿
   辅导时间：＿＿＿＿＿　至　＿＿＿＿＿

[①] http://www.hkedcity.net/article/specialed_pd_difficulties/070418-008/

附录16：儿童社会技能量表（教师用）[1]

亲爱的老师您好：

  这份问卷是想了解这位学生表现某些特定社交行为的频率。请您想一想，在过去一两个月中，该名学生是否出现问卷中所描述的行为？

  如果他"常常"出现这样的行为，请您圈4。

  如果他"有时"出现这样的行为，请您圈3。

  如果他"很少"出现这样的行为，请您圈2。

  如果他"没有"出现这样的行为，请您圈1。

  请不要遗漏任何一题，有时候您可能没有观察到学生的某一行为，这时请圈选一个您认为最有可能的答案。现在请您开始填答！

	没有	有时	很少	常常
1. 与同学冲突的情况下，他会控制自己的情绪。	1	2	3	4
2. 不需要提醒便会向新同学做自我介绍。	1	2	3	4
3. 如果游戏规则不公平，他会适当地提出质疑。	1	2	3	4
4. 在冲突的情境中，会改变自己的想法，以取得彼此协调。	1	2	3	4
5. 对同学给的压力，会做适当的反应。	1	2	3	4
6. 在适当的时候，会赞美自己。	1	2	3	4
7. 会邀请其他同学一起游戏或活动。	1	2	3	4
8. 在指定的时间内完成作业。	1	2	3	4
9. 很容易与人做朋友。	1	2	3	4
10. 对同学的嘲笑会做适当的反应。	1	2	3	4
11. 在与大人冲突的情况下，会控制自己的脾气。	1	2	3	4
12. 可以接受别人对自己的批评。	1	2	3	4
13. 会主动与班上同学交谈。	1	2	3	4
14. 在课堂上会认真地学习。	1	2	3	4
15. 别人惹他生气时，他会用适当的方式表达他的愤怒。	1	2	3	4
16. 如果他认为你处理事情不公平，他会委婉地告诉你。	1	2	3	4
17. 当同学表现很好时，他会赞美同学。	1	2	3	4
18. 会遵守老师的指示。	1	2	3	4
19. 会帮忙把学校的公物或教学器材归回原位。	1	2	3	4
20. 会自愿帮助同学学习或做事。	1	2	3	4

---

[1] 王樱芬编制.转引自蔡孟伦.社会技巧训练团体对小学害羞儿童辅导效果之研究[D].高雄:高雄师范大学辅导与咨商研究所,2005:156-157.

21. 不需要提醒他就会主动加入同学的活动。	1	2	3	4
22. 被同学推打时,会做适当的反应。	1	2	3	4
23. 别人生他的气时,他会试着了解原因。	1	2	3	4
24. 当他做作业时,不会理会同学的捣乱。	1	2	3	4
25. 即使没有提醒,他也会保持书桌的整齐清洁。	1	2	3	4
26. 上课时他会注意听讲。	1	2	3	4
27. 别人指责他没有把事情做好,他会用适当的方式反应。	1	2	3	4
28. 遇到问题时他可以想出各种不同的解决方式。	1	2	3	4
29. 别人弄坏他的东西时,他会和那个人一起找出解决的方法。	1	2	3	4
30. 当他做错事时,他会控制自己的情绪接受行为的后果。	1	2	3	4
31. 有人指控他做错事时,他会委婉地解释清楚。	1	2	3	4
32. 他的要求不被大人允许时,他可以心平气和的接受。	1	2	3	4

参 考 文 献

[1] Alberto, P. A. , Troutman, A. C. . Applied Behavior Analysis for Teachers [M]. 5th ed. New Jersey: Prentice Hall, 1999.

[2] Allison, D. B. , Basile, V. C. , MacDonald, R. B. . Brief report: Comparative effects of antecedent exercise and Lorazepam on the aggressive behavior of an autistic man [J]. Journal of Autism and Developmental Disorders, 1991, 21 (1): 89-94.

[3] Analysis of Verbal Behavior [EB/OL]. 2008 [2008-08-15]. http://www.bacb.com/cues/frame_about.html

[4] Anglesea, M. M. , Hoch, H. , Taylor, B. . Reducing rapi eating in teenagers with autism: use of a pager prompt [J]. Journal of Applied Behavior Analysis, 2008(41): 107-111.

[5] Ayllon, T. , Michael, J. . The psychiatric nurse as a behavioral engineer [J]. Journal of the Experimental Analysis of Behavior, 1959(2): 323-334.

[6] Baer, D. M. , Wolf, M. M. . The entry into natural communities of reinforcement [G]//Control of human behavior, Vol. II. Illinois: Scott, Foresman, 1970.

[7] Behavior Analysis Certification Board [EB/OL]. 2007 [2008-08-15]. http://www.bacb.com/cues/frame_about.html

[8] Bijou, S. W. . A systematic approach to an experimental analysis of young children [J]. Child Development, 1955(28): 47-54.

[9] Bondy, A. S. , Sulzer-Azaroff, B. . The pyramid approach to education in autism [M]. Newark: Pyramid Educational Products, Inc, 2002.

[10] Boring, E. G. . A history of experimental psychology [M]. New Jersey: Prentice Hall Inc. Englewood Cliffs, 1950.

[11] Carr, E. G. , Levin, L. , McConnachie, G. , Carlson, J. I. , Kemp, D. C. , Smith, C. E. . Communication-based intervention for problem behavior [M]. Baltimore: Paul H. Brookes Publishing Co. , Inc, 1994.

[12] Cihak, D. , Alberto, P. A. , Fredrick, L. D. . Use of brief functional analysis and intervention evaluation in public settings [J]. Journal of Positive Behavior Interventions, 2007, 9 (2): 80-93.

[13] Conroy, M. A. , Asmus, J. M. , Sellers, J. A. , Ladwig, C. N. . The use of an antecedent-based intervention to decrease stereotypic behavior in a general education classroom: A case study [J]. Focus on Autism and Other Developmental Disabilities, 2005, 20 (4): 223-230.

[14] Conroy, M. A. , Stichter, J. P. . The application of antecedents in the functional assessment process: existing research, issues, and recommendations [J]. The Journal of Special Education, 2003, 37(1): 15-25.

[15] Cook, C. R. , et. al. . Social skills training for secondary students with emotional and/or behavioral disorders [J]. Journal of emotional and behavioral disorders, 2008(3): 132.

[16] Cooper, J. O. , Heron, T. E. , Heward, W. L. . Applied Behavior Analysis [M]. New York: Merrill publishing company, 1987.

[17] Cooper, J. O. , Heron, T. E. , Heward, W. L. . Applied behavior analysis [M]. 2nd ed. New Jersey: Pearson, 2007.

[18] Corey,G. ,Corey,M. S. ,Callanan,P. . Issues and ethics in the helping professions [M]. 4th ed. CA: Brooks/Cole,1993.

[19] Davis,C. A. ,Brady,M. P. ,Williams,R. E. ,Hamilton,R. . Effects of high-probability request on the acquisition and generalization of responses to requests in young children with behavior disorders [J]. Journal of Applied Behavior Analysis, 1992,25 (4): 905-916.

[20] Elliott,R. O. ,Dobbin,A. R. ,Rose,G. D. ,Scope,H. V. . Vigorous,Aerobic exercise versus general motor training activities: Effects on maladaptive and stereotypic behaviors of adults with both autism and mental retardation [J]. Journal of Autism and Developmental Disorders,1994,24 (5): 565-574.

[21] Engels,F. . Anti-duhring [M]. New York: International Publishers,1877.

[22] Farmer,T. W. ,Pearl,R. . Expanding the social skill deficit framework: A development synthesis perspective,classroom social networks,and implication for the social growth of student with disabilities [J]. Journal of Special Education,1996(30): 232-256.

[23] Hayes,S. C. ,Strosahl,K. . A practical guide to acceptance and commitment therapy [M]. New York: Springer,2004.

[24] Heward,W. L. . Exceptional children: An introduction to special education [M]. 8th ed. New Jersey: Pearson,2006.

[25] Hilgard,E. R. . Theories of learning [M]. New York: Appleton Century Crofts,1951.

[26] Howard,J. S. ,et al. A comparison of intensive behavior analytic and eclectic treatments for young children with autism [J]. Research in Developmental Disabilities,2005,26(4): 359-383.

[27] Jerome,J. ,Frantino,E. P. ,Sturmey,P. . The effects of errorless learning and backchaining on the acquisition of internet skills in adults with developmental disabilities [J]. Journal of Applied Behavior Analysis,2007(40): 185-189.

[28] Jones,E. A. ,Feeley,K. M. ,Takacs,J. . Teaching spontaneous responses to young children with autism [J]. Journal of Applied Behavior Analysis,2007(40): 565-570.

[29] Johnson,J. M. , Pennypacker, H. S. . Strategies and tactics of human behavioral research [M]. New Jersey: Lawrence Erlbaum and Associates Hillsdale,1980.

[30] Johnson,S. S. ,O'Neill,R. E. . Searching for effectiveness and efficiency in conducting functional assessment: A review and proposed process for teachers and other practitioners [J]. Focus on Autism and Other Development Disabilities,2001,16(4): 206.

[31] Journal of Applied Behavior Analysis [EB/OL]. 2008[2008-08-16]. http://seab. envmed. rochester. edu/jaba/

[32] Journal of Organizational Behavior Management [EB/OL]. 2008[2008-08-15]. http://www. obmnetwork. com/resources/JOBM/

[33] Journal of the Experimental Analysis of Behavior [EB/OL]. 2008[2008-08-15]. http://seab. envmed. rochester. edu/jeab/articles_selected/index. html

[34] Iwata,B. A. ,et al. The functions of self-injurious behavior: An experimental-epidemiological analysis [J]. Journal of Applied Behavior Analysis,1994,27 (2): 215-240.

[35] Kahng,S. W. ,Iwata,B. A. ,Thompson,I. G. ,Hanley,M. D. . A comparison of procedures for programming non-contingent reinforcement schedules [J]. Journal of Applied Behavior Analysis, 2000 (33): 223-231.

[36] Kanner,L. . Autistic disturbances of affective contact [J]. Nervous Child,1943(2): 217-250.

[37] Kantor,J. R. . An analysis of the experimental analysis of behavior (TEAB) [J]. Journal of Experimental Analysis of Behavior,1970(13): 101-108.

[38] Kern,L. ,Bambara,L. ,Fogt,J. . Class-wide curricular modification to improve the behavior of students with emotional or behavioral disorders [J]. Behavioral Disorders,2002,27 (4): 317-326.

[39] Lafasakis,M.,Sturmey,P.. Training parent implementation of discrete-trial teaching: effects on generalization of parent teaching and child correct responding [J]. Journal of Applied Behavior Analysis,2007(40): 685-689.

[40] Lindsley,O. R.. Operant conditioning methods applied to research in chronic schizophrenia [J]. Psychiatric Research Reports,1956(5): 118-139.

[41] Loeb,J.. The mechanistic conception of life [M]. Chicago: The University of Chicago Press,1912.

[42] Lovaas,I. O.. Behavioral treatment and normal educational and intellectual functioning in young autistic children [J]. Journal of Consulting and Clinical Psychology,1987,55(1): 3-9.

[43] Mach,E.. The science of mechanics [M]. Illinois: Open Court Publishing Co,1893.

[44] Manning,K. R.. Black Apollo of science: The life of Ernest Everett Just [M]. London: Oxford University Press,1985.

[45] Marckel,J. M.,Neef,N. A.,Ferreri,S. J.. A preliminary analysis of teaching improvisation with the picture exchange communication system to children with autism [J]. Journal of Applied Behavior Analysis, 2006(39): 109-115.

[46] Maurice,C.. Let me hear your voice: A family's triumph over autism [M]. New York: Ballantine Books,1994.

[47] McGuigan,F. J.. Experimental psychology: Methods of research [M]. New Jersey: Prentice Hall Inc. Englewood Cliffs,1978.

[48] Michael,J.. Establishing operations and the mand [J]. Analysis of Verbal Behavior,1988(6): 3-9.

[49] Moore,D. W.,Anderson,A.,Kumar,K.. Instructional adaptation in the management of escape-maintained behavior in a classroom [J]. Journal of Positive Behavior Interventions,2005,7(4): 216-223.

[50] Morgan,P. L.. Increasing task engagement using preference or choice-making: some behavioral and methodological factors affecting their efficacy as classroom interventions [J]. Remedial and Special Education,2006,27 (3): 176-187.

[51] Morrow,J. E.,Smithson,B. L.. Learning sets in an invertebrate [J]. Science,1969(164): 850-851.

[52] Morrow,J. E.. B. F. S. A. interviews B. F. Skinner [J]. Behaviorists for Social Action Journal,1979(2): 47-52.

[53] New York State Department of Health: Early Intervention Program [R]. Clinical practice guideline report of the recommendations for autism/pervasive developmental disorders. Albany,New York,1999.

[54] O'Neill,R. E.,Horner,R. H.,Albin,R. W.,Sprague,J. R.,Storey,K.,Newton,J. S.. Functional assessment and program development for problem behavior: A practical handbook [M]. 2nd ed. California: Brooks/Cole Publishing Co.,1997.

[55] Patel,M. R.,Piazza,C. C.,Kelly,M. L.,Ochsner,C. A.,Santana,C. M.. Using a fading procedure to increase fluid consumption in a child with feeding problems [J]. Journal of Applied Behavior Analysis, 2001(34): 357-360.

[56] Pauly,P. J.. Controlling life: Jacques Loeb and the engineering ideal in biology [M]. London: Oxford University Press,1987.

[57] Pavlov,I. P.. Conditioned reflexes: In investigation of the physiological activity of the cerebral cortex [M]. London: Oxford University Press,1927.

[58] Petursdottir,A.,McComas,J.,McMaster,K.. The effects of scripted peer tutoring and programming common stimuli on social interactions of a student with autism spectrum disorder [J]. Journal of Applied Behavior Analysis,2007(40): 353-357.

[59] Reeve, S. A. , Reeve, K. F. , Townsend, D. B. , Poulson, C. L. . Establishing a generalized repertoire of helping behavior in children with autism [J]. Journal of Applied Behavior Analysis, 2007(40): 123-136.

[60] Rincover, A. , Koegel, R. L. . Setting generality and stimulus control in autistic children [J]. Journal of Applied Behavior Analysis, 1975(8): 235-246.

[61] Rimland, B. . Infantile autism [M]. New York: Appleton Century Crofts, 1964.

[62] Riseley, T. R. , Hart, B. M. . Developing correspondence between the nonverbal and verbal behavior of preschool children [J]. Journal of Applied Behavior Analysis, 1968(1): 267-281.

[63] Satcher, D. , Bethesda, M. D. . Mental health: A report of the surgeon general [M]. Pennsylvania: Diane Pub Co. , 1999.

[64] Schlopler, E. , et al. Relation of behavioral treatment to normal functioning: Comment on Lovaas [J]. Journal of Clinical and Consulting Psychology, 1989, 57(1): 162-164.

[65] Schloss, P. J. , Smith, M. A. . Applied Behavior Analysis in the classroom [M]. Upper Saddle River, New Jersey: Allyn & Bacon, 1994.

[66] Schwarz, M. L. , Hawkins, R. P. . Application of delayed reinforcement procedures to the behavior of a elementary school child [J]. Journal of Applied Behavior Analysis, 1970(3): 85-96.

[67] Seevers, R. L. , Jones-Blank, M. . Exploring the Effects of Social Skills Training on Social Skill Development on Student Behavior [J]. National forum of special education journal, 2008(1): 1

[68] Sidman, M. . Tactics of scientific research [M]. New York: Basic Books, 1960.

[69] Skinner, B. F. . Science and human behavior [M]. New York: Macmilan, 1953.

[70] Skinner, B. F. . The concept of the reflex in the description of behavior [J]. Journal of General Psychology, 1931(5): 27-58.

[71] Skinner, B. F. . Two types of conditioned reflexes and a pseudo type [J]. Journal of General Psychology, 1935(12): 66-77.

[72] Skinner, B. F. . Two types of conditioned reflex: A reply to Konorski and Miller [J]. Journal of General Psychology, 1937(16): 272-279.

[73] Skinner, B. F. . The behavior of organisms: An experimental analysis [M]. New York: Appleton Century Crofts, 1938.

[74] Skinner, B. F. . Current trends in experimental psychology [M]. Iowa: Meredith Corporation, 1947.

[75] Skinner, B. F. . Walden Two [M]. New York: Macmillan Publishing, 1948.

[76] Skinner, B. F. . Science and human behavior [M]. New York: Macmillan Publishing, 1953.

[77] Skinner, B. F. . Verbal Behavior [M]. New York: Macmillan Publishing, 1957.

[78] Skinner, B. F. . The technology of teaching [M]. Cambridge: B. F. Skinner Foundation, 1968/2003.

[79] Skinner, B. F. . Contingencies of reinforcement: A theoretical analysis [M]. New York: Appleton Century Crofts, 1969.

[80] Skinner, B. F. . Beyond freedom and dignity [M]. New York: Knopf, 1971.

[81] Skinner, B. F. . Particulars of my life [M]. New York: Knopf, 1976.

[82] Skinner, B. F. . The shaping of a behaviorist [M]. New York: Knopf, 1979.

[83] Statistics by Country for Autism [EB/OL]. 2008[2008-08-16]. http://wrongdiagnosis.com/a/autism/stats-country.htm

[84] Steege, M. W. , Mace, F. C. , Perry, L. , Longenecker, H. . Applied Behavior Analysis: Beyond Discrete Trial [J]. Psychology in the Schools, 2007, 44(1): 91-99.

[85] Stichter, J. P.. Functional analysis: The use of analogues in applied settings [J]. Focus on Autism and Other Development Disabilities, 2001, 16 (4): 232-240.

[86] Stichter, J. P., Hudson, S., Sasso, G. M.. The use of structural analysis to identify setting events in applied settings for students with emotional/behavioral disorders [J]. Behavioral Disorders, 2005, 30 (4): 403-420.

[87] Stoke, T. F., Baer, D.. An implicit technology of generalization [J]. Journal of Applied Behavior Analysis, 1977(10): 349-367.

[88] Sulzer-Azaroff, B., Mayer, R. G.. Behavior analysis for lasting change [M]. Orlando: Holt, Rinehart and Winston, Inc, 1991.

[89] Tarbox, R. S. F, Wallace, M. D., Penrod, B., Tarbox, J.. Effects of three-step prompting on compliance with caregiver requests [J]. Journal of Applied Behavior Analysis, 2007(40): 703-706.

[90] Thompson, R. H, Cotnoir-Bichelman, N. M., McKerchar, P. M., Tate, T. L., Dancho, K. A.. Enhancing early communication through infant sign training [J]. Journal of Applied Behavior Analysis, 2007(40): 15-23.

[91] Touchette, P. E., Howard, J. S.. Errorless learning: reinforcement contingencies and stimulus control transfer in delayed prompting[J]. Journal of Applied Behavior Analysis, 1984(17): 175-188.

[92] Walker, H. M., Buckley, N. K.. Programming generalization and maintenance of treatment effects across time and across settings[J]. Journal of Applied Behavior Analysis, 1972(5): 209-224.

[93] Watson, J. B.. Behaviorism [M]. U. S.: The University of Chicago Press, 1924.

[94] Goldstein, A. P., Sprafkin, R. P., Gershaw, N. J., Kieln, P. 青少年行为改变策略[M]. 黄玲兰, 译. 台北: 五南图书出版有限公司, 1997

[95] Kazdin, A. E.. 行为改变技术[M]. 陈千玉, 译. 台北: 五南图书出版公司, 1997.

[96] McConaughy, S. H.. 儿童青少年临床访谈技术——从评估到干预[M]. 徐洁, 译. 北京: 中国轻工业出版社, 2008.

[97] Miltenberger, R. G.. 行为矫正的原理与方法(上下)[M]. 胡佩诚, 等译. 北京: 中国轻工业出版社, 2000.

[98] Miltenberger, R. G.. 行为矫正原理与方法[M]. 石林, 译. 北京: 中国轻工业出版社, 2004.

[99] Rodda, J.. 理解儿童的行为[M]. 毛曙阳, 译. 上海: 华东师范大学出版社, 2008.

[100] Rose, S. D.. 青少年团体治疗——认知行为互动取向[M]. 翟宗悌, 译. 上海: 华东理工大学出版社, 2003.

[101] Sattler, J. M., Hoge, R. D.. 儿童评价[M]. 陈会昌, 等译. 北京: 中国轻工业出版社, 2008.

[102] Watson, T. S., Steege, M. W.. 校本功能性行为评价——教育工作者指南[M]. 孙瑾, 译. 北京: 中国轻工业出版社, 2004.

[103] Zirpoli, T. J.. 学生行为管理——教师应用指南[M]. 关丹丹, 等译. 北京: 中国轻工业出版社, 2004.

[104] 鲍里奇. 有效教学方法[M]. 易东平, 译. 南京: 江苏教育出版社, 2002.

[105] 蔡惠芬. 提升小学普通班轻度自闭症儿童社会技巧之行动研究——剧本训练取向[D]. 台北: 台北教育大学特殊教育学系, 2006.

[106] 蔡孟伦. 社会技巧训练团体对小学害羞儿童辅导效果之研究[D]. 高雄: 高雄师范大学辅导与咨商研究所, 2005.

[107] 蔡佩君. 社会技巧训练团体对受同侪忽视儿童之社会技巧与自我概念辅导效果之研究[D]. 台中: 台中师范学院咨商与教育心理研究所, 2004.

[108] 岑国桢. 行为矫正[M]. 上海: 华东理工大学出版社, 1996.

[109] 陈丽如. 特殊儿童鉴定与评量[M]. 新北: 心理出版社, 2001.

[110] 陈思允.行为功能评量与处理方案对改善小学智能障碍学生不良适应行为之成效研究[D].花莲:花莲教育大学身心障碍与辅助科技研究所,2005.

[111] 陈维轩.身心障碍学生行为问题之功能性评量[J].特殊教育季刊,2003(2):34-40.

[112] 陈瑶.消退法:消除孩子不良行为的有效方法[J].教育导刊,2007(3):55.

[113] 陈郁菁.行为支持计划对中学自闭症学生行为问题处理成效之研究[D].高雄:高雄师范大学特殊教育学习系,2003.

[114] 戴官宇.行为支持计划对中学视多重障碍学生不专注行为之处理成效[D].高雄:高雄师范大学特殊教育学系,2006.

[115] 杜好强.中学生情绪教育目标和内容的建构[J].中小学心理健康教育(下半月),2008(11):7-9.

[116] 冯观富,等.儿童偏差行为的辅导与治疗[M].广州:世界图书出版公司,2003.

[117] 傅维利.论教育中的惩罚[J].教育研究,2007(10):11-18.

[118] 龚德英,刘宝根.教会儿童与同伴交往[J].学前教育研究,2004(4):11-12.

[119] 贺晓华.惩罚在学校教育中的到位与越位[J].基础教育,2008(1):17.

[120] 洪丽蓉.论教育中的隔离式惩罚[J].思想理论教育,2007(6):38-42.

[121] 姜英杰,李勇.情绪疗法:矫正儿童行为问题的新视角[J].东北师大学报(哲学社会科学版),2006(3):135-139.

[122] 沈小奇.小学生自我管理能力的培养[J].教育科研论坛,2007(10):18.

[123] 江钰琪.谈特殊学生社交技巧中情绪处理的课题[J].屏师特殊教育,2003(7):11.

[124] 赖铭次.特殊儿童异常行为诊断与治疗[M].新北:心理出版社,2000.

[125] 赖素华.自我管理策略对减少小学二年级学童攻击行为的影响[D].台北:台北教育大学特殊教育学系,2005.

[126] 雷雳.中小学生心理行为问题干预[M].北京:首都师范大学出版社,2007.

[127] 李强.教育离不开惩罚[J].教育科学论坛,2007:72.

[128] 李素娟.功能性评量对多重障碍幼儿问题行为处理之成效研究[D].台东:台东大学教育研究所,2003.

[129] 李姿莹.社交能力训练介绍[OL].http://163.21.111.100/book_ul/21/347/％AFS％AE％ED％B1％D0％A8％7C％C2O％AE％D1(92)_01.pdf

[130] 梁涛.重提惩罚教育[J].教育理论与实践,2007(6):57-60.

[131] 廖艳华.近十年来我国儿童问题行为研究现状[J].浙江教育学院学报,2007(6):33-37.

[132] 刘爱云.论强化是学习的一个重要条件[J].安阳师范学院学报,2001(1):49-50.

[133] 刘金花.儿童发展心理学[M].上海:华东师范大学出版社,1997.

[134] 刘经典.智能障碍成人固着行为的简易功能分析效能之研究[D].嘉义:嘉义大学特殊教育学系,2004.

[135] 刘智胜.儿童心理行为障碍[M].北京:人民卫生出版社,2007.

[136] 吕静.儿童行为矫正[M].杭州:浙江教育出版社,2006.

[137] 钮文英.身心障碍者行为问题处理——正向行为支持取向[M].新北:心理出版社,2001.

[138] 邱学青.行为问题儿童成因及教育路径[J].南京师大学报(社会科学版),2005(1):71-76.

[139] 桑标.儿童发展心理学[M].上海:上海教育出版社,2003.

[140] 石定鑫.结合情绪调节策略指玩具应用于舒缓儿童负面情绪效果之研究[D].台南:成功大学工业设计研究所,2007.

[141] 宋玲.初探功能性行为评估[J].中国特殊教育,2004(8):58-62.

[142] 宋明君.运用功能性评量模式改善中重度智障学生工作社会技能之研究[D].彰化:彰化师范大学特

殊教育系,2001.

[143] 宋尚桂,于海荣.功能性行为评价研究述评[J].济南大学学报,2006(4):66-70.

[144] 帅琴.行为修正理论与教育惩罚[J].湖北教育学院学报,2007(9):94-95.

[145] 苏培人.社会技巧训练对唇腭裂儿童的影响[D].台中:静宜大学青少年儿童福利学系,1999.

[146] 王碧晖.自我教导策略对注意力缺陷过动症儿童行为问题与人际关系的影响研究[D].台北:台北市立师范学院"国民教育研究所",2003.

[147] 王根生.对"惩罚"教育的反思[J].宁夏教育,2008(2):70.

[148] 王国诚.浅谈幼儿教育中的消退法[J].读与写杂志,2007(5):66.

[149] 王辉.特殊儿童教育诊断与评估[M].南京:南京大学出版社,2007.

[150] 王辉.行为改变技术[M].南京:南京大学出版社,2006.

[151] 王秀珍,等.行为问题儿童的社交技能训练效果分析[J].中国临床心理学杂志,2007(3):332-334.

[152] 韦小满.特殊儿童心理评估[M].北京:华夏出版社,2006.

[153] 韦小满,王培梅.关于弱智学生社会适应能力评估的理论探讨[J].中国特殊教育,2004(1):19-22.

[154] 伍新春.儿童发展与教育心理学[M].北京:高等教育出版社,2004.

[155] 伍新春,胡佩诚.行为矫正[M].北京:高等教育出版社,2005.

[156] 吴盈莹.情绪教育融入小学语文科之教学研究——以小学四年级为例[D].花莲:东华大学教育研究所,2000.

[157] 许华红.行为改变技术[M].天津:天津教育出版社,2007.

[158] 许雅清.幼儿情绪教育课程之行动研究[D].台南:台南大学幼儿教育学系幼儿教育,2007.

[159] 许志雄.社交技巧教学对增进视觉障碍学生社会能力之研究[D].高雄:高雄师范大学特殊教育学系,2006.

[160] 晏红.暂且维持不适宜行为——行为习惯培养法(三):区别强化[J].少年儿童研究,2003(9):32-34.

[161] 杨瑛.重障者的行为支持与功能性评量[J].特殊教育季刊,1999(1):1-6.

[162] 袁宗金.儿童情绪管理的意义与策略[J].外国中小学教育,2005(1):42-46.

[163] 昝飞,谢奥琳.自闭症儿童行为功能评估的个案分析[J].中国特殊教育,2007(5):62-67.

[164] 张美兰.利用代币强化物对幼儿进行行为矫正[J].山东教育,2002(1):106-107.

[165] 张琴,昝飞.功能性行为评估——行为评估方法的新发展[J].中国特殊教育,2006(11):65-68.

[166] 张世彗.行为改变技术:理论与实用技巧[M].台北:五南图书出版公司,2003.

[167] 章永.间歇强化程序及其运用[J].乐山师范学院学报,2006(12):89-92.

[168] 张正芬.自闭症儿童的行为辅导——功能性评量的应用[J].特殊教育季刊,1997(4):1-7.

[169] 郑光明.多重障碍学生含手行为的功能分析与介入之研究[D].台北:台北市立师范学院身心障碍教育研究所,2004.

[170] 郑静.幼儿问题行为及其矫正[M].上海:华东师范大学出版社,1999.

[171] 钟旻桦,洪静怡,白孟巧.应用正向行为支持计划在小学亚斯伯格症学生行为问题处理之成效[J].特教通讯,2007(12):10-14.

[172] 钟力平.斯金纳的强化理论及其应用[J].企业改革与管理,2008(2):70-71.

[173] 周梅芳.关爱下的惩罚教育[J].卫生职业教育,2007(21):34-35.

北京大学出版社
教育出版中心 精品图书

21世纪高校广播电视专业系列教材
电视节目策划教程（第二版）	项仲平
电视导播教程（第二版）	程晋
电视文艺创作教程	王建辉
广播剧创作教程	王国臣
电视导论	李欣
电视纪录片教程	卢炜
电视导演教程	袁立本
电视摄像教程	刘荃
电视节目制作教程	张晓锋
视听语言	宋杰
影视剪辑实务教程	李琳
影视摄制导论	朱怡
新媒体短视频创作教程	姜荣文
电影视听语言——视听元素与场面调度案例分析	李骏
影视照明技术	张兴
影视音乐	陈斌
影视剪辑创作与技巧	张拓
纪录片创作教程	潘志琪
影视拍摄实务	翟臣

21世纪信息传播实验系列教材（徐福荫 黄慕雄 主编）
网络新闻实务	罗昕
多媒体软件设计与开发	张新华
播音与主持艺术（第三版）	黄碧云 睢凌
摄影基础（第二版）	张红 钟日辉 王首农

21世纪数字媒体专业系列教材
视听语言	赵慧英
数字影视剪辑艺术	曾祥民
数字摄像与表现	王以宁
数字摄影基础	王朋娇
数字媒体设计与创意	陈卫东
数字视频创意设计与实现（第二版）	王靖
大学摄影实用教程（第二版）	朱小阳
大学摄影实用教程	朱小阳

21世纪教育技术学精品教材（张景中 主编）
教育技术学导论（第二版）	李芒 金林
远程教育原理与技术	王继新 张屹
教学系统设计理论与实践	杨九民 梁林梅
信息技术教学论	雷体南 叶良明
信息技术与课程整合（第二版）	赵呈领 杨琳 刘清堂
教育技术学研究方法（第三版）	张屹 黄磊

21世纪高校网络与新媒体专业系列教材
文化产业概论	尹章池
网络文化教程	李文明
网络与新媒体评论	杨娟
新媒体概论	尹章池
新媒体视听节目制作（第二版）	周建青
融合新闻学导论（第二版）	石长顺
新媒体网页设计与制作（第二版）	惠悲荷
网络新媒体实务	张合斌
突发新闻教程	李军
视听新媒体节目制作	邓秀军
视听评论	何志武
出镜记者案例分析	刘静 邓秀军
视听新媒体导论	郭小平
网络与新媒体广告（第二版）	尚恒志 张合斌
网络与新媒体文学	唐东堰 雷奕
全媒体新闻采访写作教程	李军
网络直播基础	周建青
大数据新闻传媒概论	尹章池

21世纪特殊教育创新教材·理论与基础系列
特殊教育的哲学基础	方俊明
特殊教育的医学基础	张婷
融合教育导论（第二版）	雷江华
特殊教育学（第二版）	雷江华 方俊明
特殊儿童心理学（第二版）	方俊明 雷江华
特殊教育史	朱宗顺
特殊教育研究方法（第二版）	杜晓新 宋永宁 等
特殊教育发展模式	任颂羔

21世纪特殊教育创新教材·发展与教育系列
视觉障碍儿童的发展与教育	邓猛
听觉障碍儿童的发展与教育（第二版）	贺荟中
智力障碍儿童的发展与教育（第二版）	刘春玲 马红英
学习困难儿童的发展与教育（第二版）	赵微
自闭症谱系障碍儿童的发展与教育	周念丽
情绪与行为障碍儿童的发展与教育	李闻戈
超常儿童的发展与教育（第二版）	苏雪云 张旭

21世纪特殊教育创新教材·康复与训练系列

特殊儿童应用行为分析（第二版）	李芳 李丹
特殊儿童的游戏治疗	周念丽
特殊儿童的美术治疗	孙霞
特殊儿童的音乐治疗	胡世红
特殊儿童的心理治疗（第三版）	杨广学
特殊教育的辅具与康复	蒋建荣
特殊儿童的感觉统合训练（第二版）	王和平
孤独症儿童课程与教学设计	王梅

21世纪特殊教育创新教材·融合教育系列

融合教育本土化实践与发展	邓猛 等
融合教育理论反思与本土化探索	邓猛
融合教育实践指南	邓猛
融合教育理论指南	邓猛
融合教育导论（第二版）	雷江华
学前融合教育（第二版）	雷江华 刘慧丽

21世纪特殊教育创新教材（第二辑）

特殊儿童心理与教育（第二版）	杨广学 张巧明 王芳
教育康复学导论	杜晓新 黄昭明
特殊儿童病理学	王和平 杨长江
特殊学校教师教育技能	昝飞 马红英

自闭谱系障碍儿童早期干预丛书

如何发展自闭谱系障碍儿童的沟通能力	朱晓晨 苏雪云
如何理解自闭谱系障碍和早期干预	苏雪云
如何发展自闭谱系障碍儿童的社会交往能力	吕梦 杨广学
如何发展自闭谱系障碍儿童的自我照料能力	倪萍萍 周波
如何在游戏中干预自闭谱系障碍儿童	朱瑞 周念丽
如何发展自闭谱系障碍儿童的感知和运动能力	韩文娟 徐芳 王和平
如何发展自闭谱系障碍儿童的认知能力	潘前前 杨福义
自闭症谱系障碍儿童的发展与教育	周念丽
如何通过音乐干预自闭谱系障碍儿童	张正琴
如何通过画画干预自闭谱系障碍儿童	张正琴
如何运用ACC促进自闭谱系障碍儿童的发展	苏雪云
孤独症儿童的关键性技能训练法	李丹
自闭症儿童家长辅导手册	雷江华
孤独症儿童课程与教学设计	王梅
融合教育理论反思与本土化探索	邓猛
自闭症谱系障碍儿童家庭支持系统	孙玉梅
自闭谱系障碍儿童团体社交游戏干预	李芳
孤独症儿童的教育与发展	王梅 梁松梅

特殊学校教育·康复·职业训练丛书（黄建行 雷江华 主编）

- 信息技术在特殊教育中的应用
- 智障学生职业教育模式
- 特殊教育学校学生康复与训练
- 特殊教育学校校本课程开发
- 特殊教育学校特奥运动项目建设

21世纪学前教育专业规划教材

学前教育概论	李生兰
学前教育管理学（第二版）	王雯
幼儿园课程新论	李生兰
幼儿园歌曲钢琴伴奏教程	果旭伟
幼儿园舞蹈教学活动设计与指导（第二版）	董丽
实用乐理与视唱（第二版）	代苗
学前儿童美术教育	冯婉贞
学前儿童科学教育	洪秀敏
学前儿童游戏	范明丽
学前教育研究方法	郑福明
学前教育史	郭法奇
学前教育政策与法规	魏真
学前心理学	涂艳国 蔡艳
学前教育理论与实践教程	王维 王维娅 孙岩
学前儿童数学教育与活动设计	赵振国
学前融合教育（第二版）	雷江华 刘慧丽
幼儿园教育质量评价导论	吴钢
幼儿学习与教育心理学	张莉
学前教育管理	虞永平

大学之道丛书精装版

美国高等教育通史	[美]亚瑟·科恩
知识社会中的大学	[英]杰勒德·德兰迪
大学之用（第五版）	[美]克拉克·克尔
营利性大学的崛起	[美]理查德·鲁克
学术部落与学术领地：知识探索与学科文化	[英]托尼·比彻 保罗·特罗勒尔
美国现代大学的崛起	[美]劳伦斯·维赛
教育的终结——大学何以放弃了对人生意义的追求	[美]安东尼·T.克龙曼
世界一流大学的管理之道——大学管理研究导论	程星
后现代大学来临？	[英]安东尼·史密斯 弗兰克·韦伯斯特

大学之道丛书

市场化的底限	[美]大卫·科伯
大学的理念	[英]亨利·纽曼
哈佛：谁说了算	[美]理查德·布瑞德利

麻省理工学院如何追求卓越	[美]查尔斯·维斯特
大学与市场的悖论	[美]罗杰·盖格
高等教育公司：营利性大学的崛起	[美]理查德·鲁克
公司文化中的大学：大学如何应对市场化压力	
	[美]埃里克·古尔德
美国高等教育质量认证与评估	
	[美]美国中部州高等教育委员会
现代大学及其图新	[美]谢尔顿·罗斯布莱特
美国文理学院的兴衰——凯尼恩学院纪实	[美]P.F.克鲁格
教育的终结：大学何以放弃了对人生意义的追求	
	[美]安东尼·T.克龙曼
大学的逻辑（第三版）	张维迎
我的科大十年（续集）	孔宪铎
高等教育理念	[英]罗纳德·巴尼特
美国现代大学的崛起	[美]劳伦斯·维赛
美国大学时代的学术自由	[美]沃特·梅兹格
美国高等教育通史	[美]亚瑟·科恩
美国高等教育史	[美]约翰·塞林
哈佛通识教育红皮书	哈佛委员会
高等教育何以为"高"——牛津导师制教学反思	
	[英]大卫·帕尔菲曼
印度理工学院的精英们	[印度]桑迪潘·德布
知识社会中的大学	[英]杰勒德·德兰迪
高等教育的未来：浮言、现实与市场风险	
	[美]弗兰克·纽曼等
后现代大学来临？	[英]安东尼·史密斯等
美国大学之魂	[美]乔治·M.马斯登
大学理念重审：与纽曼对话	[美]雅罗斯拉夫·帕利坎
学术部落及其领地——当代学术界生态揭秘（第二版）	
	[英]托尼·比彻 保罗·特罗勒尔
德国古典大学观及其对中国大学的影响（第二版）	陈洪捷
转变中的大学：传统、议题与前景	郭为藩
学术资本主义：政治、政策和创业型大学	
	[美]希拉·斯劳特 拉里·莱斯利
21世纪的大学	[美]詹姆斯·杜德斯达
美国公立大学的未来	
	[美]詹姆斯·杜德斯达 弗瑞斯·沃马克
东西象牙塔	孔宪铎
理性捍卫大学	眭依凡

学术规范与研究方法系列

如何为学术刊物撰稿（第三版）	[英]罗薇娜·莫瑞
如何查找文献（第二版）	[英]萨莉·拉姆齐
给研究生的学术建议（第二版）	[英]玛丽安·彼得 等
社会科学研究的基本规则（第四版）	[英]朱迪斯·贝尔
做好社会研究的10个关键	[英]马丁·丹斯考姆
如何写好科研项目申请书	[美]安德鲁·弗里德兰德等
教育研究方法（第六版）	[美]梅瑞迪斯·高尔等
高等教育研究：进展与方法	[英]马尔科姆·泰特
如何成为学术论文写作高手	[美]华乐丝
参加国际学术会议必须要做的那些事	[美]华乐丝
如何成为优秀的研究生	[美]布卢姆
结构方程模型及其应用	易丹辉 李静萍
学位论文写作与学术规范（第二版）	李 武 毛远逸 肖东发
生命科学论文写作指南	[加]白青云
法律实证研究方法（第二版）	白建军
传播学定性研究方法（第二版）	李 琨

21世纪高校教师职业发展读本

如何成为卓越的大学教师	[美]肯·贝恩
给大学新教员的建议	[美]罗伯特·博伊斯
如何提高学生学习质量	[英]迈克尔·普洛瑟等
学术界的生存智慧	[美]约翰·达利等
给研究生导师的建议（第2版）	[英]萨拉·德拉蒙特等

21世纪教师教育系列教材·物理教育系列

中学物理教学设计	王 霞
中学物理微格教学教程（第三版）	张军朋 詹伟琴 王 恬
中学物理科学探究学习评价与案例	张军朋 许桂清
物理教学论	邢红军
中学物理教学法	邢红军
中学物理教学评价与案例分析	王建中 孟红娟
中学物理课程与教学论	张军朋 许桂清
物理学习心理学	张军朋
中学物理课程与教学设计	王 霞

21世纪教育科学系列教材·学科学习心理学系列

| 数学学习心理学（第三版） | 孔凡哲 |
| 语文学习心理学 | 董蓓菲 |

21世纪教师教育系列教材

教育心理学（第二版）	李晓东
教育学基础	庞守兴
教育学	余文森 王 晞
教育研究方法	刘淑杰
教育心理学	王晓明
心理学导论	杨凤云
教育心理学概论	连 榕 罗丽芳
课程与教学论	李 允
教师专业发展导论	于胜刚
学校教育概论	李清雁
现代教育评价教程（第二版）	吴 钢
教师礼仪实务	刘 霄

家庭教育新论	闫旭蕾 杨萍
中学班级管理	张宝书
教育职业道德	刘亭亭
教师心理健康	张怀春
现代教育技术	冯玲玉
青少年发展与教育心理学	张清
课程与教学论	李允
课堂与教学艺术（第二版）	孙菊如 陈春荣
教育学原理	靳淑梅 许红花
教育心理学	徐凯

21世纪教师教育系列教材·初等教育系列

小学教育学	田友谊
小学教育学基础	张永明 曾碧
小学班级管理	张永明 宋彩琴
初等教育课程与教学论	罗祖兵
小学教育研究方法	王红艳
新理念小学数学教学论	刘京莉
新理念小学音乐教学论（第二版）	吴跃跃

教师资格认定及师范类毕业生上岗考试辅导教材

| 教育学 | 余文森 王晞 |
| 教育心理学概论 | 连榕 罗丽芳 |

21世纪教师教育系列教材·学科教育心理学系列

| 语文教育心理学 | 董蓓菲 |
| 生物教育心理学 | 胡继飞 |

21世纪教师教育系列教材·学科教学论系列

新理念化学教学论（第二版）	王后雄
新理念科学教学论（第二版）	崔鸿 张海珠
新理念生物教学论（第二版）	崔鸿 郑晓慧
新理念地理教学论（第三版）	李家清
新理念历史教学论（第二版）	杜芳
新理念思想政治（品德）教学论（第三版）	胡田庚
新理念信息技术教学论（第二版）	吴军其
新理念数学教学论	冯虹
新理念小学音乐教学论（第二版）	吴跃跃

21世纪教师教育系列教材·语文教育系列

语文文本解读实用教程	荣维东
语文课程教师专业技能训练	张学凯 刘丽丽
语文课程与教学发展简史	武玉鹏 王从华 黄修志
语文课程学与教的心理学基础	韩雪屏 王朝霞
语文课程名师名课案例分析	武玉鹏 郭治锋等
语用性质的语文课程与教学论	王元华
语文课堂教学技能训练教程（第二版）	周小蓬

中外母语教学策略	周小蓬
中学各类作文评价指引	周小蓬
中学语文名篇新讲	杨朴 杨旸
语文教师职业技能训练教程	韩世姣

21世纪教师教育系列教材·学科教学技能训练系列

新理念生物教学技能训练（第二版）	崔鸿
新理念思想政治（品德）教学技能训练（第三版）	胡田庚 赵海山
新理念地理教学技能训练（第二版）	李家清
新理念化学教学技能训练（第二版）	王后雄
新理念数学教学技能训练	王光明

王后雄教师教育系列教材

教育考试的理论与方法	王后雄
化学教育测量与评价	王后雄
中学化学实验教学研究	王后雄
新理念化学教学诊断学	王后雄

西方心理学名著译丛

儿童的人格形成及其培养	[奥地利] 阿德勒
活出生命的意义	[奥地利] 阿德勒
生活的科学	[奥地利] 阿德勒
理解人生	[奥地利] 阿德勒
荣格心理学七讲	[美] 卡尔文·霍尔
系统心理学：绪论	[美] 爱德华·铁钦纳
社会心理学导论	[美] 威廉·麦独孤
思维与语言	[俄] 列夫·维果茨基
人类的学习	[美] 爱德华·桑代克
基础与应用心理学	[德] 雨果·闵斯特伯格
记忆	[德] 赫尔曼·艾宾浩斯
实验心理学（上下册）	[美] 伍德沃斯 施洛斯贝格
格式塔心理学原理	[美] 库尔特·考夫卡

21世纪教师教育系列教材·专业养成系列（赵国栋 主编）

微课与慕课设计初级教程	
微课与慕课设计高级教程	
微课、翻转课堂和慕课设计实操教程	
网络调查研究方法概论（第二版）	
PPT云课堂教学法	
快课教学法	

其他

三笔字楷书书法教程（第二版）	刘慧龙
植物科学绘画——从入门到精通	孙英宝
艺术批评原理与写作（第二版）	王洪义
学习科学导论	尚俊杰